suhrkamp taschenbuch 2772

Ernst Augustin ist ein begnadeter Erzähler. Sein Werk steckt voller Mikro-Geschichten, die eine ganze Welt widerspiegeln. Aus Anlaß seines 70. Geburtstags am 31. Oktober 1997 stellen wir die schönsten dieser verborgenen Geschichten mit einem Lesebuch ins Licht. Alle Texte entstammen seinem umfangreichen Werk: *Das Badehaus, Mamma, Raumlicht, Eastend, Der amerikanische Traum, Mahmud der Schlächter, Gutes Geld.*

Aus einer Laudatio des Herausgebers: »Ich kenne Ernst Augustin und sein Werk erst seit kurzem, aber würde man mich fragen, seit wann kennst du ihn, dann müßte ich wohl antworten: ›Ich kenne ihn schon immer.‹ Denn was Ernst Augustin uns zu erzählen hat, scheint mir so elementar und angemessen, wahrhaftig und virtuos, ernst und komisch zugleich zu sein, es scheint mir ein tiefes Wissen in uns zu mobilisieren, daß man von Kenntnis und Erkenntnis sprechen muß, auch im biblischen Sinne. Und wenn jemand ein erotisches Verhältnis zur Literatur hat, dann ist es dieser liebe Augustin, den wir nicht genug feiern können.«

Ernst Augustin, 1927 in Hirschberg geboren, lebt in München. Sein Werk erscheint im Suhrkamp Verlag.

Ernst Augustin
Die sieben Sachen des Sikh

Ein Lesebuch

Herausgegeben und
mit einem Nachwort versehen
von Lutz Hagestedt

Suhrkamp

Umschlagfoto: Isolde Ohlbaum

suhrkamp taschenbuch 2772
Erste Auflage 1997
© dieser Zusammenstellung
Suhrkamp Verlag Frankfurt am Main 1997
Quellenhinweise am Schluß des Bandes
Suhrkamp Taschenbuch Verlag
Alle Rechte vorbehalten, insbesondere das
des öffentlichen Vortrags, der Übertragung
durch Rundfunk und Fernsehen
sowie der Übersetzung, auch einzelner Teile.
Druck: Nomos Verlagsgesellschaft, Baden-Baden
Printed in Germany
Umschlag nach Entwürfen von
Willy Fleckhaus und Rolf Staudt

1 2 3 4 5 6 – 02 01 00 99 98 97

Inhalt

Innen- und Außenwelten

Die sieben Sachen des Sikh

Große Medizin

Die sieben Schönheiten des Weibes

Kleine Tode

Innen- und Außenwelten

Der Alpenübergang

Bis München verläuft die Fahrt ohne Zwischenfälle, wenn man davon absieht, daß ich in Goslar – das reizend zwischen grünen Hängen liegt und wo nach der Legende das Roß eines Jägers einen Bleigang entblößte – fast den Zug versäumt hätte. Oder war es in Fulda, die Mauern hoch, die Gräben tief, das Wasser gut zum Tuchefärben, jetzt erinnere ich mich genau: Eschwege.

Bis Eschwege, Fulda, Schweinfurt ist die Reise ohne wesentliche Zwischenfälle verlaufen, bis dahin herrscht schönes trockenes Sommerwetter, und ich glaube, ich bin ein guter Reisender soweit. Die grünen Hügel wandern vorbei, die Berge drehen sich langsam, muntere trockene Straßen kreuzen, laufen über die Hügel. Zur Seite Gärten, kleine Häuser, Hecken, der Teil eines Dörfchens. Ein Kalksteindurchbruch, drei grüne Teiche neben dem Bahndamm, ein Gasthaus, drei dichte alte Bäume, dahinter eine Gewitterwand, in der Blitze laufen, dahinter wieder blauer Himmel am Nachmittag, blaue Bergkuppen, die sich langsam weiterdrehen. Ein Weg läuft hinauf, gestreift vom Schatten der Bäume, plötzlich hält er an und steht wie ein Stein am Waldrand, und das Auge hält an.

Dahinter blaue Kühle, eine Wiese mit einem Haus und einem zugewachsenen Zaun. Zwei Stunden Wald, Reisen in Deutschland, drei Stunden, vier Stunden Wald, lauter Eichen und Buchen, und das Mädchen Siebenschön auf einer Lichtung, das seinen Kranz windet: Trägt ein weißes Kleid, das Mädele, mehr ein Hemdlein, o weh, das war eine Freude des Umarmens. Es waren einmal sieben Brüder in dem einsamen Häuschen im Wald, und ein Krebs jagte einen Hasen, und hoch auf dem Dach lag eine Kuh, in der Geschichte, und ein Frosch saß und fraß eine Pflugschar dazu.

Vier Stunden lang. Danach kommt der kleine Waldbahnhof Ebenreute, der schon ganz überwachsen ist und rauschend vorbeifällt. Es war einmal ein armer Mann, der hatte zwölf Kinder und mußte Tag und Nacht arbeiten. Da ging Daumesdick in den Wald und sah die Türme der Hauptstadt von einem Hügel, das ist Beierberg, kein Aufenthalt, der Zug fährt durch den sommerlichen grünen Tunnel, und wo ein Sonnenkringel auf den Moosbach fällt, sitzt das gebläute Geigerlein, in den deutschen Landen, und kriegt was: Pasteten und Prügel, gut Mus feil. Gut Mus feil, ruft die Bauersfrau.

Es ist abends auf einer Station, und ich habe auf einem Pappteller Würstchen gegessen, jetzt schiebt sich schon die warme Nacht vors Fenster, die Blumenkästen, die unter den Perrondächern hängen, werden gegossen. Vorn liegen die nächtlichen Wälder, und nach diesem Aufenthalt fahren wir durch einen schwarzen warmen Tunnel, es schieben sich die Stationsschilder vors Fenster, die wenig, gelb beleuchtet sind. Anhalt. Schwarzburg-Sonderhausen. Wir kommen ins Preußische, Halberstadt-Gotha, Rudolfstadt, Hessen-Darmstadt, Sachsen-Meiningen, und dann nach Wallersdorf-Schaumburg-Lippe hinein. Ins Lippische. Ins Coburgsche. Wir fahren in der Nacht über eine Brücke auf neunzehn Schiffen, die mit dem Wasser steigen und sinken. Wir kommen nach Bayern hinein.

Morgens um vier erreichen wir den Münchener Hauptbahnhof, der um diese Zeit wie ausgestorben daliegt. Ich bin vollkommen erschöpft und beeile mich, in einem Hotel jenseits des Bahnhofsplatzes unterzukommen. Das Zimmer liegt im zweiten Stock, und ich horche auf meine Atemzüge, die flach sind und heftig in dieser dünnen Luft, und ich frage mich, ob ich mir nicht zuviel zugemutet habe. Vor dem Fenster ist der Himmel rosigblau, gleichmäßig getüpfelt und sehr leicht über der Hochebene.

Bald hinter München beginnen die Alpen.

Ich habe absichtlich den dramatischen Teil der Reise gewählt. Man fährt zunächst durch hügeliges Wiesengelände, hält unterwegs an, kehrt in ein Kloster ein, wo ein gutes Bier gebraut wird, bis dann unversehens hinter Rosenheim sich eine ungeheure Wand aufbaut: Die Alpen. Soweit das Auge reicht, ist die Welt nach Süden versperrt, die Wand wird höher und höher, reicht bald in den Himmel, es wird dunkel, und je näher man kommt, desto weniger kann man sich vorstellen, wie es weitergehen soll. Bis dann unversehens bei dem Örtchen Nußdorf die grauen Flanken auseinanderweichen, wo ein Wildwasser, von Süden kommend, sein Bett, einer riesigen Rinne vergleichbar, durch das Massiv gegraben hat. Das ist der Inn.

Ich habe ab München den Autobus genommen, und es ist ein schöner spätsommerlicher Tag, als wir etwa um die Mittagszeit zur Seite des bläulichschäumenden Inns dahinfahren. Oben stehen die Ränder noch scharf in der Sonne, wir fahren in tiefem Schatten. Wie hat Goethe geschrieben: Erinnerst du dich an den hl. Antonius. Zwischen den Beinen eines Drachen, tief im Abgrund, und man könnte sich fast beklommen fühlen – wäre es nicht für unser Gewässer linker Hand, das einen hellen gurgelnden Ton hervorbringt und seine Geschwindigkeit verdoppelt.

So fahren wir eine Stunde, dann kommt die Grenze nach Tirol. In der Luft schweben lautlos Vögel, drei oder vier riesige Exemplare, unter den ungewohnten Verhältnissen kann man sich täuschen, aber ich glaube, sie haben bald zwei Meter Spannweite. An der Biegung löst sich ein Wässerchen vom Felsen, um in den Fluß zu springen, siehst du, wie es blinkt, das ist das beste Trinkwasser. Und nach der Biegung, so daß man schon denkt, das Tal ist zu Ende, tritt der Fluß, der Inn, unter einer Brücke hervor, und darüber erhebt sich hoch und dick die Feste Kufstein, selbst wie ein Berg anzusehen, rechts und links schierer Fels, in der Mitte die Feste, unüberwindlich, das ist Tirol. –

Nun geht es zu. Balken werden geworfen, blecherne Glocken geschlagen, die Häuser sind meist aus Holz, bunt wie Fahnen, ein Haus über und über gewürfelt mit rot-weißen Fensterläden. Viele tragen den roten Adler. Der Wachtmeister, der die Fahrgäste kontrolliert, fragt, wo ich hinwill. Über den Thurnpaß erwidere ich. Der sei geschlossen. Dann über den Sarntaler Paß nach Urnäsch. Er betrachtet mich und schüttelt den Kopf, blickt den Weg hinab, wo ein Bauer seine Kuh durch den Zoll treibt, sie ist weißgelb gescheckt, und ich bin mir plötzlich bewußt, in einem fremden Land zu sein: Die gelbe Wegemarkierung, die Masten für die Telegrafenleitung, die Felsen, die Schneefelder ganz hoch unter der Sonne. Dann kommen einige Soldaten heraus, holen den Bauern ein und verprügeln ihn, während die Kuh fortläuft.

Aber was hat er getan?

Unter der Kuh war ein Korb versteckt, in dem sich zwei Nähmaschinen befanden. Dann kommen auf dem Weg zwei Riesen mit schwarzen Bärten, offensichtlich Vater und Sohn, sie tragen lederne Hosen, die das Knie freilassen, auf dem Rücken Mühlsteine, deren jeder nach meinem Dafürhalten ein Kalb erdrückt hätte. Ich bin in einem anderen Land, die Luft ist anders, der Geruch. Da kommt ein Mann, der eine alte Frau mit sich führt, wohl schon achtzig, schätze ich, der Gaumen ist platt und der Mund tief eingezogen. Aber als sie über den Bach setzt, hebt sie den Rock und zeigt darunter zwei schöne fette Beine, die einem jungen Mädchen angestanden hätten. Eine Sarntalerin, erklärt der Wachhabende, aus Urnäsch, sie werden hundert Jahre alt und haben noch diese schönen fetten Beine. Er ist nachdenklich. Oben auf den hochgelegenen Sennen, die wie kleine grüne Tücher auf den Bergen hängen, hat sich die Nachmittagssonne niedergelassen.

Also seht euch vor, warnt der Wachhabende, bei Überholmanövern, und Vorsicht auf Bergstrecken. Und fahren Sie lieber über den Grimsel, warum, weil ich es Ihnen rate. Ich danke: Das ist ja gerade so, als wollte er einem Unglück wünschen, und er blickt mich bedenklich an, ich frage: Räuber? Ach was! ruft er, Räuber gibt es hier nicht, wer hat Ihnen denn das erzählt. – Dann nähern sich zwei Männer, dem einen fehlt das rechte Auge. Das linke hält er fest auf mich gerichtet, und dem anderen fehlt ein Ohr, oder sieht es nur so aus, jedenfalls hat er sein Gesicht mit Farbe eingerieben, und ich weiß schon zu welchem Zweck, und an welchem Ort sie es tun und womit (mit Haselnußschale).

Die Nacht verbringe ich im Auracher Löchel – ganz nett auf Tiroler Art –, kann aber kaum schlafen, weil eine Menge Männer auf der Straße Balken werfen, bloß zum Spaß, später in der Nacht verprügeln sie sich, danach schlafe ich bis um vier, bis jemand kommt und brüllt: Sie seid so gemütlich! davon wache ich wieder auf. Es heißt aber ganz anders, etwa: Ziach zu'g Mülli. Der Mann, der die Milch einsammelt.

Aber dann ist die Luft würzig und die Vögel singen und tiefe grüne Schatten liegen im Tal, flußaufwärts geht's mit dem Postbus, der schon um fünf Uhr früh losfährt, ach, während sich das Tal belebt und in den Brunnen spiegelt, die Sonne steigt aus dem Wasser und gleichzeitig mit einem leuchtenden Saum über die Felsen, die sich anfärben, vom Grau in ein helles Marmorbraun. Geradeaus steht der Urnäsch mit seinen zwei Hörnern.

Zum Mittagessen gibt es einen Wörgler Korb mit kaltem Braten, Huhn, Kuchen. Es ist jetzt sehr heiß, und wir lagern unter dem breiten Schatten einer Eiche, vorn fällt das Gelände ab, so daß man den weiteren Verlauf der Straße studieren kann. Vor einer Stunde haben wir den Ort Bichlwang passiert, der durch die Straße in zwei Hälften geteilt wird. Die linke klebt an der Felswand, die rechte aber sozusagen frei über dem Abgrund – wenn hier jemand durch den Stubenboden tritt, fällt er dreihundert Meter tief oder mehr. Ein beunruhigender Gedanke. Zudem erscheint die Straße nicht sonderlich gefestigt, teilweise fehlt das Pflaster oder ist zum Rand hin abgerutscht, wahrscheinlich durch Regengüsse oder aufgetretene Quellen ausgewaschen, man fragt sich, wer hier wohnt. Eine Klappe öffnet sich in einem Haus und wer schaut heraus? Unendlich erstaunt? Eine Klappe mit einem Gesicht.

Und dann an der schmalsten Stelle kommen Kühe aus dem Tor. Weißgelb gescheckte knochige Tiere, dazu ein Mann, der ihnen der Reihe nach aufs Hinterteil klatscht. Der Fahrer hupt, bisher war er ja die Geduld selber, versucht vorbeizukommen, die Tiere gehen mitten auf der Straße, der Fahrer hupt und ruft. Da dreht sich der Mann um, der Falternbauer, und zeigt seinen Besen, so etwas habe ich noch nie erlebt.

Aber nun unser Fahrer!

Ja, du Siachhudi (Saulump), ruft er aufgebracht, lehnt sich aus dem Fenster, du Roitegschwägerts, du Butzen ungehobelter, ja du verrotteter Blätz, saugrober, g'schame sachzie (schämen sollst du dich), Arschekringler abgehauter.

Ja, sehen Sie, das wirkt. *Das* wirkt, nun kommt der Bauer wirklich in Trapp, der Flötenarsch, der ganz abgehaute, der arme Tropf steht an der Straße und hält den Besen hoch. Ach, küssete mi, ruft der Fahrer, küssete mi sinstwo. Das ist die Sprache, die sie verstehen, die Leute muß man nur richtig behandeln, sie sind nicht böse, nur unverständlich. Daurier schreibt: Man muß immer auf etwas Unvorhergesehenes gefaßt sein, plötzlich fahren sie auf Baumstämmen zu

14

Tal, mit Hörnern, Glocken, Peitschen und Pauken. Oder vermummen sich mit Hundefellen, und wenn man vorbeikommt, bespritzen sie einen mit Reisigbesen. Wasser gibt es ja überall – es rinnt von allen Höhen. Man nennt die Leute auch »Wildhauser«, ihre Kleidung ist meist aus starkem Drillich mit Tannenbart überzogen, Ohrenklappen aus weißem Leder und eigenartige Stoffzungen auf der Hose, als Schmuck haben sie Schneckenhäuser aufgenäht oder Messingschellen in denen metallene Kugeln laufen. Manche haben Mähnenhauben und Lederhandschuhe mit Krallen aus Eisen, mit denen sie sich auf den Flößen festhalten, oder das Holz wegtragen, die Saulumpen (Siachhudi). Nun komme ich endlich dazu, mich um die alte Dame aus Wien zu kümmern, die totenblaß im Polster lehnt. Wir sind vorbei, sage ich aufmunternd zu ihr (sch'vorbili).

Nach einer Stunde erscheint am Steilhang das nächste Dorf wie eine Traube.

Ich hätte nicht gedacht, daß wir so hoch hinauf müßten. Erst gelangen wir in eine enge Schlucht, in der es unaufhörlich tropft, und deren Wände so hoch sind, daß sie in den Wolken verschwinden. Felsblöcke liegen hier, hausgroße Kaliber, die von oben herabgestürzt, jetzt mit Gras und Bäumen bewachsen sind. Zur Seite fließt ein schwarzes Wasser mit großer Geschwindigkeit talab – ich vergaß noch zu erwähnen, daß es hier unten ziemlich finster ist und daß alle zwanzig oder dreißig Schritte Wasser auf einem Lattendach über der Straße geleitet ist, so daß es von allen Seiten unaufhörlich tropft. Dann kommt ein Mann mit einer Holzlast auf der Schulter, einer Hucke, doppelt so hoch wie der Mann selber und so breit, daß wir kaum nebeneinander Platz haben (der Omnibus und die Hucke), und dann hört man es bereits sehr deutlich: Es kommt von vorn, sehr laut. Was ist denn das, fragt die alte Dame; ich weiß es nicht, ich fahre diese Strecke selbst zum ersten Mal, also, bis zur nächsten Biegung wird es so laut, daß ich nicht verstehen kann, was sie sagt. Das hat keinen Zweck rufe ich zurück, ich kann sowieso nichts verstehen, es donnert, es schüttert, die alte Dame hält das Taschentuch vor den Mund. Und dann kommen die Wassermassen herab. Himmel, Wasser, Wasser, ein ganzer Meeresarm kommt herab. Aus zwei, dreihundert, was sage ich, aus tausend Meter Höhe kommt es herab, ein Hall, ein Schall, eine donnernde Nacht, und weißer Schaum spritzt auf die Straße. –

Es ist Abend geworden, die Wolken stehen tief.

Die alte Dame aus Wien schläft, während wir zur Seite des Wassers dahinfahren, das sich später in eben diesen Spalt stürzen wird, aus dem wir vor einer Stunde aufgestiegen sind. Ich bin der Meinung, daß Leute in ihrem Alter überhaupt keine Alpenreisen mehr unternehmen sollten; sie sind die Höhe nicht gewöhnt, die Luft ist zu dünn, das Herz pumpt. Ich bin Arzt und könnte im Ernstfall helfen, obwohl ich mir nicht vorstellen kann, was passiert, wenn beispielsweise der Omnibus steckenbleibt, ein Achsenbruch. Von draußen stürzt ein purpurschwarzer Tannenwald herein, es wird Nacht. Haben wir Wetterkleidung, festes Schuhwerk, Proviant, Laternen, Spaten, Stricke? Wie wollen wir ohne Ortskenntnisse auskommen, und was wird mit der alten Dame, kann sie allein bis Schwaz oder Tail absteigen, ohne Karte? Vielleicht übertreibe ich etwas.

Wir haben hier das Gössener Hochtal erreicht. Es ist ein weiter silbergrauer Plan unter dem Abendhimmel, den die Spitzen des St. Moltin, des Krauer Jochs, Steigmöttel im Westen und des Vierhorns und Großen Veltnerhorns im Norden einrahmen, im Hintergrund die Koferer Wand und das Hochkofel Massiv. Das Gasthaus steht am Ende der Talsohle, wo wir übernachten. Aber ich möchte eigentlich zum Beweis, daß ich durchaus nicht übertrieben habe, noch folgende Episode im Gasthaus anführen, das wegen der großen Höhe, in der wir uns befinden, zur Nacht geheizt ist. Gleichzeitig Endstation für den Postbus, bildet es den Ausgangspunkt für den Paßübergang; wer hier weiter will, muß sehen, daß er einen Pferdekarren kriegt. Zweihundertfünfzig Schilling verlangt der Fahrer, den ich mir ausgesucht habe, das sind etwa vierzig Mark, und der Mann gefällt mir gar nicht besonders, er ist eigentümlich braun im Gesicht, als ob er sich angemalt hätte. Andererseits möchte ich aber auch nicht übermißtrauisch erscheinen. Also ich zahle das Geld im voraus, ermahne ihn, vorsichtig mit den Koffern umzugehen, darin sind nicht nur meine Anzüge und Hemden, sondern auch noch ein wertvolles medizinisches Instrumentarium, wertvolle Mikroskope und Spezialgeräte, sage ich. Mir ist nicht ganz wohl bei dem Gedanken.

Nachher finde ich einen anderen Fahrer, der eigentlich viel sympathischer aussieht; ihm fehlt zwar auch das rechte Auge. Aber als ich frage: Was hätte denn das bei Ihnen gekostet, überlegt er nicht lange und sagt: Zweihundert Schilling. Also fünfzig weniger, wenn ich das gewußt hätte, wäre ich mit ihm gefahren.

Wo haben Sie denn Ihre Koffer? fragt er.

Ich sage: Die hat Ihr Kollege mitgenommen.

Darauf hat er nichts zu erwidern.

Stimmt etwas nicht? frage ich.

Doch.

Aber anscheinend doch nicht, lieber Herr, rufe ich aus, wenn ich doch nur mit Ihnen fahren könnte, mit meinem wertvollen Gepäck, aber das ist wohl nicht mehr rückgängig zu machen. In der Nacht haben wir unruhiges Wetter. Ich schlafe schlecht.

Erst geht es mäßig bergan, hier steht etwas Knüppelholz, das von der Nacht naß ist – bald wird die Sonne über die Flötzenwand steigen. Dann geht es in steilen Schleifen aufwärts, unten liegt das Gasthaus, der Blick geht über den Hochkofel in seinem rosiggrauen Morgenmantel, über die Kaiserserpentine, ich sage: Der Blick ist ja märchenhaft, wir fahren geradewegs in den Horizont hinein, in eine märchenhafte Luftperspektive, blaugraue Frühstimmung, das versteht er natürlich nicht, aber ich verstehe seinen Dialekt ja auch nicht, »Hoitz« heißt Holz, glaube ich und »Fui Hoitz« heißt viel Holz, wenig Worte. Es sind schweigsame Leute hier oben. Es geht über den nach außen geneigten Weg, so daß der Wagen erheblich schief liegt, bis zu einer Gabelung, wo rechts ein Weg nach oben führt. Hier muß der Mann natürlich alle Aufmerksamkeit auf den Weg wenden, der so schmal ist, daß ich mich frage, wie denn um Gottes willen eine Begegnung mit einem anderen Wagen aussähe, aber ich darf mich meinem Fahrer anvertrauen, der hier jeden Stein kennt, und seine Vorsichtsmaßnahmen getroffen hat. Spaten, Stricke und für den Notfall Proviant mit sich führt. Der Mann fährt absolut sicher, hinauf in die Höhe, in den blaugrauen Horizont.

Ich sage: Wie gut, daß ich Sie bekommen habe.

Der Mann blickt mit dem Auge, mit dem linken geradeaus auf den Weg.

Ich sage: Wenn Sie nicht gewesen wären, hätte er die Koffer bestimmt nicht hergegeben. Ich sage: Wissen Sie was? – – – ich weiß, woher er diese braune Farbe hat – – von Nußschalen, damit reiben sie sich ein, wenn sie aus dem Gefängnis kommen, verstehen Sie? Vielleicht versteht er mich gar nicht. Es kommt eine Stelle, wo der Weg sehr schmal wird, rechts die Wand und links der Felsabsturz, ich kann mir wirklich nicht vorstellen, was passiert, wenn jetzt ein Wagen entgegenkommt. Dann kommt die Kehre, und nun ist die Wand links und der Absturz rechts. S'geht! ruft der Mann und springt an einer besonders schwierigen Stelle ab, um das Pferd zu führen, und ich hätte nicht gedacht, daß wir so hoch hinauf müßten. Nach der zwanzigsten Kehre, kommt ein Abrutsch, wo sich ein Bach in den Weg gefressen hat, und heißt es nicht immer, man sollte, wenn irgend einzurichten, in größeren Gruppen fahren? S'geht, ruft der Mann.

Was soll ich sagen, es geht wirklich, es geht bis zu der Stelle, wo der Grat beginnt, rechter Hand sieht man tief unten das Auge des Zirler Sees, linker Hand die Innschleife bei Schwaad. Hier steige ich aus, ich sage: Halten Sie an, es geht nicht, und wie um meine Worte zu bestätigen, kommt gerade ein heftiger Windstoß vom Zirler Aug' heraufgefegt, gleichzeitig kommt ein Aufwind von der Innseite her, es geht nicht, rufe ich, der Wagen wird gehoben, schwebt, da der starke Luftstrom hier eine Angriffsfläche findet, und stürzt um – das kann jeden Augenblick passieren.

S'geht, der Mann hat mich wohl nicht verstanden.

Mensch, rufe ich, erst schleppen Sie mich hier herauf, jetzt sehen Sie mal zu, wie Sie mich hier heil wieder herunterbringen. Der Mann schnalzt mit der Zunge, hat sein Auge (das linke) auf den Grat gerichtet und macht Anstalten loszufahren. Das Gepäck ist auch noch im Wagen, das gefällt mir eigentlich gar nicht, die Instrumente, das wertvolle Mikroskop. Ich rufe: Halt!

Ogottogottogott.

Ich rufe: Sie können mich doch hier nicht allein lassen. Der fährt immer weiter auf dem Grat, ich rufe: Bleiben Sie stehen, ich kann nicht mehr, ich kann übrigens wirklich nicht, denn der Wagen ist viel zu schnell für mich, ich rufe: Hilfe, mir wird schwindlig, rechts der See, ich werde von einem heftigen Aufwind erfaßt, der vom See herauf fegt, der mich wie ein Himmelsauge wahrhaftig blau und rund und leuchtend anblickt, an den kann ich mich noch ganz deutlich erinnern, und da – – ich habe die Episode vor allem deshalb ausgesucht, weil ich zeigen möchte, daß man sich der Gefahr, in der man sich befindet, gar nicht immer bewußt ist. Einer doppelten Gefahr sogar.

Da tritt dieser.

Also wahrscheinlich hat er hinter dem Felsblock gestanden, einem eingewachsenen Felsen, der wie eine Stirn aussieht, und im letzten Augenblick tritt dieser Mann, der sich das Gesicht mit Haselnußschalen eingerieben hat, hervor, fast hätte ich daran gezweifelt, daß er noch erscheint; also der Mann ist großartig, nimmt gleich das Pferd am Halfter, ist überhaupt durch seine Ruhe eine großartige Hilfe, ich sage: Sie schickt der Himmel, Mann. Hebt den Wagen an, damit er richtig auf der Spur steht, hilft mir gleich beim Einsteigen, ich sage: Menschenskind, Sie sind ja ein Goldstück, der Wind nimmt mir noch immer fast die Worte vom Mund – hat aber doch schon etwas nachgelassen. Das ist ja geradeso, als ob Sie gewußt hätten, wo wir Sie brauchen.

Aber auch nachher zeigt er sich sehr brauchbar. Kommen wir an eine Gabelung, schlägt der den linken Weg vor, wenn der Einäugige nach rechts will, oder wenn der Einäugige hinauf will, ist *er* für den abwärtsführenden Weg. So kommen wir wieder tiefer, und es eröffnen sich wieder Aussichten auf höhergelegene Kuppen, auf denen ganz oben Häuser stehen und Kühe weiden. Ich sitze im Rücksitze, ich habe nun *zwei* Wegführer, die mich schließlich über die steilsten Stellen gebracht haben, und ich lobe meine beiden Wegführer. Ich lobe die Umsicht des einen und die Kenntnisse des anderen, je nach Gelegenheit sowohl den Einäugigen als auch den Braunen, und so gelangen wir mit der Zeit hinab, rollen zwischen Wiesen dahin. Zwischen Hügeln und Obstbäumen und weidenden Tieren. Wieder in sanfterer Umgebung. Die Hänge sind warm, Laubgehölze bedecken die Kuppen, satte violette Bauernhöfe, trächtige Gärten, runde Hecken, dies ist der Süden. Und so bin ich denn, möchte ich zum Abschied sagen, dank Ihrer Hilfe schließlich herübergekommen. Dank Ihrer *beider* Hilfe, heil und in einem Stück, nicht zu erwäh-

nen das wertvolle Gepäck, die äußerst wertvollen Instrumente und Mikroskope, die gar nicht zu bezahlen gewesen
wären.

See, Schnaps, Schweden

Als ich mit achtzehn alle meine Ersparnisse zusammennahm, um nach Schweden auszuwandern, dachte ich: Ach Schweden, helles wohlhabendes Land hinter den drei Landzungen, deren rechte drei Bäume trägt und ein kleines weißes Haus (das Lornkäshaus). Ich dachte: Die See ist weit, die Schwedische See, die Baltische See, die Ostsee – wie wir sie nennen – die Finnische See mit der Insel Rüt, wo der Schiffsjunge Peter ein Bein verlor und zwei Tage durch das Eiswasser bis nach Wasa schwamm. Nach Schweden! Auf dem Boden liegen Berge und Wälder, die von den Seefahrern benannt werden: Der Admiralitätswald, der Selberbråwald. Der steile Berg von Lungsholm.

Man sagt, die See erneuert den Mann von innen und außen. Mit siebzehn fährt man aus, durch den Skager Rak, durch die reißende Jütlandströmung und den berüchtigten Maelstrom, vorbei an den furchtbaren Szillyinseln und in zweiundfünfzig Tagen bis nach Bengalen. Eine Reise mit Holger Wells. Oder mit den heißen schnellen Strömungen bis in die japanische See (Jeff Buglar), wo das klar mit der Hand geschöpfte Wasser blau ist, an Flußmündungen grün, von kleinen roten Krabben durchsetzt: Das Rote Meer. In den Kalmen, so nennt man die ruhigen Gewässer, sind die Menschen oft wahnsinnig geworden, und in den warmen Gewässern tritt das Meeresleuchten auf, das so hell ist, daß man dabei lesen kann. Wie bei Robinson Crusoe.

Also betrat ich eines Tages im September des Jahres 19.. mit meiner Kiste (mit den Initialen S. N.) die Laufplanke des Schoners »Aurora«. Alle meine Ersparnisse in einer Tasche aus grauem gummiertem Tuch. Ich trug einen englischen Überzieher, der Mann aus Leads, der nach Hull fährt. Deshalb aber weit entfernt, seine Zukunft in einem düsteren

Licht zu sehen. Der Mann, der auf Sala-y-Gomez verschlagen wird und sich auf dem blanken Felsen vierzig Jahre lang von Seeigeleiern ernährt. Dieser Mann, seine Geschichte, das Schiff, das am vierzigsten Tage vorüberfuhr. Seine vierzig Steintafeln – für jedes Jahr eine – und die genaue Lage des Felsens nach einer Beschreibung des einzigen Überlebenden der »Nieuwe Amsterdam«, achtundzwanzig Tage im offenen Boot. Alles das. Und ich erinnere mich ganz genau, ich habe jeden Tag aufgeschrieben. Wir hatten mal einen Passagier, wird es heißen, der kam eines Abends an Bord, danach hörte man nie wieder etwas von ihm. Frühmorgens, als die Reise begann, lag ein hübsches rosiges Licht auf dem Wasser, die Decksplanken waren weiß gescheuert, am Ruder stand Schiffer Brägen, ein freundlicher breiter Mann, der Matrose leerte gerade einen Eimer aus und winkte, und vom Heck winkte der Schiffsjunge Heini, die kleine fröhliche Krabbe. So begann die Reise. Ein prächtiger Morgen mit gleichmäßigem Wind aus Nordnordost.

Etwa folgende Route: Wir hielten auf Falster zu, das wir nach zwei Tagen erreichten, dabei ließen wir links die Insel Moen liegen, und gewannen die offene See – das wird am dritten Tag gewesen sein –, es war der dreiundzwanzigste September, und zurückblickend: Was da noch zuletzt vom grünen Hügel herabflatterte, war die Wäsche des Lotsen.

24. *Sept.*

Der Kapitän hat mich heute gefragt ob ich Geld habe, ich habe ausweichend geantwortet. Dann, beim Frühstück – offensichtlich freut er sich, wenn das Schiff mal ordentlich ausholt – fragt er mich nach meinen Geschäften.

Schnaps?

Nein, antwortete ich ausweichend.

Schnaps sei in Schweden billig, erklärt er, nun holt das Schiff gerade ordentlich über und er freut sich. Dann:

Schnaps müssen Sie kaufen. Dann stutzt er und fragt: Sie haben doch Geld? Ich glaube, ich habe vage genickt, ich werde ein unbehagliches Gefühl nicht los.

25. Sept.
Die See liegt rosenrot wie eine Kupferplatte, an Deck der Matrose mit Schrubber und Eimer – ein langsamer, ziemlich feister Mensch, der mir freundlich zuwinkt, und ich winke zurück. Hallo Serge. Er heißt Serge Zĉaŝik. Es kommt ein Schwarm Stichlinge geschwommen, passiert unter der Reling durch, dann wenn ihn deren Schatten trifft, macht er scharf nach rechts kehrt wir schauen hier bis zu einer Tiefe von dreißig Fuß wie in einen gläsernen Kübel. Dort passiert ein Seehaase (ein brauner Rücken), aber ich glaube, er will mich verulken. Wo bist du denn zu Hause? Ragusa. Hört sich schön an (es heißt Meerengel), und wie heißt du denn, Serge Zĉaŝik hört sich auch schön an. Sersche Schaschik, ich erzähle: In Hamburg wurde ein Mann beim Ausschlachten von Walspeck an die Wand gedrückt, ich weiß nicht mehr genau, Hamburg oder Bremen, drei Stunden lang hörte man ihn unter der tonnenschweren Fettmasse rufen: Schschschschsch.

Wie heisch' denn? Warum gehsch' nich' weg?

26. Sept.
Ich glaube, dem Matrosen kann ich nicht trauen. Heute morgen kam er in meine Kabine, als ich gerade mein Geld nachgezählt habe. Nun nehme ich *nicht* an, daß er das Geld gesehen hat. Er steht in der Tür und kratzt sich den Schädel, als sei er etwas schwach da oben, und ich denke, wenn er fertig ist, wird er vielleicht verschwinden, damit ich das Geld besser verstecken kann. Aber er drückt sich in der Tür herum, blickt den Gang hinunter und geht nicht. Er flüstert: Hören Sie mal.

Was! frage ich.

Haben Sie ihm Geld gegeben?

Was für Geld, frage ich und denke, der hat doch nichts gesehen?

Er blickt den Gang hinaus, dann ungeduldig: Na, Brägen.

Nein, sage ich.

Er setzt sich aufs Bett, scheint zufrieden. Geben Sie ihm kein Geld, verstehen Sie mich, der versäuft es bloß – – aber nun geht er noch nicht: Hören Sie mal, wollen Sie Schnaps kaufen? Ich habe aber *keineswegs* die Absicht, welchen zu kaufen, auch nicht, wenn er in Schweden so billig ist. Ich dachte früher: Schweden, helles wohlhabendes Land, hier scheint aber jeder nur an Schnaps zu denken. Ich habe das Geld jetzt hinter die Holzverkleidung oberhalb des Bettes gesteckt, wo im Paneel die linke Füllung lose ist. Weiß auch genau, was ich danach getan habe, nämlich die Kiste wieder eingeräumt, danach einen Brief geschrieben, nein, erst bin ich zur Toilette gegangen, und dann habe ich Briefpapier aus der Kiste geholt und bin in die Pantry gegangen.

Und dann?

Dann bin ich in die Kabine zurück. – Noch etwas: Am Nachmittag hält mich der Kapitän an und sagt: Wissen Sie was, geben Sie mir Ihr Geld lieber in Verwahrung, und das Schiff holt gerade mächtig über, der Kapitän steht fest auf den Beinen. Dabei ist die Wetterlage ruhig, die See spiegelglatt und gläsern, wir befinden uns hier über einer Tiefe von fast achthundert Faden. Also was ist es, das dieses Gefühl aufkommen läßt: Es gibt einen Punkt, an dem das Schiff zur Umkehr nicht mehr fähig ist, weil es vom Heimathafen bereits weiter entfernt ist als vom Ziel der Reise.

Ich frage mich: Ist dieser Punkt erreicht?

27. Sept.

Heute nacht plötzlich aufgewacht. Draußen in der Dunkelheit die Insel Babro, die völlig kahl ist. Aber irgendwie höre ich ein Geräusch, klitsch, klitsch, und bin davon aufgewacht. Dann klatsch, laut und fest. Hinten im Gang brennt Licht. Hast du jetzt genug?

Lassen Sie ihn doch.

Dann geht es wieder, klitschklatsch, dazu gurgelt jemand ganz erbärmlich im Wasser. Lassen Sie ihn doch, sagt Heini, er tut es bestimmt nicht wieder. Ähh, der Drecksack, hast du gehört, klatsch, willst du aufstehen! Klatsch. Steh auf, befiehlt Schiffer Brägen, das kann er offenbar nicht, denn er hält den Kopf unter Wasser und pfeift, oder wie man das bezeichnen soll. Du besoffenes Stück, schreit der Schiffer und stellt sich auf Serge Zêaŝik, der vor Angst laut pfeift. Aber das hört sich ja schrecklich an, sage ich. Ja. Der Kapitän spaziert hin und her und tritt kräftig auf die Unterlage (das Fleisch des dicken Mannes).

Das hat er davon.

Wovon? frage ich Heini.

Daß er dem Alten wieder Schnaps geklaut hat. Und nun warten wir alle, Heini und ich, der Schiffer auf Serge Zêaŝik stehend, und dieser selbst; ebenfalls wartend, ein Meerengel, eines jener plumpen Geschöpfe – Warmblüter, glaube ich – das im Wasser schwebt, schwimmen kann man das ja nicht gut nennen, ein merkwürdiges und etwas widerliches Abenteuer, alles in allem. Die gelbe, fettige Beleuchtung, das Pfeifen, ich meine den Ton, den Serge Zêaŝik von sich gibt, und den die Seeleute »Singen« nennen. Hat er gesungen? Ja, wir haben die ganze Nacht darauf gewartet. Bis zum Morgen, bis sich draußen die See hob –, da ist er dick angeschwollen, ganz weiß, und dann hat er gesungen. Oah-hoahhoa. In Wirklichkeit ist es nichts als der entweichende Druck; an der Unterseite befindet sich ein Spundloch, welches in der Südsee oft Matrosen als Weibsersatz gedient hat.

28. Sept.

Ich glaube: Manchen Leuten helfen wirklich nur Prügel. Am ehesten gefällt mir eigentlich noch Heini, er zeigt mir die großen Schirmquallen, die in dieser Zone stehen. Wie eine Wiese, unheimlich geradezu, denn das Wasser ist hier tot und tief, siehst du wie sie pumpen. Wie sie ihren blassen Mantel schwenken, das ist der Mund. Später, als ein paar Hechte, Flösselhechte erscheinen, deutet er: Ein Schlammbeißer, mit Bart und Reusen (eine untersetzte Lippenquabbe), so tief schwimmend, daß man ihn kaum erkennen kann. Das Maul voller Gesträuch, der sieht ja grauenhaft aus, sagte Clement Borchard.

Ha, sagt Heini, in Irland habe ich einen Fisch gesehen, der war wohl einen Meter lang und sah wie ein Gespenst aus, wie ein Skelett.

Aber ich habe in Portugal einen Fisch gesehen, einen Panzerfisch, also wohl gut zwei Meter lang und außen wie eine Feile. Der riß einem glatt die Hand ab.

Ich habe mal einen Fisch gesehen, sagt Heini, den sie Aalmutter nannten, er sah wie ein Aal aus, war aber gut drei Meter lang.

Wo soll denn das gewesen sein, frage ich.

In Portugal.

Der Kerl lügt wie gedruckt, aber da in diesem Augenblick – jawohl, da kamen sie. Großartige Burschen, zehn, zwanzig, dreißig, blank, stark und groß. Ein riesiger Schwarm Kabeljau. Portugiesisch Cavelhao. Kam direkt auf uns zugeschwommen, schaut doch: So viele! Mein Gott, soviel Kabeljau.

29. Sept.

Heute morgen scheint die Sonne durchs Bullauge, eine helle, gelbliche, etwas kühle – eine schwedische Sonne. Ich bin sehr froh. Als ich an Deck steige, liegt voraus ein flacher Küstenstrich, backbord (also linker Hand) eine Insel, sie heißt Skengerö und hat eine runde grüne Kuppe und ein Haus aus roten Steinen. Das ist Schweden! Hurra, das ist Stockholm! Nun kann es nicht mehr weit sein, durch den schärenreichen Busen, durch den mächtigen Ausfluß des Mälar in die Salzsee. Die Küste fingert sich auf und man passiert eine Unzahl Inseln, Landzungen, felsige Verbindungen zwischen den Inseln. Hier muß der Schiffer aufpassen.

Nach zwei Stunden erscheint landeinwärts ein Haus auf einem Hügel, danach kommt offenes Wasser. Ist das Stockholm (Steg Hilma), der Holzhafen, den man schon aus großer Entfernung erkennt? Die Hafenfront, die Straßen und die fischäugigen Kinder unter dem fliegenden kühlgrünen Himmel? Wo sind die blauen Fahnen mit dem gelben Kreuz? Und der Kapitän, der am Ruder steht, macht auch nicht den besten Eindruck – Serge stützt ihn. Ich frage: Fahren Sie hier im Kreise herum? Wenigstens habe ich nicht den Eindruck, Kapitän, daß Sie sich in Ihrer Sache sehr sicher sind. Und wahrscheinlich hat er zuviel getrunken, schwankt etwas, dann sagt er: In zwei Stunden sind wir im Furusund.

Im Furusund! rufe ich aus, soviel ich weiß, gibt es überhaupt nur zwei Wege, einen bei Sandhammer und einen bei Landsort (an Dalarö vorbei). Jawoll, brüllt der Kapitän, Sie können ja so fahren, aber dann fahren Sie im Kreise herum, so daß Sie im Furusund herauskommen, wenn Sie bei Sandhammer hineinwollen, oder umgekehrt bei Sandhammer, wenn Sie bei Landsort einfahren. Nee, bei Furusund. Siebzehnmal, schreit er, habe ich die Route gefahren, siebzehn Reisen mit Butter und Fisch, Ölkuchen und Stangeneisen, da werde ich mich wohl auskennen. Und Holz, wovon es weiß Gott genug gibt, die allergrößten Schiffe stehen im Hafen, dreihundert allein vor dem königlichen Schloß, kgl. Slottet, wie viele werden dann wohl im ganzen Königreich sein! Gegen Mittag ist er so ermüdet, daß er nach unten gebracht werden muß, danach übernimmt Serge Zĉaŝik das Ruder, danach Heini Küpper. Dann wieder Serge Zĉaŝik, bis die Sonne untergeht, zu meinem Befremden aber sowohl im Westen als zeitweise auch im Osten. Und als es dunkel zu

28

werden beginnt, glaube ich rechter Hand die Insel Skengerö auszumachen. Das ist unmöglich, dann müßten wir ja schon wieder heraussein, sagt Serge Zĉaŝik, zeigt nach rechts und nach links und dann zeigt er nach hinten –

Und da.

Gegen den blaßgelblichen Himmel – weithin über das Meer sichtbar – mit achteckigen Kastellen im Wasser und einer Hafenfront mit Luken und Kränen – auf dem majestätischen Strom, plötzlich auf breitem freiem Gewässer, so dicht, daß man im Vorbeifahren in die Fenster greifen könnte, erkennt man das englische Linienschiff Royal Sovereign und den Zweidecker Henry. Es schlägt vom Dungartstoppen. Mitternacht.

In Stockholm, 30. Sept.
Aber immer der Reihe nach. Ich wohne im Hotel Nyäs, mein Zimmer – oder Kammer würde man bei uns sagen – ist blitzsauber, daran fehlt es nicht. Aus dem Fenster (das sich oben und unten gesondert öffnen läßt) sieht man hinter dem Hof auf eine blaue Bude und einen trichterförmigen Kohleneinlauf. Und es ist so laut, als ob dauernd eiserne Wagen über das Pflaster rollten, man kennt das Hotel Helgoland, oder Hotel Torstensson, oder das berühmte Kungsholm, oder das Ladugårdslandet, dort schaut man auf die blauen Hügel. Schweden ist flach? Eben nicht. Aber dafür ist es nicht so teuer, dem Hausdiener gebe ich eine Krone, damit er mein Gepäck holt, hundert Kronen stecke ich mir ein (wir werden ja sehen, wie weit die reichen) und sage mir: Na, denn los, alter Junge, steuern wir mal ein paar imposante Straßen und Plätze an, bis wir schließlich auf dem großen Markt landen, der geschichtlich bemerkenswert ist. An der Stelle, wo Christian II. einmal einhundert Kaufleute hinrichten ließ, besichtigen wir die neue Börse, einen imposanten Bau, verweilen eine geraume Zeit, und ehe wir uns

versehen, ist's schon Mittag – die Glocke schlägt von der nahen Hauptkirche – und wir suchen uns, denke ich mir, ein Speiserestaurant, in dem es hauptsächlich Fisch gibt, Seelachs, Eier, Hering mit allerlei pikant zurechtgemachten Sachen. Dazu ein Schnäpschen, alles in allem nicht gerade billig, nehme ich an, aber gut. Am Nachmittag geraten wir dann an den Fuß des Schloßberges, wo die Statue Gustavs III. steht, und halten uns hier eine Weile auf. Die Geräusche gedämpft, aber nicht so, als ob unsere Ohren verstopft wären, vielmehr führen wir das auf den Schnaps zurück, den wir mittags hatten und den man in Schweden aus kurzen Stielgläsern trinkt. Gehen ein wenig umher und trinken anschließend noch einen Genever, besichtigen einige stattliche Gebäude, die uns auffallen, die Seeassekuranz, die Reichsbank, die Getreidebörse, schließlich ist es Abend, schon sechs Uhr, und ich denke, wir werden uns, weil es der erste Abend ist, ausnahmsweise ein Essen in Stortorg leisten, wo wir vielleicht ein oder zwei Schnäpschen trinken, bis wir endlich so großer Stimmung sind, daß entweder – – also, entweder habe ich zuviel bezahlt, oder der Kellner hat mir nicht herausgegeben, ich verstehe ja kein Schwedisch, jedenfalls stelle ich am nächsten Morgen fest, daß meine hundert Kronen weg sind. Wieso? Man kann mich prügeln, ich weiß es nicht.

Eine ungefähre Erinnerung habe ich an zwei oder drei Männer und eine Frau, oder zwei Frauen, die mit mir am Tisch saßen, inmitten eines ungeheueren Lärms, als ob sie eiserne Wagen über das Pflaster rollen ließen. Und als ich aufwache, rollen sie noch immer, es ist schon hell im Zimmer, mein Gepäck ist auch angekommen, steht vor dem Bett. Meine hundert Kronen? Also die habe ich doch tatsächlich auf den Kopf gehauen. Donnerwetter, denke ich, das ist mir einmal passiert, das passiert mir nicht nochmal.

Am nächsten Tag, also heute, gehe ich auf Arbeitsuche. Ich stecke mir noch einmal hundert Kronen ein, die bis nächste Woche reichen müssen, und suche ein deutsches Handelskontor auf. Davon gibt es, soviel ich weiß, mehrere in der Smalandsgatan, in der Bryggagatan, Lille Wattugatan, Karduansmakaregatan und am Kartavägen, teilweise auf Inseln, die ihrerseits wieder unterschiedlich zu erreichen sind. Ich gehe also die Storkyrkobr hinunter, dann durch die Westerlanggatan zwei, drei Straßen hinunter, bis ich schließlich auf ein Schild »Deutsche Branntwein Kontor« stoße.

Das Büro ist im ersten Stock, meiner Kammer im Nyäs nicht unähnlich, insbesondere was den Krach auf der Straße oder im Hof angeht. Vorn steht ein Schreibtisch mit Aktenbock im Hintergrund erkenne ich ein Bett, dort befindet sich auch das tiefliegende Fenster. – Zum Hof? Ich sage auf deutsch, flott: Guten Morgen, Herr Chef, ist der Branntwein schon verkauft (und wenn nicht, will ich gerne dabei behilflich sein). Der Mann ist klein, etwa fünfundzwanzig Jahre alt, offensichtlich hat er noch niemanden erwartet. Er stutzt und fragt:

Kaufen Sie den Branntwein?

Das gerade nicht, erwidere ich frisch, aber vielleicht können Sie einen Verkäufer gebrauchen, ich lege eine Mappe mit Papieren vor, ich habe Sprachkenntnisse, Englisch, Deutsch. Er nickt. Ausführung aller Arbeiten, Spedition, Expedition, Kreditwesen.

Er nickt und bringt eine gerade braune Flasche.

Ich habe, fahre ich fort, Erfahrung mit deutschen Firmen, vielleicht könnte sich die eine oder andere Verbindung ergeben. Er nickt, und ich sitze hier eigentlich ganz munter in meinem braunen Cheviot – und denke hier an gewisse persönliche Kontakte, und ich meine *persönliche*.

Er fragt: Kaufen Sie den Branntwein?

Nicht so schnell, Herr Chef, antworte ich spaßhaft, vielmehr käme es mir darauf an, zunächst eine geeignete Tätigkeit in der Branche zu finden, und das scheint er zu verstehen, denn er nickt und schenkt mir ein großes Glas Branntwein ein, der nicht übel ist, auch im Nachgeschmack gut im Mund liegt. – Wenn Sie verstehen, was ich meine, sage ich, z. B. eine Kaution?

Wohlverstanden, erkläre ich, zu gegebener Zeit.

Er nickt. Nachdenklich. Schließlich gießt er mir nochmal nach, eine kräftige Portion, die ich jetzt zu mir nehme, und von der sich sagen läßt, daß sie – ja, Freunde – ganz gut im Magen liegt, zumal ich an diesem Morgen noch kein Frühstück genossen habe. Und nachdem ich das Ding – das Glas gekippt habe, blickt mich der Mann, der mir gegenübersitzt, erwartungsvoll an.

Ich frage: Wie stellen Sie sich dazu?

Er fragt: Wollen Sie der Branntwein kaufen?

Lieber Herr Chef, antworte ich belustigt (entschuldigen Sie), Ihr Branntwein ist ausgezeichnet, also wirklich, doch ist er zunächst nicht der Zweck meines Besuches (oder nicht direkt).

Der Mann denkt jetzt nach, ich sehe, daß er zu einem Entschluß gelangt, dann hebt er den Kopf und fragt:

Wollen Sie der Rum kaufen?

Nein, lache ich, der Rum nicht und der Branntwein nicht, und wenn Sie es mir nicht übelnehmen, möchte ich vorläufig überhaupt noch keinen Abschluß tätigen.

Jetzt sieht er mich groß an und scheint genau auf das zu horchen, was ich sage: Tätigen! Dann geht er aus dem Zimmer und kehrt mit einer Korbflasche zurück, aus der er mir eingießt. Ich schmecke, ja Junge, sage ich, das ist guter Stoff. Es ist meiner Ansicht nach reiner Wodka, auf jeden Fall ein Klasseschnaps, sauber im Glas, und hart, Junge, unbedingt hart, da mach mal das Glas voll.

Ich sage: Der kann sich sehen lassen, und habe wohl noch ein oder zwei weitere Gläser davon getrunken, genau läßt sich das nicht mehr bestimmen, Herr Chef, rufe ich, alte

Schnapsdrossel, alte Branntwein Kontor Drossel. Deutsche Branntwein Kontor, berichtige ich mich und rufe:

Verdammt gute Marke das.

Und er fragt: Hvat?

Ja, verstehst du kein Deutsch mehr, rufe ich. Und er verneint: Nur ein bißi. Daran kann ich mich noch erinnern, aber dann kommt dieses Rollen, und ich bin entweder an Ort und Stelle eingeschlafen, oder ich weiß überhaupt nicht, was geschehen ist, und als ich inmitten des ungeheuren Lärms (der eisernen Wagen) aufwache, ist es schon wieder hell. Oder noch hell. Ich liege hier in Kleidern im Bett, die Reisetruhe ist da, der englische Überzieher am Haken. Mein erster Gedanke: das Geld! Ich liege vollständig erstarrt. Na, also die hundert Kronen sind natürlich weg, das war nicht anders zu erwarten. Donnerwetter, jetzt erinnere ich mich, daß der Kerl nicht ein einziges Mal mitgesoffen hat, er hatte eine komische Bewegung im rechten Auge, ein Kneifen, heiliger Nikolaus von Schweden, denke ich, das soll mir eine Lehre sein.

Am anderen Morgen zeigt mir der Wirt das Fäßchen im Flur.

Ich frage: Was ist denn das?

Branntwein.

Ich frage: Was für Branntwein?

Den Sie bestellt haben.

Was! rufe ich aus, ich habe überhaupt nichts bestellt.

Aber doch, erklärt der Wirt, und schon bezahlt, heute früh ist das Faß geliefert worden, vom Deutsche Branntwein Kontor. Also da bin ich sprachlos, da steht mein Faß, *mein* Faß. Es ist nicht sehr groß, aber ich habe noch nie ein Faß Branntwein besessen, es ist merkwürdig bauchig und ganz neu, hübsch eigentlich. Teuer? Eigentlich nicht. Und lasse auch gleich mal anzapfen, ein paar Gläschen, und stelle fest, Freunde, daß es sich um keinen schlechten Stoff handelt. Nein, kann man nicht sagen. Bißchen hart, aber ruhig auf der Zunge, davon verstehe ich etwas, Kinder, das ist Schweden, und irgendwie spüre ich heute ein gutes Kribbeln in den Fingern, das bedeutet Glück. Ich habe mir nochmal hundert Kronen eingesteckt, trage zur Sicherheit mein übriges Geld in einem Brustbeutel unter der linken Achsel, ich sage mir: Heute keine Risiken eingehen, keine Extratouren, Junge. Befinde mich demnach in guter Fahrt, das heißt, die Schnäpschen haben mich einigermaßen fit gemacht (hauptsächlich aber deshalb, weil ich mich von der einwandfreien Lieferung überzeugen konnte). Seht, am Ende der Straße steht der Riddarholmsturm, wohl achtzig bis neunzig Meter, zum Teil aus Gußeisen, imponierend, und wenn man *den* kennt, kann man sich in Stockholm gar nicht verlieren.

So fröhlich, in meinem Cheviot, den Mantel über dem Arm, gelange ich zum Kornhafen, einem Platz lebhaften öffentlichen Verkehrs, betrachte eine Weile die vorbeiflutende Menge und die stattlichen Bauten, die den Platz einfassen. Und gelange schließlich vor ein Haus, dessen reichfigurierte Fassade mir gleich auffällt. Das Parterre nimmt eine Reihe übergroßer Glasfenster ein, vornehm mit goldbraunem Samt verhängt, und ich denke, *das* sollte mir gefallen, ein Handelshaus sicherlich, ein Kontor der ersten Kategorie: Brunswik & Pedersen. Und ich habe wohl einen Augenblick am Portal – innen Marmor – gezögert, jemand der mich dort stehen sah, hat mich vielleicht für einen Angehörigen des Hauses Brunswik & Pedersen gehalten. Ach, Schweden, helles wohlhabendes Land!

Da kommt – also ich bin soeben dabei weiterzugehen – da kommt ein Portier aus dem Haus in einer grünen, rot eingefaßten Livree und fragt, ob ich jemanden suche. Eigentlich nicht, erwidere ich, da ich aber nicht unhöflich sein möchte, frage ich: Ist dies das Handelshaus Brunswik & Pedersen? Ganz recht, antwortet er, natürlich auf schwedisch. Dazu hält er die Tür auf.

Nein nein, lache ich, so war das nicht gemeint.

Er tritt höflich beiseite.

Wenn es unbedingt sein muß, sage ich, das ist ja hier wie im Märchen: Die üppige Halle, der aufwärtsführende Treppenbogen mit zwei Wangen, oben ist ein Rundlicht an der Decke – ich nehme an, von außen ist diese Stelle durch eine Glaskuppel überdacht – und wirft sein Licht genau auf einen am Boden liegenden runden Teppich, blau mit messingfarbenen Girlanden.

Das gefällt mir, sage ich zu dem Portier.

Er fragt etwas in Schwedisch, das sich anhört wie: Wat Erde.

Das sollte mir gefallen, erkläre ich, das ist gediegen. Jetzt wird die Verständigung schwieriger, er deutet auf eine Polstertür, grau Nylon, tritt höflich beiseite, der Raum ist modern eisengrau mit Tisch und Stühlen in einer dunklen, mir unbekannten Holzsorte (afrik. Dengue), und dort erheben sich zwei Herren sehr höflich. Das muß ein Mißverständnis sein.

Hoppla, sage ich.

Die beiden Herren ähneln sich stark, der vorderte trägt einen breiten Binder, ein älterer Herr: Direkter Brunswik. Oder Pedersen. Er tritt auf mich zu und sagt auf deutsch: Sie wollen zu mir?

Nein nein, lache ich, ein Mißverständnis. Das heißt, wenn man es genau nimmt, wäre ich sehr gerne zu Ihnen gekommen. Die beiden Herren wechseln einen Blick.

Das heißt, so groß sind meine Ansprüche gar nicht, sage ich, mir hätte auch ein *kleines* Kontor genügt, Spedition, Expedition, Auslandsverbindungen, Sie verstehen.

Der ältere Herr denkt nach: Sie sind in Geschäften hier, Herr…?

Niemann.

Herr Niemann?

Ja, sage ich, wie man es nimmt, geschäftlich und nicht geschäftlich. Ich habe auch ein Faß Schnaps gekauft, erzähle ich lachend.

Die Herren sind ebenfalls belustigt, dann bittet mich der Jüngere Platz zu nehmen.

Kognak?

Aber nur einen Kleinen, sage ich und denke: Wahrscheinlich mache ich hier in meiner Art einen ganz netten Eindruck, man hält mich für einen Geschäftsmann, für vermögend? Wenigstens nicht ohne Mittel, und als ich ausgetrunken habe, sehen mich die beiden Herren an. Nicht übel, sage ich, daraufhin scheinen beide befriedigt zu sein, denn sie nicken und halten die Finger hoch. Ausgezeichnet.

Sollten Sie mir aber Branntwein verkaufen wollen, schmunzele ich in Erinnerung an den gestrigen Tag, so muß ich Sie leider enttäuschen, damit bin ich eingedeckt. Nun schmunzeln die Herren ebenfalls, besonders der Jüngere ist sehr lustig und schlägt auf den Tisch, der Ältere dagegen ist etwas zurückhaltend, wirkt unter Umständen sogar etwas schwierig, und ich darf nicht vergessen, in welcher Umgebung ich mich befinde. Ich entschuldige mich sogleich und sage: Nur ein Spaß. Nehme noch einen Kognak, den der jüngere Herr mir präsentiert: Fast hätten Sie uns erschreckt.

Womit?

Daß Sie keinen Branntwein kaufen wollen.

Ach so! Nun lachen wir alle drei, diesmal aber innerlich angewärmt und ohne Einschränkung, Sie scheinen mir, sagt Direktor Brunswik, ein entschlossener junger Mann. Aber immer, sage ich, schnell und prompt, und halte mein Glas hin, um mir von dem jüngeren Herrn einschenken zu lassen, während mir der Direktor eine Zigarre anbietet. Sie können sie ruhig rauchen, meint er, ich rauche sie selbst.

Aber das sollte auch kein Hinderungsgrund sein, erwidere ich, trinke aus, rauche die Zigarre. Ich sage: Hick, entschuldigen Sie, hoffentlich schätzen Sie mich nicht falsch ein.

Der Direktor: Sagen wir, es ist unser Beruf, Sie nicht falsch einzuschätzen, sehen Sie.

Bitte, sage ich, immer voran, bevor ich »endgültig« bezecht bin, wovon ich meiner Meinung nach aber noch weit entfernt sein dürfte. Der Direktor musterte seine Fingernägel, dann sagt er, indem er mich scharf ansieht: Um das Geschäft könnte man Sie fast beneiden. Welches? Das wir Ihnen vorzuschlagen im Begriff sind.

Nun ist alles klar.

Eine Verwechslung. Wie schade, ich stehe auf und merke, daß ich reichlich schwere Beine habe. Aber dann denke ich: Halt!

Ich denke: Halt!

Habe ja bisher einen guten Eindruck gemacht. Und so voll (so bedusselt) bin ich noch nicht, daß ich nicht klar denken könnte. Risiko vermeiden. Gut. Aber das heißt noch lange nicht – noch lange nicht –, daß unsereiner dumm ist.

Meine Herren, rufe ich aus, sagen Sie mir worum es geht, dann werde ich Ihnen sagen, was ich denke. Ich setze mich wieder hin. Zunächst nehmen wir aber jeder noch ein Gläschen zur Brust, eine kleine Herzstärkung, wenn es recht ist, einen Sorgenbecher. Der Direktor fragt freundlich: Na, wie ist er? Ich koste: Ausgezeichnet.

Wir haben, sagt der Direktor, davon ein unerhört günstiges Lager, was sagt er? Kognak? Schließlich bin ich nicht besoffen, ich sage: Was heißt denn das eigentlich, ich bin doch wohl noch klar bei Verstand, denken Sie, ich bin besäuselt? Was heißt denn Kagnok.

Wie ist er denn?

Ich koste: Ausgezeichnet, bin sehr angetan. Na, sagt er, dann schmettern wir noch einen. Ich sage: Ist das hier ein Gelage, soll das hier ein Saufhaus sein. Auf das Ihrige. Einen

Herzenstrost, sage ich, und Durst hat man immer. Lieber Niemann, sagt der Direktor Sunkist, so hat man Sie mir beschrieben, ein schnell entschlossener Geschäftspartner. Ein schneller Käufer. Und prompt, sage ich, glauben Sie bloß nicht, ich hätte schon ein Spitzchen, so schnell falle ich nicht um. Nee, sagt er gemütlich, kippen wir noch einen. Bloß nicht, das steigt mir noch zu Kopf. Und auf die Lampe, Bruder, das legt mich schief und wackelt mich, da kann man sich ja um Sinn und Verstand trinken, was sind Sie denn? Sind Sie Gelegenheits- oder Gesellschaftstrinker? Oder Geltungstrinker? Alles beides, glaube ich, sowohl animiert als auch illuminiert. Und pokuliert.

Wissen Sie was, Sie alter Schwede.

Nehmen Sie noch einen, Niemann.

Aber gern, sage ich, bilden Sie sich bloß nicht ein, daß Sie mich reinlegen können, weil ich gerade mal einen verlöte, damit liege ich noch lange nicht unterm Tisch. Verstanden. Sie denken wohl, Sie alter Saufsack, Sie könnten mich mit so'm Schnäpschen verschieben, was, aber denken Sie bloß nicht, weil ich mir hier einen auf die Nase gieße. Sie alter Schluckbruder. Sie alter Schwamm. Sie sind stinkevoll. Jawoll. Knülle-knille-voll und blau wie eine Haubitze.

Erst erregt dämmrig

dann redselig

schließlich delirant halluzinatorisch im donnernden Lärm der Eisenwagen.

Als ich erwache, will es mir nicht gelingen – die Wagen sind unerträglich laut im Hof, rollen über das Pflaster, dröhnen bis unter das Haus –, mich zurechtzufinden. Was? Will mir nicht gelingen, mich zurechtzufinden. Was? Die Wagen rollen über meinen Kopf, mein Kopf schmerzt.

Es riecht nach feuchtem Holz.

Neben meinem Bett zieht sich ein weißer Lichtfaden unter dem Fenster entlang, und dann knallen unten zwei Wagen aufeinander, und ich fahre aus dem Bett. O ihr Verfluchten, rufe ich aus und schlage mit der Faust an die Wand, aber gerade dann stoßen unten wieder zwei Wagen aufeinander. Eisen auf Eisen, und mir ist, als ob sie in meinem Kopf zusammenstoßen, und wenn ich das Fenster aufreiße und mich weit vorbeuge.

Nun ja.

Der Ausblick in den Hof, und auf die Fässer, ach ach. Sie werden von einem Pferdefuhrwerk herabgehoben, fallen auf ein ledernes Stoßkissen, und trudeln dann auf ihren Faßbändern den Hof hinab zur Kellerrampe, immer ein Faß zur Zeit. Und immer noch eins, will denn das gar nicht enden, so viele, ach ach. Ich taste nach meiner Hose, nach der rechten Gesäßtasche, wo sich die hundert Kronen befinden, die sind natürlich weg.

Aber dann taste ich unter die linke Achsel, wo an einer Schnur meine Geldtasche hängt, und das habe ich ja vorher gewußt: Die ist auch weg. An diesem Morgen, dem vierten seit meiner Ankunft, entdecke ich, daß ich ohne einen Pfennig dastehe.

Ich habe mich angezogen, ich habe den Überzieher vom Haken genommen. Schal und Mütze. Meine Reise ist zu Ende. Ich bin die Treppe hinabgestiegen, während draußen die Fässer unablässig laut aufs Pflaster rollen, eins nach dem andern. Fünfundzwanzig – sechsundzwanzig – siebenundzwanzig, es sind noch drei abzuladen – achtundzwanzig, und die Männer in den braunen Lederschürzen haben schließlich auch ein Recht auf ein Schnäpschen, das gehört sich schließlich so, ich zähle: Neunundzwanzig – dreißig, stimmt.

Als ich unten anlange, haben sie gerade das dreißigste Faß abgeladen und stehen schon an der Theke, wo ich ihnen – da bleibt gar nichts anderes übrig, als eben eine oder zwei Runden zu spendieren. Na, Männer, sage ich, ist denn alles in Ordnung, alles proper geliefert? Jawoll, Herr Niemann, antwortet der Vormann in kräftigem Baß, darauf können Sie sich verlassen, Brunswik & Pedersen hat dreißig Faß Branntwein geliefert, aber das sind nicht etwa die kleinen vom deutschen Branntweinkontor, sondern die großen mit zweihundert Litern. Und der Stoff – ich überzeuge mich – also der Stoff ist tadellos, dagegen läßt sich nichts sagen.

Am Vormittag gehe ich in der Stadt spazieren, zwischen den fischäugigen Kindern, unter dem kühlgrauen Himmel, das ist das Ende. Was habe ich falsch gemacht? Ich weiß es nicht, wahrscheinlich alles. Es beginnt zu regnen, die Straßen sind naß, krummgepflastert und hier gehe ich nun, hoch sind die Häuser, voller Luken, Stockholm ist eine mächtige Stadt, ach ach, denke ich, nicht für mich. Nachmittags sitze ich in der Schankstube vor einem Stämpchen und denke, was habe ich falsch gemacht? – An diesem Tag, dem vierten, in dieser braungestrichenen Schankstube, die nach saurem Bier riecht, habe ich gedacht: Wenn jetzt irgend jemand käme, irgendeine Menschenseele, mit der ich ein Wort reden könnte (auf deutsch!), und das ist wirklich ein Wunder, kaum *habe* ich es gedacht, geht die Tür auf. Ich bin überwältigt:

Serge Zĉasîk!

Ach, sagt er, Herr Niemann, wie habe ich Sie gesucht überall in der Stadt, und nun sitzen Sie da bei einem Stämpchen.

Ich rufe: Serge, was ist denn passiert?

Ach, er blickt an sich herunter, Heini ist auch noch draußen. Dann herein mit ihm, sage ich.

Und richtig, draußen steht Heini, der jetzt ganz mager geworden ist, unter dem rechten Auge hat er einen dunklen Halbmond, und kann sich kaum noch auf den Beinen halten; das muß er aber, denn außerdem muß er noch Schiffer Brägen stützen, der sich nun wirklich in einem gottsjämmerlichen Zustand befindet. Auf den ersten Blick: Schiffer

Brägen ist ernstlich krank, er riecht, als ob ihn jemand in Spiritus eingelegt hätte.

O Gott, rufe ich aus, in welchem Zustand befindet sich der Kapitän!

Sie setzen ihn an den Tisch, und Heini hält ihn auch im Sitzen fest. Der ist seit vier Tagen voll, erklärt er.

Stimmt nicht, sagt der Kapitän.

Jetzt spricht er wieder, wundert er sich, seit gestern hat er nicht mehr gesprochen.

Stimmt auch nicht.

Wir befinden uns in einer schlimmen Lage, sagt Serge, Schiffer Brägen hat unser ganzes Geld verbraucht.

Ja, du Saufkopp, schimpft der Kapitän und schlägt auf den Tisch. Heini läßt los, und beinahe wäre ihm der Mann vom Stuhl gefallen.

Nun hat er alles verbraucht, sagt Serge, ausgerechnet jetzt, wo es den billigen Schnaps gibt, wie seit zwanzig Jahren nicht mehr. Mensch, du kriegst ihn fässerweise, schreit er, Faß für Faß kannst du ihn kaufen für dein Geld, nie im Leben habe ich so billigen Schnaps gesehen!

Da sind sie alle still (und sehen mich an).

Na und? frage ich.

Nun kannst du ganze Schiffsladungen kaufen für dein Geld.

Ich sage: Für mein Geld.

Ja.

Ich sage: Schnaps für mein Geld, was?

Ja, du Saufkopp, schreit der Kapitän, den jetzt niemand mehr festhält, solche Gelegenheit kommt nie wieder.

Ich stehe auf: Und da habt ihr an mich gedacht.

Ja, schreien alle zugleich, wir machen halbe-halbe. Zehn Faß kriegst du für dein Geld, zwanzig, wenn du Glück hast.

Dreißig, korrigiere ich, und mit Glück hat das wenig zu tun, sondern mit guten Geschäftsverbindungen. Und dann überlege ich einen Augenblick: Nee, einunddreißig, da ich mich gerade noch rechtzeitig an das Faß vom Branntwein-kontor erinnere. Und von halbe-halbe steht nichts geschrieben.

Die Rückreise verläuft dann ohne Zwischenfälle. Stürme sind in diesen Gewässern sehr selten und treten höchstens im Winter auf (Insel Öland), wie gesagt das Wetter läßt sich gut an, vielleicht sogar etwas zu gut, klar und sonnig. Die Aurora flott vor dem Wind, mittschiffs einunddreißig Fässer, gut verstaut, wir haben eine gute, schnelle, eine *glück-hafte* Reise, die See fest wie ein Brett. Fast verdächtig, möchte man sagen, Möwen stehen wie festgenagelt über dem Deck, Küchenabfälle, die Serge Zĉaŝik aus der Kombüse wirft, ziehen gradlinig davon. Ein Sonnenuntergang wie in den Tropen, eine wahre Feuersbrunst – das ist oft kein gutes Zeichen.

Und richtig!

Am zweiten Tag – wir haben bereits die Insel Ö... passiert und befinden uns im B... – zieht vormittags unvermutet eine Wetterwand über dem westl. Horizont auf. Ich sitze beim Frühstück und bin dabei eine Bilanz aufzustellen, als oben über Deck getrappelt wird, und als ich nachschaue, haben sie Taue von einem Mast zum anderen gespannt. Schiffer Brägen brüllt: Passagiere unter Deck, Gott's Donner, und da ist die Wetterwand im Westen wie eine dunkle Klappe, die bereits den halben Himmel verdeckt.

Ich bin erschrocken und sage: Das sieht aber böse aus.

Hach, brüllt der Kapitän.

Ich setze mich wieder in die Pantry, wo ich, als das Schlingern beginnt, ein Paar Schnäpse trinke und die ersten Stunden überstehe. Oft habe ich aber den Eindruck, daß sich die Pantry vollständig herumdreht und denke: Diese Reise noch und diese Reise noch, und dann nie wieder, und jedesmal wenn der Boden hart aufschlägt und sich hebt und gleich darauf wieder hart aufschlägt, wie auf Felsen, schreie ich: es ist vorbei, Gott sei uns gnädig. Aber es ist nur die Wasseroberfläche, die so hart erscheint, und so schnell ist es nicht vorbei, der Boden hebt sich.

Plötzlich geht oben die Tür auf – vorher hat es an Deck heftig geknallt –, jetzt erscheint der Kapitän auf der Treppe, zugleich mit einem ungeheuren Getöse. In diesem Moment holt das Schiff über, so daß man meint, es führe senkrecht nach unten. Aachch, heult der Kapitän, ich schlag dich tot, du Passagier, was tust du? Sitzt du hier, kommst du sofort rauf, du Passagier, da geht die Welt auf und ab. Aber wie. In grausigen schwarzgrünen Scharnieren, die sich kreischend (heulend... krachend) ineinanderbewegen, daß Wasser so laut sein könnte! Es ist stockdunkel, und die heranlaufenden Wellenberge sind wohl acht bis zehn Meter hoch, messen von Kamm zu Kamm wohl mehr als fünfzig Schritt. Als wollten sie das Schiff begraben.

Ein Wunder (daß sie es noch nicht getan haben).

Ein Blick über das schwarzgrüne Meer.

Der Kapitän halb wahnsinnig.

Ich beginne, mich an den Geitauen nach vorne zu ziehen, erreiche den Fuß des Fockmastes, der hier gut eine Elle in der Dicke mißt, ziehe mich zu den Steuerbordwanten hinüber und steige bis zur Marsstenge, ziehe mich von dort aus an der kaum fingerdicken Rahtalje bis zum Ende der Marsrah, wo es mir gelingt die Marssegelbrasse zu ergreifen. Hier reichen wir uns die Hand. Oho!

Aber es ist etwas dran an der Geschichte.

Als das Schiff überholt, sehen wir nur hundert Schritt entfernt die Bark »Frauenlob«, das Kajütenschiff des Bürgermeisters von Wismar durch die grobe See pflügen, steuerbord querab und sicher wie ein Schwan. Ein majestätischer Anblick, auf dem Achterdeck Feuer, der schlanke Leib ganz Yellowpine, und sämtliche Segel gesetzt, das glaubt mir kein Mensch, woher soll ich es aber sonst wissen. Wir streichen das Oberbramsegel, das sich steifgefroren nur mit den Geitauen brechen läßt. Nachdem unten die Fallen etwas ausgegeben haben, ziehen wir das Tuch um zwei Reif hoch und schlagen es am Stagsegel an, das ist ein dreieckiges Zwischenstück, das über die ganze Länge des Untermastes und der Marsstenge geht, die obere Ecke an der Piek, die untere am Mast, die hintere, das Schoothorn, wird durch die Schoot gespannt, das heißt man zieht die Fallen der ersteren beiden durch Böcke auf dem Oberdeck, die hinteren aber durch den Marsblock, in zwanzig Fuß Höhe, und dort, weit überhängend, die Augen voller Salz, bei schwerstem Sturm, die Küste bleigrau, der Himmel still, das Schiff ganz mit Tang bewachsen, sehen wir ganz hinten die kleinen bleichen Türme, die wir am Morgen des elften Tages erreichen. Und dann schwören wir, nie wieder zur See zu fahren.

Der verlorene Sohn

Es beginnt damit, daß ich mich für mein Unternehmen schminke.

Im Spiegel steht ein weißes Gelände mit zwei Augenlöchern, mit einer Spalte, die sich beim Sprechen öffnet, vorstülpt und das Schwarze im Innern zeigt. Noch ist nichts festgelegt, die Gesichtszüge sind locker, unverbindlich. Die Stirn erscheint, je nachdem wie ich die Haare kämme, hoch oder niedrig. Durch Verlängerung der Oberlippe zum Beispiel wirke ich wie ein Holländer – und wenn ich dazu die Nasenflügel kräftig blähe und womöglich noch etwas Watte dahinter stopfe, sehe ich fast aus wie David Haferkorn.

Er sagt zu mir:

»Eddy, du bist ein Bankbeamter. Du hast eine Vertrauensstellung, du mußt etwas Kleingeld beschaffen können.«

Das ist richtig. Andererseits läßt sich sagen, daß ich bei der Bank nicht sehr erfolgreich war; deshalb sitze ich an diesem Vormittag vor dem Spiegel – die Hitze dringt bereits schwer durch die Jalousie, weicht die Farbe in den Schminktöpfen auf – und versuche, den sonderbar körnigen, versengten Gesichtston Davids herauszubringen.

Er sagt draußen auf dem Flur:

»Eddy, du bist zu schwerfällig.«

Er hat keine Ahnung, wie wenig schwerfällig ich bin. Ich trage rasch und bestimmt die Farbe auf, bemühe mich auch um eine leichte Abweichung ins Gelbe, ins Malariagelbe, besonders über den Jochbögen, denn auf Einzelheiten lege ich Wert. Allein für den Schnurrbart brauche ich an diesem Vormittag (während die Hitze in weißen Streifen ins Zimmer sickert) fast zwei Stunden: Habe zunächst einen großen Mendoza angelegt, gleichmäßig breit von der Mitte der

Oberlippe bis zu den Mundwinkeln reichend, rasiere ihn aber später bis auf eine feine Linie fort, entferne schließlich auch den Rest und entwickle auf diesem Umweg die bartlose Oberlippe David Haferkorns.

Er ruft von draußen: »Sei nicht albern, Eddy, wir brauchen mindestens sechshundert.«

Auch das ist richtig, wenn man das gestrige Diner mit meiner Frau in Rechnung setzt, und das weiße Complet, das er ihr geschenkt hat; wenn man vor allem an seine lächerliche neue Sportkleidung denkt. Aber Lea scheint das ja zu lieben. Lea – das ist meine Frau – sagt immer: Tch, ist der lustig, wenn der Witze macht, kann man sich vor Lachen nicht halten. Der gute David macht aber meist Witze mit der Hand unterm Tisch und Lea kann sich tatsächlich so wenig halten, daß ihr immer schon nach kurzer Zeit die Tränen über die Backen laufen, und sie ist eine süße Frau, die Lea, wie ein Stück Kuchen. Ich erinnere mich an die Überfahrt von Barcelona. Damals lernten wir David Haferkorn kennen, das heißt, sie hat ihn wegen seines holländischen Akzents angesprochen. Sie haben recht, erwiderte David, ich bin Holländer. Er zeigte sich sehr entgegenkommend, versorgte uns mit Getränken und brachte eine Wolldecke für Lea.

Dann kam die Nacht.

Das Schiff war stark überfüllt, so daß keine Kabinen mehr zu haben waren; anfangs lagen wir in Liegestühlen und später, als uns das zu unbequem wurde, auf Matten. Wir hatten eine ruhige Überfahrt, es war sehr dunkel, fast windstill, also angenehm auf dem warmen luftigen Oberdeck. Erst morgens bemerkte ich, daß der Holländer während der Nacht neben meiner Frau gelegen hatte. Ich links neben ihr, er rechts. Gänzlich unbefangen wurde mir ein schöner Morgen gewünscht; was hätte ich tun sollen?

Ich selbst stellte zu dieser Zeit einen Bankbeamten dar, einen engbrüstigen Herrn, der mit seiner Gattin zur Erholung

reiste, besonders engbrüstig, in zu diesem Zweck ganz
schmal gearbeiteter Weste. Jackett über den Schultern
knapp geschnitten, an den Hüften glockig. Als David sich
erbot, uns bei der Landung behilflich zu sein, konnte ich
es nicht gut ablehnen. Er trug die Koffer, begleitete uns
auch ins Hotel und nahm ein Zimmer auf derselben
Etage.

Wenn ich mich für einen Fall entschieden habe, behandle
ich ihn im allgemeinen mit großer Umsicht und Präzision.
Ich benutze die von Leichner erfundenen Fettschminken,
Mischungen von Farben mit feinsten Fetten. Flüssige
Schminken, ammoniakalische Lösungen von Karmin oder
Eosin sind nicht empfehlenswert. Dagegen bevorzuge ich
Grundkörper wie Mennige, Bleiglanz, Schwefelantimon
oder Braunstein: Die Kunst besteht darin, diese Stoffe der
Haut auf natürliche Weise zu verbinden, und diese Kunst
ist alt (unter Ludwig XIV. sollen jährlich zwei Millionen
Töpfchen Schminke verbraucht worden sein). David
klopft an die Tür.
    Er sagt:
»Wir brauchen Nachschub, Eddy. Wenn du erlaubst,
habe ich das Scheckbuch gleich mitgebracht.«
    Er denkt: Wer so eine schmale Weste trägt, kann nicht
der allerkräftigste sein. Am Strand bläst er sich auf und
ist tatsächlich doppelt so breit und braun wie ich selber.
Das Meer wälzt sich durch die Bucht herein, riecht nach
Algen und Fischknochen, und ich stehe da im Schatten
des Pfahles, an dem die Kleider hängen, bin noch immer
durch die Weste, die ich abgelegt habe, eingeengt. Und
Lea vergleicht uns beide miteinander. In der Nacht liege
ich nicht neben ihr, denn man hat mir ein Einzelzimmer
gegeben. Es ist nicht schlecht, etwas schmal, so daß wirklich nur ein Bett Platz hat, und auch reichlich heiß, weil

das Fenster nach Süden hinausgeht. Dafür ist es aber mit einer guten Jalousie ausgestattet. Ich habe Zeit zum Nachdenken.

In der Nacht höre ich sie manchmal sprechen.

»Kann er uns hören?«

»Nein, er hat sich die Ohren verstopft.«

»Warum tut er das?«

»Weil er sonst nicht schlafen kann. Er braucht seinen Schlaf, er ist nicht der Kräftigste.«

So darf man jetzt über mich sprechen! Es hat andere Zeiten gegeben, o ja. Damals hieß es: Du bist doch unsere Schwalbe. Und ich stieg mühelos drei Stockwerke hoch, 1938 am Kaufhaus Stecher, völlig glatte Außenfassade, ohne Haltegurte, ohne zweiten Mann, wie eine Schwalbe. Aber heute darf man sich am Strand aufblasen und sagen: Eddy paß auf, du verlierst deine Hose, wenn ich im Schatten des Pfahles stehe, und meine Frau denkt wirklich, ich verliere meine Hose, weil ich so dünn geworden bin.

Von meinem Fenster kann ich über den Hof hinweg auf die Speiseterrasse sehen, dort essen sie eine Portion Seekrebse. Vorweg haben sie schon Käsecremesuppe gegessen, und nachher werden sie, wenn mich nicht alles täuscht, Filetröllchen bestellen. Zusammen mit dem Badeanzug für Lea und der Leinenjacke für David wird es weitere zweihundert ausmachen. David wird in seiner neuen Jacke mein Zimmer ausfüllen und herzlich lachen, damit ich seine gute Absicht erkenne, und ich werde einen Scheck ausschreiben, der nicht gedeckt ist.

Eddy, sagten sie, du bist ein As, du klebst wie 'ne Fliege an der Mauer. Es war in diesem ungewöhnlich heißen Sommer 1938. Ich wohnte Ackerstraße, nahe Ecke Rosenthaler. Um ein Uhr stieg ich aus meinem Fenster rittlings auf die Umfassungsmauer, und um drei Uhr zehn steckte ich die Hand durch die Fensterscheibe im dritten Stockwerk des Kaufhauses Stecher. Da roch es so schön nach Lederwaren, nach

Popelinemänteln, da roch es nach dem Allerfeinsten, und das Waffelmuster der Zahlkassen schimmerte bläulich in der frühen Dämmerung. Meine beste Arbeit, sauber, präzise, glatt wie eine Lanze.

Und nun sagt man zu mir:

»Eddy, komm mit baden, sei nicht langweilig, du hast noch die ganze Nacht Zeit zum Schlafen!« Denn er möchte gerne, daß ich dabei bin, wenn er am Strand die braunen Glieder aufbläst, er hat den Arm um Leas Schulter gelegt und ruft strahlend vom Hof herauf.

»Komm, Eddy, alter Miesepeter.«

Aber er irrt sich. Ich bin noch nicht am Ende. Vor dem Spiegel verreibe ich etwas *bolus ruber* auf meinem Oberkörper, atme tief ein und aus, spanne die Arme mit verschränkten Händen und zerdrücke eine Kartoffel zwischen den Handflächen, so daß die Brustmuskeln gewaltig heraustreten. Hält man es für möglich: ich bin genau so breit und braun wie David Haferkorn.

Ich vermag auch seinen Gang nachzuahmen.

Und ich kann so wie er im Gespräch das rechte Ohr hinhalten und bei den Worten »Schultheiß« und »schade« mein Gegenüber im Spiegel ansprühen. David ist, wie er versichert, aus wohlhabendem Hause. Sohn des Privatgelehrten und Balneologen Prof. E. Haferkorn, und fest steht jedenfalls, daß David seit Jahren nicht zu Hause gewesen ist.

Es gibt eine Fotografie, die mir große Dienste leistet, ein Familienbild: David im neunten Lebensjahr, stehend, in der Hand eine Matrosenmütze, – seine Mutter im Sessel, etwas unmodern in gefältelter Bluse und zu langem Rock, eine verhältnismäßig hübsche Frau – daneben, auf die Lehne gestützt, sein Vater, der Professor, ernsthaft, schmächtig und sehr altväterlich. Das Bild ist rechts abgerissen, man erkennt aber noch die Ecke eines Schreibtisches und ein Stück des gefliesten Fußbodens, ein merkwürdig verzahntes Muster von schwarzen und weißen Steinplatten, die wie liegende Säulen aussehen.

Das Foto habe ich David einmal entwendet, als er betrunken in der Toilette lag; es war gerade niemand in der Nähe, und so zog ich es ihm einfach aus der Gesäßtasche.

Er sagte: »Ja, du Schwein, was hast du da hinten zu suchen.«

Ich dagegen: »Du solltest dich schämen, soviel zu trinken, David. Was würde dein Vater dazu sagen, wenn er dich so sähe.«

»Der Schisser«, sagte David.

(Und ich kann das Wort genauso zwischen den Zähnen hervorsprühen wie er.)

David Haferkorn lag in der Toilette und hieb den Kopf auf die griesen Fliesen, schlief in dieser Lage ein. – Ich aber war inzwischen nicht untätig und übertrug Daten aus seinem Paß in mein Notizbuch. Denn solange er nüchtern war, ließ sich im allgemeinen wenig aus ihm herausholen; ich benötigte immerhin zwei bis drei Wochen, bis ich mir ein Bild von seiner Herkunft machen konnte, von der Stadt Hagel, dem Grundstück in der Großoststraße und dem Grundstück in der Wittenstraße. Und wenn ich mir das Wohnhaus – bis zum ersten Stock Quadersteine, vom zweiten ab gelb getüncht – in der Blumenstraße vorstelle, will fast so etwas wie Rührung in mir aufkommen: Der alte Mann, der seit zehn Jahren, oder wie lange es sein mag, auf seinen Sohn wartet. In diesem Haus.

Ich frage:

»Schickt er denn manchmal Geld?«

»Natürlich«, sagt David.

Aber mir scheint, daß der alte Haferkorn keineswegs Geld schickt, ich glaube, daß er die Taschen zuhält, und ich sehe ihn deutlich vor mir, ein wenig störrisch am Stehpult in seinem Kontor mit den Aktenböcken und dem Schirmständer, dem zerschlissenen Perser, wie die reichen Leute ihn haben. Und abends, als wir im Schankraum sitzen und David mißmutig mit dem Fuß gegen meinen Stuhl stößt, frage ich:

»Schickt er denn wirklich Geld?«

»Nein«, brüllte David, »keinen Pfennig, und er hat schon ganz wunde Finger vom Geldzählen.«

Er trinkt meinen Cognac aus.

»Eine schäbige Eule.«

Aber da bin ich anderer Meinung. Ich sehe im Gegenteil ein feines, vergilbtes Gesicht mit Falten, mit traurig gebogenen Linien, sauber gewaschen, reinlich bei aller Sparsamkeit. Liebenswert. Und die Augen? Etwas sehschwach ja, vielleicht sogar ein wenig entzündet vom Geldzählen, aber warm und blau. – Und ich werde mich um einen solchen Ausdruck in den Augen bemühen, damit die Familienähnlichkeit deutlich wird.

Im übrigen ist mir völlig klar, daß David nicht in seiner jetzigen Verfassung nach Hause zurückkehren darf: Ich weiß nicht, wieviel er pro Tag trinkt, auf jeden Fall sind die Auswirkungen deutlich. Ich beobachte ihn: Er hat sich vom Stuhl gleiten lassen und hockt jetzt auf der Steinschwelle, er singt: »Denn die Morgenfrühe...«, und meine Lea steht bei ihm, streichelt seinen Scheitel, sieht sehr besorgt auf ihn herab. Ich habe Lea immer bewundert. Sie trägt keine Strümpfe, die Haut über den Waden und an den Knien ist makellos wie eine bernsteinfarbene Milch, ohne jegliche Poren, ohne den leistesten Haarflaum. »... wenn die Winde um die Berge singen...« Er ist natürlich Deutscher.

Ich mache Lea auf seinen offenen Mund aufmerksam, ich zeige ihr, wie töricht er die Kinnlade hängen läßt. Öffne gleichfalls den Mund. Verstehst du? Wie töricht er singt. Nein, sie versteht nicht, Herrgott, siehst du nicht wie sein (plumpes) Kinn hängt! Das sieht sie nicht.

»Lea«, sage ich, sie heißt Lea. Sie hat ihre erbarmungsvollen Augen aufgeschlagen, groß und sanft wie die eines Esels, sie spricht nicht, sie denkt nicht (haben Sie jemals in

die Augen eines Esels geblickt, Sie müßten sich zu Tode
schämen), und die Haut ist gereizt von der Sonne am
Strand, Weichteile, Polster an Schulter und Hüfte brennen,
sie sitzt auf dem brennenden Hinterteil.

»Lea«, sage ich »in der Kommode in meinem Zimmer ist
ein verschnürtes Paket, verstehst du, in der oberen Schub-
lade. Da findest du alle für dich wichtigen Papiere. Denke
auch daran, daß du deine Prämien rechtzeitig bezahlst.«

David richtet sich auf.

»Bist du der Ehemann?« ruft er.

Ich bejahe.

Er sieht einen Augenblick lang so aus, als ob er vergessen
hätte, was er sagen wollte, dann ruft er:

»Ehemann, raus!« Und der Wirt, der um die Gläser
fürchtet, drängt mich gutmütig aus der Tür.

Mit Ausnahme der Fotografie habe ich David nie etwas
gestohlen. Seine Kleidung ließ ich beim Schneider kopieren,
schaffte mir zudem alles mögliche Zubehör an, Leinenzeug,
zerkratzte Schuhe, Ledergamaschen. Denn ich weiß ziemlich genau, wie man sich den Weitgereisten vorzustellen
hat. Ich habe die ganze Garderobe in einen Jutesack gewik-
kelt, damit sich der Geruch ansetzt. So arbeite ich denn an
diesem Vormittag vor dem Spiegel (die Jalousie reicht nicht
aus, um die Hitze abzuhalten), und zwar lege ich weniger
Wert auf ein naturgetreues Abbild, vielmehr möchte ich
David so darstellen, wie ihn sein Vater wohl wiederzusehen
hofft. Genauer gesagt: es handelt sich um den Typus des
verlorenen Sohnes.

Ich bringe eine Tätowierung (Hammer und Flammen-
kreuz) am linken Unterarm an, färbe die Fingerspitzen, übe
eine besondere Gangart ein, dieses lauernde Ziehen, als ob
man im Sand liefe, abstoßend und gleichzeitig rührend für
den Vater, der über das Schicksal des Sohnes nachträglich
in Tränen ausbricht. Es ist von großem Vorteil, daß der Alte
David seit zehn Jahren nicht gesehen hat. Wenn es mir ge-

lingt, meine Oberlippe zu trainieren, daß sie mit zwei senkrechten Falten sich der Form eines Quadrates nähert (diese Eigentümlichkeit scheint mir der Schlüssel zu Davids Gesicht zu sein), dann glaube ich, den Alten täuschen zu können. Ohrenstellung, leichtes Aufwölben der Nasenflügel, Zurücktreten der Augenbälle, Breite der Kinnbacken durch festen Aufbiß und entsprechende Entwicklung der Kaumuskulatur – nicht schwierig für mich. So wie andere Leute über ein absolutes Gehör verfügen, habe ich ein absolutes Gesicht: Ich bin in der Lage, meine eigenen Gesichtszüge wie ein Außenstehender zu beurteilen. Selbst im Spiegel sehe ich mich nicht – wie andere – spiegelverkehrt, sondern übertrage das Bild automatisch in die richtige Lage. Zum Beispiel kann ich ohne weiteres auf den Händen laufen, nicht weil ich dazu besonders begabt bin, sondern allein aus Gründen des absoluten Gesichts. Ich bin ein Mensch, der sich sofort orientiert.

Lediglich wegen des Hauspersonals habe ich Befürchtungen. David behauptet zwar, daß zu seiner Zeit nur ein alter Diener im Hause war, ein Faktotum, damals bereits fünfundsechzig Jahre alt, doch mag jetzt an seiner Stelle eine junge umsichtige Kraft stehen. Ein wendiger Sekretär!

Einmal, als Lea unterwegs ist, versuche ich vorsichtig das Gespräch darauf zu bringen:

»Der Frehbohm nicht wahr, und der Rechtsanwalt Maurau...«

Er sitzt im Korbsessel und schläft gleich ein.

»... und die kleine Judith, zum Beispiel«, sage ich, »meinst du, daß sie dich erkennen würden, falls sie dich sähen?«

»Sicher«, antwortet David.

Von der Tür her ruft Lea:

»David! Was hat er dir gesagt? Was will er von dir?«

Ja, sie ist streng mit uns geworden, sie muß wohl immerfort nachdenken, und denkt wohl nur daran, und ihre Polster brennen wohl heftig unter dem Kleid.

»Ob ich den Frehbohm kenne«, sagt David. Sie ist mir zu hellhörig geworden, ich kann mich nicht erinnern, daß sie jemals auf etwas gehört hätte, was ich sagte.

Mich zu verabschieden, ist nicht gut möglich, und so stehe ich denn vor meinem Spiegel und lasse zwei senkrechte Falten rechts und links neben der Oberlippe entstehen. Ich stülpe den Mund zum »Sch« vor und bin zufrieden. Der Koffer aus Segeltuch steht gepackt neben der Tür.

Ich sage: »der Schisser«, lausche auf den »Sch«-Laut und verändere die Stellung der Mundwinkel, dann sage ich: »Schultheiß«. Plötzlich ist mir, als wäre die Stimme Davids im Raum. Ich blicke mich um. Der blumige Bettschirm. Die Schlafzimmerlampe. Der Stuhl neben der Tür. Mein Koffer.

Gut, denke ich, gelingt es mir, mich selbst zu überzeugen, erschrecke ich vor meiner eigenen Stimme, dann ist der Tag nicht mehr fern, da ich erstaunt wäre, etwa nicht David Haferkorn zu sein. Ich werde meinen Koffer aufgeregt zur Bahn tragen. Aus meiner Brieftasche schauen die braunen Pappenden der Fahrkarten, und auf dem Bahnsteig will mich eine Erinnerung überfallen, derer ich mir an dieser Stelle schuldig zu sein glaube: Auf der Holzbank der dritten Klasse, der Vater ist lustig, nickt mir zu, hat ein Fernglas auf der Brust hängen und zeigt nach draußen. »Kremmen«, ein verwittertes Schild am Zaun, eine Aufschüttung neben dem Bahndamm, ein paar Stufen, Paradies. Nicht mein Paradies, nein, aber in ein paar Stunden, in einem halben Tag wird es meines sein. Denn wenn ich ihn lieben will, muß ich auf dieser Holzbank gesessen haben, und auf diesem Stuhl, und auf diesem Bettchen, wo die Mauke Muh schlief, weißt du das nicht mehr? – Der Vater ist alt und kann sich nicht an alles erinnern, aber ich kann es. Ganz genau. Brauche es nur aus meinem Kopf herauszuholen. Und ich verspreche: Ich werde nur sein, was ich wirklich bin – sein guter Sohn.

Als ich, in einer Hand den Koffer in der anderen die Tasche, durch die Hotelhalle ging, saß dort Lea mit übereinandergeschlagenen Beinen im Sessel (so daß der rosa Schaum ihrer Unterwäsche herausstach), sie war dunkel gekleidet, schwarz fast, und wenn ich es recht bedenke, hatte sie verteufelte Ähnlichkeit mit einer Witwe. Sie las im »Silberspiegel«. Und David? David lehnte angetrunken an der Portiersloge und blickte mir gerade ins Gesicht – ich ging in etwa fünf Schritt Entfernung an ihm vorbei, in jener leicht vorgebeugten, schleppenden Gangart, meine Oberlippe fast quadratisch. Aber er erkannte mich nicht, blickte mich an wie einen Fremden, blickte durch mich hindurch. –

Aber schließlich: Wer kennt sich schon selbst?

London

London war dann eine Riesenenttäuschung, viel zu voll, viel zu umgebaut, die viktorianischen Fassaden vorne abgestützt, und hinten rissen sie das ganze Haus ab. Der Picadilly war halb abgerissen und existierte überhaupt nur noch auf Postkarten. Da wo früher die große Pendeluhr Guinesstime gezeigt und das Cocacola-Rad rot gekreist hatte, war jetzt eine Baulücke mit einem rüden Schild über sechs Stockwerke: Demolition zu Goodman-Preisen, guten Morgen, na, man war sowieso zu spät dran, in der Oxford Street war der Ausverkauf schon lange beendet, und der Strom der Belgier kaufte belgische Hemden zum umgerechnet gleichen Preis wie in Antwerpen. Und der Strom der Turiner kaufte turiner Hosen und Sakkos, na, das übliche, man verzeihe die klischierte Beschreibung, aber so ist es eben, das House of Parliament, Big Ben, Kings' Road, Albert Hall, Buckingham, The Mall, Nelsonsäule. In der Tottenham-Court-Road stand ein dreißigstöckiger Wolkenkratzer total leer und fiel gerade in Blickrichtung um, als ich aus dem U-Bahnschacht stieg. Ein weiterer Lichtblick: In der unteren Regent Street versuchte ein Türke mit deutschen Sätzen als Deutscher aufzutreten, was mir im Hinblick auf unsere sonstige Stellung ermutigend erschien. Warum auch nicht, zum Einkaufen flogen Türken genau so billig und kauften Kopftücher und Wandbehänge, die offensichtlich aus Istanbul stammten, zu umgerechnet gleichen Preisen. Also gut, um das Chaos zu vervollständigen, kaufte ich eine original Münchner Walkjacke (nicht walk) und war schließlich bereit, wieder abzureisen, nachdem ich einige recht gute Ausstellungen besucht hatte. Immerhin war ich im Viktoria-Albert-Museum, wo historische Wohnungen komplett mit Messer, Gabel, Licht und kameebesetztem Wandschrank

zu sehen sind und in der Nationalgalerie die schönen Jüng-
linge in Hellblau. Und ich ging selbstverständlich die Wen-
deltreppen auf der falschen Seite hoch und hatte die herab-
kommenden Besucher gegen mich. Ich stand in der Reihe,
um auf den roten Bus am Aldwich zu warten, im Regen, versteht sich, und als er nach einer halben Stunde kam, wurden
drei Fahrgäste eingelassen, und als nach einer weiteren halben Stunde der nächste kam, wurden vier Fahrgäste eingelassen, und eine Dame äußerte sich – ich hatte Gelegenheit,
diese glänzende Verfassung eines nichtfluchenden Volkes
zu studieren – sie sagte: Ein Stück schlechtes Glück (a piece
of bad luck).

Ich war bereit abzureisen, ich wohnte zwischen Padding-
ton und Hydepark im Norfolksquare Hotel, wo ich im dritten Stock ein vergilbtes Zimmer innehatte und auf ein
Blechdach nach hinten hinausschaute. Die Toilette war des-
infiziert, die Treppe bis zum zweiten Stock mit einem Flam-
menmuster belegt, dann bis zum dritten mit Veilchen und
Goldschellen, und roch nach einer alten Zahnpasta, ich bemühte mich, nicht zu depressiv zu werden. Ich aß in der
Norfolk-Cafeteria Fleisch und sehr grüne Erbsen und sehr
weiße Kartoffeln, Soße? Ich glaube, es war eine North-Wel-
lington-Soße, die auf dem Tisch stand.

Und ich tat das Klügste, was man tun kann, ich fuhr zur
Bank, um mir die Männer mit den steifen Hüten anzusehen,
und hatte auch Erfolg, als sich um fünf Uhr nachmittags der
Strom der Bankangestellten auf die Straße ergoß, smarte
junge Männer in knapp geschnittenen Anzügen mit Weste
und Krawattenknoten, und hier und da auch eine Melone,
Zylinder keine. Die Mädchen auch sehr urban in verhau-
enen Kleidern aus erstklassigen gepunkteten Stoffen. Dun-
kelbrauner Lippenstift. Wie gesagt, es lohnte sich, und als
alle abgefahren waren, hatte ich mein Erlebnis um halb-
sechs, als die aprikosenfarbene Sonne in den Fenstern des
Westminster Bank Tower und des Commercial Union

Tower Feuer fing und im Barclay Tower sowie in den drei Nadeln der Barbican Tower als Blutorange aufging. Soweit die große Stadt in der Schachtel, und alles auf einmal, auch noch die graublaue grelle Dämmerung von Soho. Und keiner kann sagen, ich hätte sie nicht erlebt.

Am Abend aß ich endgültig zum letzten Mal im Norfolk Lammbraten mit Minzsoße, zwei Scheiben Fleisch mit sehr weißen Kartoffeln und sehr grünen Erbsen, dazu trank ich Tee und dunkles Bier ohne Schaum, und beschloß zurückzureisen. Was hatte ich erreicht? Einen Einblick in zugegeben recht hübsche Häuser und wie man sich dort einrichtet, auf den Omnibus wartet, mörderische Streiks bedauert (bad piece of luck) und außerhalb bestimmter Sperrstunden Bier trinkt, in diesem Fall nur Männer und sehr fröhlich (jolly). Ich hatte in der U-Bahn einem Herrn gegenüber gesessen, dem ich auf den ersten Blick mein gesamtes Habe anvertraut hätte, eisengrauer Schnurrbart, Gesicht eines Pferdes der Dritten Bengalischen Highlanders, gar nicht so aufrecht aber unnachahmlich. Was tat er? Zwischen Baker Street und Regent's Park, also in bester Lage, bohrte er sich in der Nase, und am Oxford Circus stieg er mit einer Tüte aus. Ich war von einem anderen Herrn von einem öffentlichen Gehweg verwiesen worden, der Asphalt war rosenrot und der Mann möglicherweise General gewesen, ich weiß es nicht. In einem Laden für Herrenkleidung in der Bond Street war ich auf Erstaunen gestoßen, als ich eine helle Hose verlangte, was man mir dann anbrachte, war ein maus- oder rauchgraues Gebilde, das sich in der Hand nicht schlecht machte, aber angezogen! Herrgott, dachte ich, entweder haben sie hier andere Ärsche oder meine Knie sitzen falsch. Es waren, wie ich erfuhr, cavalry twills. Die, wo immer ich sie trüge, in Cheltenham oder Corwich, unbedingt korrekt geschnitten seien. Was war dagegen einzuwenden, ich kaufte mir dann bei C & A in der Oxford Street eine Freizeithose in Blaugrau und eine in Khaki, zusammen zum umgerechnet gleichen Preis. Was hatte ich noch erreicht? Ja, ich hatte ernsthaft überlegt, ob ich einem Kellner in Schwerin eine Ansichtskarte schicken sollte. Und ich hatte für mein schwarzes Jackett einen Knopf mit der Aufschrift black is beautiful gekauft, ich fand das witzig. Aber der Zeitpunkt, ich meine der endgültige Zeitpunkt war der, als man im Bus meine Zielangabe nicht mehr verstand: Aldgate oder Oldgate aber nicht Oldgait oder gar O'gait sondern Aldgate, na schön, sagte ich, wenn es also möglich ist, bitte ich um ein Billet zum Picadilly, dazu wird es wohl noch ausreichen, während sich der Reisetermin herauszuschälen begann, nämlich zum nächsten Flug zurück nach München um achtzehn Uhr ab Gatwick. Und dann kam ich zum Abschluß auf die Idee, noch das Museum in Bethnal Green aufzusuchen. Und das war im Osten.

Vorn lag noch der Kohl auf der Straße, nachdem sich hier am Morgen ein Gemüsemarkt abgespielt hatte, und der Mann am Textilstand brüllte: I am no snob, I'm taking money from anybody. Das Chinesenrestaurant »House of Wan« hatte noch geschlossen, aber das andere Chinesenrestaurant »New Friends« verkaufte heiße Ente in Papiertüten hinter einem roten Glasperlenvorhang über die Straße. Der Florist nebenan hatte rote Säulen und Simse. Rot mindestens sechs- bis achtmal auf den Haustüren, und das Eckhaus war sogar total rot gestrichen, Mauern und Türen und Fenster, nur die Schrift war schwarz. Und schwarz, ihr Freunde, war dann der Zeitungsstand, schwarz der Grossist (Grocer) mit schwarzen Säulen und Fenstersimsen. Schwarzlackierte Türen beim Zahnarzt (Dental Surgeon), und das Eckhaus weiter unten war sogar total schwarz gestrichen mit der Inschrift »Rent or Hire«. Und das alles, liebe neue Freunde, überdröhnt von einem ungeheuren Verkehr, der mit überlangen Lastwagen und überhohen Taxis gegen die City schlug, die hinter den roten und schwarzen Häusern als Abschlußmauer gegen den Himmel stand und in Blickrichtung umfiel, und das alles zur gleichen Zeit.

Ich war von ganzem Herzen hingerissen.

Der Mann am Textilstand brüllte: It may be rubbish, but honest to God it is British, und welch ein rubbish, alte gestreifte Jacken und Jacketts mit ausgezogenen Revers, Hosen (speziell für Affenmenschen), Schuhe mit siebenstöckigen Absätzen, Stoßbleche mit Fledermausohren und das ganze Zubehör! Es war sogar ein Käufer vorhanden. Fußketten, Hosenträger, Patronengürtel aus versilbertem Gummi. Und die bespritzten Horrorhemden. Und die roten Hüte – darauf komme ich noch zurück. Der Käufer, ein schmales Männchen, stand auf einem Haufen Bananenschalen und paßte sich ein ungeheuer breitwattiertes und ungeheuer breitgestreiftes Jackett aus (wahrscheinlich) Papiergewebe an. So ernsthaft und sachbezogen, daß ich, während ich ihn beobachtete, dachte, vielleicht sollte ich mich auch einkleiden. Vielleicht ist das überhaupt so vorgesehen. Der Krach, der Abfall. Der verdammt krumm auf den Asphalt gemalte Doppelstreifen und der Blechzaun, der die Baugrube sehr provisorisch abschützte, wo sie unten bei Nacht die Fundamente legten, auch nur sehr provisorisch, und drüben vor dem Whitechapel-Hospital luden sie gerade die Verletzten aus, die beim Einbruch des Blackwalltunnels zu Schaden gekommen waren, und ich lüge nicht: Befleckte Schürzen, weiße Kappen und Karbol. Und bevor ich zehn Schritt gegangen war, wurde ich dreimal angerempelt, weil ich rechts ging, und danach dreimal, weil ich nun links ging, ein Chaos, tumultische Zustände, Ordnungszusammenbruch, ja, ich lüge nicht, auf der Straße stand eine irre Alte und dirigierte den Verkehr, betrunken war sie wahrscheinlich auch. Aber nicht daß sie betrunken ist, sagte ich zu einem Passanten, sondern daß sich niemand findet, der sie von der Straße holt, das ist das Chaotische. Der Mann war höflich, auf dem Rockaufschlag trug er einen Knopf: Smile, you are in Stepney. Es war elf Uhr, die Zeit, in der die Bierschenken vormittags öffnen, und was für Bierschenken! Hier konnte ich gleich drei auf einmal von der Straßenkreuzung aus sehen, eine war außen dunkelrot und bernsteinfarben gefliest mit zwei riesigen Galionsfiguren am Eingang, der »Londoner«, eine war blaugelb gelackt mit Messingsäulen und Fenstern in weißer Spitze, »Cockney's Pride«, und eine war überhaupt völlig aus Mahagoniholz wie ein auf die Straße gestelltes Büffet, der »Ambush«, und bereits knackevoll mit Leuten, die offenbar vor der Tür gewartet hatten. Ich trank ein aus dem Keller gepumptes dunkles Bier, danach kaufte ich mir bei einem Straßenhändler ein Paar enorm billige Schuhe aus Leder, sogenannte Wüstenstiefel (desert boots), und aß ein Paar gebratene Würstchen, in denen Semmel sowie Marmelade enthalten waren, aß Spiegeleier mit scharfer brauner Soße (brown sauce) und trank noch eine Pinte (pint) Bier. Und danach begann ich ein Gefühl zu entwickeln, was das war – es kam noch ein Trupp Inder vorbei, mit Kartons, in denen die Konfektionsanzüge lagen, die sie genäht hatten –, was das nämlich für ein Einwanderungsland war. Während am entfernten Ende der Straße der eisengraue Wolkenkratzer umfiel, den sie dort gebaut hatten.

Ja, ich war hingerissen. Der Wind war frisch und wehte den Abfall schnell durch die Straße, und als ich noch einmal am Textilstand vorbeikam, brüllte der Mann: Sandals, fifty p. a pair, und ich erinnerte mich. Ich blickte um mich, hier war Ho-Hsi-take-away und hier Corby's any-record-10p, hier das öffentliche Bad mit dem blauen Emailleschwimmer und die Einwanderungskirche mit dem spitzen Turm, alles, was dazugehörte, und der Mann sagte: Fifty pair a pee. Stand da wie vorgesehen an der Ecke, nicht gerade groß, eher klein, hübsch stramm in seinem Jäckchen. Und einen großen roten Kopf hatte er mit einer Hakennase und langem Kinn wie ein englisches Kasperle. Freute sich sichtlich, mich zu sehen. Einmal hielt er sich eine Gorillamaske vor und funkelte mit seinem riesengroßen Rubinring am Finger. Einmal machte er eine Bewegung mit der Nase wie Cherry Winzart der Doggenmann, wenn es besonders gut riecht, so als ob er, wunderte ich mich, nur zu diesem Zweck Gestalt angenommen hätte. Ich habe wohl sehr ausländisch dagestanden. Aber die zierliche Geste mit der Nase war eindeutig eine Begrüßung in diesem neuen Land gewesen.

Das Geheimnis
der chinesischen Küche

Mein Gott, so hatte ich mir das immer gewünscht. Nach des Tages Geschäften steht draußen die dicke Nacht. Die Möglichkeit des Möglichen. Man nimmt den zweihundertsiebziger Bus und fährt um die ganze Insel herum, die ganze dunkle Schleife, vorbei an den um diese Stunde leeren und pechschwarzen Lagerhallen, wo ein gelbes Lämpchen flackert, wo das weitaufgerissene Auge des Wächters, der sich dort mit seinem Hund eingeschlossen hat, durch das Maschenglas scheint. Ich sitze als einziger Fahrgast auf dem Oberdeck, ich fliege durch die vordere Sichtscheibe frei über die schwarzglänzenden Pfützen hinweg. Geruch nach Gas. An einer Stelle, die wir schnell durchfahren, riecht es nach Aas. Schwarzer Pullover, schwarzes Jackett (man fürchtet sich vor mir), mein Kinnleder ist schwarz, und man würde mich nicht so ohne weiteres wiedererkennen. Am Ende der Schleife, kurz bevor der Bus wieder in die oberen Regionen emportaucht, klettern dann die gemeinen Huren mit ihren hölzernen und steinernen Frisuren herein, sie kommen zurück oder sie gehen zu ihren Geschäften, und ich meine, jemanden neben dem Zaun liegen zu sehen. Der Geruch nach Gas und nach den Steinfrisuren, nach Aas und nassen Mauern, über wenigstens sechs oder sieben Stationen hinweg. Bis dann plötzlich hinter der Biegung ...

Plötzlich wird es hell, und da sind sie, die Lampen der freundlichen Leute, die Restaurants, die sich alle gegenseitig in ihren Fenstern spiegeln. Kleine Löcher zumeist, aber auch große weitläufige Etablissements, knackevoll besetzt, und zwar ausschließlich von Chinesen, die genau wissen, wo man gut chinesisch ißt. Und zwar im Shan-Cha, Tsuen-

Kwen und Kwüen-Chiih, und im Shan-Ta (Shi-Chiin), und das wollte ich auch noch herausfinden.

Man weiß, keine Küche ist so voller Geheimnisse wie die chinesische, oder ist mit so vielen Verleumdungen beladen, ungeklärten Genüssen, obskuren Praktiken der Zubereitung mit Zutaten, auf die sonst kein Mensch käme. In den Hinterhöfen wachsen die Morcheln und Schwämme, in den Dachkammern werden die Möpse mit Bambuskeimlingen hochgepäppelt, zwischen Wänden von gestapelten dreieckig gepreßten Frühlingsfischen. Die alle zusammen dann den lila Geruch verbreiten, der schließlich süßdampfend auf dem Tisch erscheint. Und wenn es wirklich einmal jemandem gelingt, einen Blick durch die vielleicht halboffene Tür zwischen zwei Kistenwänden zu werfen, wird er, so viel man weiß, nicht einmal enttäuscht, sondern im Gegenteil vollends bestätigt durch all das Hängende, Aufgespickte und Aufgefädelte, was er da zu sehen kriegt, das ganze gewalzte und in Honig gepökelte Zeug. Schweinsrüssel und Vogeldärme. Wohlgemerkt nichts eigentlich Grausames aber doch sehr Abstraktes, und wenn ich meine Meinung sagen darf: Das Geheimnis der chinesischen Küche besteht ganz einfach darin, daß nichts weggeworfen wird, eben gar nichts (alles ist eßbar).

Auch Hornsubstanzen? Mir fiel auf, daß ich hier der einzige Mensch war, der aus dem Bus stieg, das Pflaster war naß, wenig rötlich getönt von den vereinzelt und, wie mir schien, verloren in den Fenstern brennenden Ampeln. Oben am Ende der Straße bemerkte ich jemanden quer über das Pflaster gehen, wohin, in das berühmte Shan-Cha (Shiin-Shii)? Ich konnte es nicht herausfinden. Vor die Wahl gestellt – es pfiff ein unangenehmer Wind von den Docks herauf – hatte ich mich zwischen den »Neuen Freunden«, den »Welcome Freunden«, dem »Glückshimmel« und dem »Großartigen Bambusgarten« zu entscheiden. Letzterer lag mir genau gegenüber auf der anderen Straßenseite und zeigte durch das Fenster die Anzahl von zwei Tischen, die aber durch einen großen Wandspiegel verdoppelt wurden. Im Fenster hing die berühmte plattgedrückte Ente, die vier- mal vierundzwanzig Stunden lang im Orangensaft geröstet worden war; insofern war ich vorbereitet und wußte, daß die Ente Zeichen für gute Chung-king-Küche war. Der »Glückshimmel« hatte ebenfalls eine Ente im Fenster, zeigte außerdem aber drei Tische und von der Decke hing ein Kugelfisch. So vor die Wahl gestellt, zog ich das größere Restaurant (drei Tische) vor und saß glücklich um neun Uhr – so spät war es inzwischen geworden, auf den Bus hatte ich auch noch warten müssen – an meinem Tisch vor meiner Speisekarte und entschied mich für die Nr. 6, Nr. 17 und Nr. 42.

Stuffed ducks-leg (gefüllter Entenschenkel)
Chow Mein Kiangchen (ein südchinesisches Gericht)
Dumpling with Sweet Meat (eine Nachspeise)
Tea.

Niemand kann sagen, daß ich nicht verständig gewählt hatte. Gleich beim Eintritt war mir der exquisite Geruch aufgefallen, ein zwar fremdartiger, sehr fremdartiger, aber doch wiederum erwarteter Geruch nach – – nach was, kann ich nicht sagen – – einer nahrhaften oder doch bekömmli- chen Chinaseife, einer exquisiten und würzigfeinen. Aber eigentlich doch Seife. Ich hatte wie gesagt einen guten Platz am Fenster mit dem Rücken zum Spiegel, so daß ich mich selbst nicht sehen konnte, ich war ja der einzige Gast. Den sehr heißen Tee gab es gleich vorweg, dazu umspülte mich eine kaum hörbare und stetige chinesische Musik aus dem in Form einer Muschel in Augenhöhe an der Wand ange- brachten Lautsprecher: Latidididilatididi... zusammen mit dem grünen heißen Tee (umspülte mich).

Lilididihi... wie soll ich es sagen: Es war Chinesisch.

Ja, der erste Gang, das Entenbein, erwies sich dann doch leider als eine Enttäuschung. Nicht so sehr Bein als vielmehr

Fuß war das, was da aus der Schale ragte. Ich weiß, es klingt übertrieben, aber sie hatten mir – ich will tot umfallen – einen abgehackten Entenfuß gefüllt: Sie hatten zwischen den Zehen etwas Ingwer unter die Schwimmhäute gestopft und gequelcht, und später im Bus sollte mir der Fuß dann noch stundenlang aus dem Maul stehen, ja heute noch braucht nur jemand die entsprechende (laufende) Handbewegung zu machen… Damals allerdings hatte ich tapfer gegessen, die Chinesen, hatte ich mir gesagt, müssen sich etwas dabei gedacht haben, und zugegeben, die Entenhaut war auf dem Fußknochen ganz nett gallertig aufgetrieben, wer weiß, wie sie das erreicht hatten.

Ich vergaß zu erwähnen, daß ich mich als einziger Gast mehr oder weniger unter persönlicher Betreuung des Kellners befand, kaum daß er durch die Schwingtür hinausschlüpfte, um ein Schüsselchen, einen Untersatz hinauszutragen, schlüpfte er wie seine eigene Ablösung sofort wieder herein, brachte neue Schüsselchen, neue Untersätze, eine Serviette für den Tee. Während ich mich natürlich fragen mußte, ob ich auch alles richtig machte, denn, erschien er einmal todernst verschlossen, strahlte er beim nächsten Mal über das ganze Gesicht, als sei nichts gewesen. Ich war gelinde gesagt verunsichert, hatte man mir doch anfangs die Stäbchen, später die Gabel weggenommen, um mir dann die Stäbchen wieder zu bringen, vielleicht machte ich es doch richtig.

Der zweite Gang, als er mir auf den Tisch gestellt wurde, war auch etwas enttäuschend. Nicht daß sich etwas dagegen sagen ließ: Es waren Nudeln. Gut, man mochte feine Unterschiede feststellen, die Farbe, die Dicke, die Menge insgesamt, wir hätten vielleicht weniger geliefert; es waren aber, soweit ich feststellen konnte, ganz einfach Nudeln. Vielleicht: Wenn ich also den leicht glasigen Schimmer berücksichtigte, die leicht sämige Substanz, mit der die Nudeln aneinanderklebten, wenn ich den Farbton beachtete, der vielleicht eine Spur mehr ins Grau spielte, also gut, sie schmeckten eine Spur sämiger und, wenn man wollte, grauer als ich es gewöhnt war, aber ich konnte mir nicht helfen, es waren immer noch Nudeln. Eine Zeitlang dachte ich, man würde noch etwas dazu bringen und wartete, es wurde aber nur ein zusätzliches Schälchen gebracht. Ein exotischer Touch allerdings: Der ganze Haufen wurde vor mir am Tisch in vier Teile zerschnitten, quadriert sozusagen, und zwar mit der Schere.

Aber es hatte ziemlich lange gedauert, bis ich darauf kam. Ich hatte tapfer aufgegessen und meinen Tee dazu getrunken, der mir todernst nachgeschenkt und dann nochmal todernst nachgeschenkt wurde, wobei der Kellner die Fläche seines Mandschureigesichts über die Tasse beugte. Um dann – als er den Nachtisch brachte, den sogenannten Dumpling, von dem ich schon so viel gehört –, plötzlich wieder wie die liebe Sonne zu strahlen; also, den Grund hierfür konnte ich einfach nicht entdecken. Stellte mir das weiße Bällchen, das in einem Korb lag, behutsam auf den Tisch und strahlte über das ganze breite Mandschureigesicht. Draußen im blauen Licht gingen zwei Leute vor dem Fenster vorüber und betrachteten uns argwöhnisch.

Also das Bällchen, es war an einem Holzspieß aufzunehmen, jedoch zu groß um es auf einen Satz in den Mund zu stecken, deshalb knabberte ich es zunächst von der Seite an. Es war nicht schlecht: Außen hatte es eine lockere Kruste aus weißem Teig oder weißem festen Pudding und innen – – innen hatte es eine Füllung, eine Art Ragout aus schwach gesüßtem Fleisch, gar nicht übel. Wenn man den Minzbeigeschmack einmal abzog und dem feinen und besonderen Charakter des Fleisches selber nachspürte? Im Munde. Ich knabberte …

Und dann kam ich darauf. Es standen jetzt zwei Kellner in der Tür, die mich ansahen, ein breiter todernster Mandschu und ein breiter lächelnder Mandschu. Es waren immer zwei gewesen, als es mir plötzlich wie Schuppen von den Augen fiel: Es waren immer *zwei* gewesen, so wie man sagt Japaner oder Chinesen, und die Antwort: Das ist doch dasselbe. – Aber darauf will ich gar nicht hinaus, sondern neben meinen zwei Kellnern war jetzt noch der Koch erschienen und blickte durch die Tür, erkennbar an der hohen Mütze und den schmutzigen Schürzen, zwei übereinander, und schließlich blickte hinter ihm noch ein vierter Herr herein, dieser im dunklen Anzug mit Schlips und Kragen wie ein City-Mann. Also wohl die ganze Besatzung des Restaurants, die da auf den einzigen Gast starrten. Der vierte Herr als Geschäftsführer oder als Besitzer selber? Und starrte nicht hinter ihm gar noch ein Mädchengesicht herein? Ein dünnes, gelbes, müdes, über die Jahrhunderte mißbrauchtes.

Und zu welchem Zweck?

Was hatte ich getan?

Hatte ich?

Der Londoner Nebel hatte eine feine Opalisierung gegen die Scheibe geschlagen, druben leuchtete die gelbe Rundlampe des »Bambusgartens«, wie um mich daran zu erinnern, wie doch ein kleiner Schritt oder eine kleine falsche Wahl letzthin alles ausmacht. Ich meine alles. Gesundheit, Friede, und ein langes Leben. Saß da mit meinem aufgespießten Dings, diesem Dumpling, während es mir also wie Schuppen von den Augen fiel (diesmal): Man starrte mich an, weil ich das aß! Um zu sehen wie es mir schmeckte – nämlich leicht süß und fein –, das feine feine Fleisch, von dem ich nicht wußte, was es war. Während der Nebel von draußen ein wenig durch das Fenster hereinzog. Und nicht kalt war sondern nur etwas komisch roch, und ich nie zugeben würde, was es gewesen ist, niemals, unter keinen Umständen. Und es auch niemals aussprechen würde (süße Ratte).

Der Bus nach Limon

Der Bus nach Limon. Jemand, der nicht darauf vorbereitet ist, wird nach fünf Stunden Warten denken, er mache etwas falsch, er macht aber gar nichts falsch. Ein elementares Erlebnis. Nach einem geheimen Fahrplan kommen Busse, gehen Busse, hierhin, dorthin, unberechenbar, seltsam, wunderbar. Es mag ein Muster geben, das man irgendwann zu erkennen glaubt. Und dann doch wieder nicht. – Ja, ich versichere, nicht zu weit zu gehen, hier eine Philosophie zu entwickeln, eine Limon-Bus-Lehre, man wird mich noch verstehen.

Aber der Reihe nach: Als ich mit einem dieser flinken gelb-grünen Tico-Taxis auf dem Busbahnhof in der Via General Porfuez ankam, schien sich dort die halbe Stadt versammelt zu haben, auf Leben und Tod. Es hupte, klingelte, pfiff, feuerte Salsamusik auf die Straße, vor dem radiodurchschüttelten Tickethäuschen stand eine lange Schlange, und die vier Abfahrrampen waren bereits mit spekulativen Fahrgästen besetzt. Auskunft gab es keine. Nur soviel, daß der Bus nach Limon an einer dieser vier Rampen halten würde, desgleichen aber auch der Bus nach Guápiles, der nach Cartago, nach Chirripó und der nach Siquirres. Auch der nach Turrialba. Nur, wer von ihnen wo, an welcher Rampe, wann und ob überhaupt an diesem Tage, das schien hier absoluter Spekulation zu unterliegen. Nirgends ein Hinweis. Keine Beschilderung. –

Nun war es immer noch früher Morgen, und meine Kräfte waren noch frisch, also überließ ich mich ganz meinem Gefühl und ging – also, ich ging zunächst auf die erste – – – dann aber doch lieber auf die zweite Rampe zu, wo eine Gruppe von zehn bis zwölf Leuten die Spitze hielt. Stellte mich in die Reihe hinter einen kleinen Mann mit

Strohhut. Stand dort eine Weile und konzentrierte mich: Das war mein Platz.

»O. K.«, sagte ich zu dem kleinen Mann vor mir, »welchen Bus werden wir hier kriegen, Limon oder nicht Limon?

Er hatte die Augen zu mir hochgedreht und war offensichtlich von genau derselben Frage bewegt. Es war ein guter Morgen im Schatten des Quacuamoli-Baumes, die Luft noch frisch und der Himmel über dem gegenüberliegenden Amtsgebäude (das eine gußeiserne, von einem Deutschen entworfene Fassade hatte) tief blaugolden.

»O. K.«, sagte ich, »Warten auf den Bus von Limon ist ja wohl wie Warten auf Gott.« Sollte ein Spaß sein.

Der Mann hatte dunkle Eidotter als Augen, nicht von Hühnereiern, aber von irgendwelchen dunklen Vögeln; jedenfalls sahen sie aus, als ob man sie essen könnte. Es war jetzt sieben Uhr, und mit etwas Glück würde es einen Morgenbus nach Limon geben. Vor meinem Freund stand eine Gruppe von Schwarzen, das war immer ein gutes Zeichen, sie hatten auch zwei schwarze Babys. Und ganz vorne bildeten zwei Indios, offensichtlich Bauern mit Säcken, die Speerspitze. Und die machten auch einen kompetenten Eindruck.

»Ich will damit sagen«, erklärte ich meinem Freund, »daß die Chancen nicht so sehr günstig sind. Eins zu vier, wenn ich mich nicht irre.«

Wir hatten so viel Zeit, einen ganzen langen Tag, und ich hatte vor, unendlich weit auszuholen. Inzwischen wurde die Menge größer, Gepäckstücke wurden geworfen, kleine Kinder hochgehoben, ein Kranker aufgebahrt.

»Man sollte denken, es geht um Leben und Tod, wenn man das hier sieht – wer kann sich retten, wer steht auf dem richtigen Bahnsteig«, ich sah meinen Freund an, »ein Spiel mit okkulten Chips. Instinkt? Nein, mein Lieber, fast Religion.«

Wobei ich wieder bei meiner Ausgangsthese angelangt war. Es war allerdings sehr gut möglich, daß der Mann überhaupt kein Wort verstand.

»Nehmen wir zum Beispiel diese Gruppe«, ich lenkte seine Aufmerksamkeit auf die erste Rampe hin, wo sich mehrere besser gekleidete, nichtsdestoweniger etwas billig aussehende Herren und Damen befanden, »dorthin würde ich mich auf keinen Fall stellen, von allen Möglichkeiten wäre diese die schlechteste. Schlechte Schwingungen.«

Billig war eigentlich nicht der richtige Ausdruck; die Herren sahen aus wie Zahnärzte, aber solche, zu denen ich überhaupt kein Vertrauen hätte.

»Man muß das Spiel mit leichter Hand spielen«, erklärte ich meinem Freund, »man muß ...«

Mein Freund war nicht mehr da.

Er war überhaupt nicht mehr da, er war zur Rampe drei gelaufen, wo in diesem Augenblick der Bus nach Limon die Tür öffnete und wo sich aus dem Nichts plötzlich ein ungeheurer Schwarm von Leuten drängte. Ich konnte meinen Freund, der das Spiel offenbar mit weitaus leichterer Hand zu spielen verstand, ziemlich dicht an der Tür erblicken. Brauche wohl nicht zu erwähnen, daß ich es nicht mehr schaffte, nicht einmal halbwegs. Der Bus war schon längst voll, als ich noch draußen gegen achtundzwanzig Bauern mit Säcken kämpfte. Konnte aber schließlich am Fenster meinen Freund erblicken, der mit seinen beiden Eidottern verständnisvoll auf mich herabsah, als der Bus abfuhr.

Ich stand dann wieder hinter meinen Schwarzen mit den Babys und beschloß, nie wieder in meinem Leben zu reden. Der Mann hatte sogar einen Fensterplatz bekommen.

In den nächsten zwei Stunden kamen die Busse nach Cartago, Siquirres und nach Guápiles. Der Schatten des Quacuamoli-Baumes war weggewandert. Die Sonne brannte jetzt stark, und ich hatte mir den Hut, mit dem man Wasser schöpfen kann, aufgesetzt. Trotz des ermüdenden Wartens befand ich mich doch in ständiger gespannter Bereitschaft, bereit zum Sprung, sobald auch nur eine Kühlerhaube hinter der Straßenecke sichtbar wurde. Es hatte sich jetzt ein völlig unbewegtes Staubplateau über dem Platz entwickelt, in dem die Sonne einen starken Blendeffekt bewirkte, so daß es schwer wurde, die Augen offenzuhalten. Ich hielt sie aber offen, es ging jetzt ums blanke Überleben. – Man fragt sich vielleicht, warum um Gottes willen ich denn kein Taxi genommen hatte: Weil niemand so wahnsinnig gewesen wäre, diese Strecke zu fahren. Leihautos? Gab es nicht, ich hätte allenfalls eines kaufen können. In diesem Bewußtsein hielt ich noch eine weitere Stunde durch, und dann kam der Bus nach Limon.

Ich sah ihn schon (erahnte ihn), als er knapp an der Ecke auftauchte, ein weiß-grüner mit einer großen entblößten Dame auf der Windschutzscheibe und rosa Fransen entlang der Seitenfenster. Ich blieb vollkommen ruhig. Hinter mir hatte sich inzwischen eine lange Schlange von zirka vierzig bis fünfzig Leuten gebildet, vor mir dagegen standen nur die standhaften acht vom frühen Morgen. Ich war deshalb fest entschlossen, meine Position zu halten und auf keinen Fall die Rampe zu wechseln. Und was soll ich sagen, der Bus, der Rampe vier ansteuerte – so daß bereits alles verloren war (das Leben, das Land, die Zukunft) –, beschrieb eine Schleife und kam rückwärts auf wunderbare Weise auf Rampe zwei zu, um dann direkt neben mir als metallwarmes Wunder zu halten. Es war elf Uhr vormittags, eine gute Abfahrzeit für Limon. Der Fahrer öffnete die Tür.

Nun war es nicht so, daß sich hier jedermann an die Reihenfolge hielt, genauer gesagt, jedermann preschte aus dem Stand auf die Tür zu, wo sich sofort ein steinharter, absolut unauflösbarer Knoten bildete. Ich selbst befand mich aber in strategisch günstiger Position und war nur durch einen einzigen Mann – der im Augenblick noch blockiert war – von der Eingangstür getrennt, und der würde hoffentlich gleich einsteigen. Im Augenblick immer noch blockiert, indem von der Seite jemand hereindrängte, aber dann... dann geschah das Unglaubliche, der Mensch stieg nicht ein. Der Mensch. Ich dachte: Warum steigt er denn nicht ein, was blockiert er mir den Weg, läßt hier andere Leute vor!

Ich dachte: Das ist ja unglaublich, warum tut er das.

Er ließ drei, vier Leute von der Seite vor. Ich versuchte, den Mann weiterzuschieben, drückte auf seinen Rücken, der Mann wich nicht. Ich knirschte, Mensch, Ola hombre, was steigste denn nicht ein, versuchte ihn wegzudrücken, trat ganz in ihn hinein, bis mir dann endlich klar würde: Der Mann wollte gar nicht einsteigen. Der wollte seine ganze Familie vorlassen, die von der Seite herangelaufen war.

Also, er hatte einen hassenswerten muskulösen Nacken, ein hassenswertes Hemd mit blauen und weißen Streifen – ich glaube, ich hatte in meinem ganzen Leben noch kein Hemd so sehr gehaßt –, und es dauerte eine Weile, weil ich so sehr mit meinem Abscheu beschäftigt war, bis mir mit einem Mal die Wahrheit aufdämmerte: Daß nämlich der Mann nicht nur seine ganze Familie vorließ, nein, auch alle seine Freunde, alle Bekannten! Das ganze Dorf!

Ich trat ihm von hinten auf die Schuhe, ich stand sozusagen auf seinen Schuhen, mit meinem ganzen Gewicht, es muß entsetzlich weh getan haben. Und der Mann hielt das aus. Er hielt das aus, bis alle Anverwandten versorgt waren, und dann ...

Dann!

Stieg er ein. Nicht ohne mir noch einen verwundeten Blick zugeworfen zu haben. Anscheinend hatte ich doch nicht das richtige Verhältnis zu seiner Familie gehabt, ich hatte ja keinen Onkel und keine Tante mit den vielen Kindern und keine Cousins, die ihrerseits ihre sieben Kinder hatten. Aber ich will gerecht sein, insgesamt mochten es wohl doch nur fünf bis sechs Leute gewesen sein, die mir da zuvorgekommen waren, und ich hielt ja immer noch eine ausgezeichnete Position an der Spitze, war soeben im Begriff, die Einstiegsstufe zu nehmen. Als ich mich nun abermals blockiert sah, es ging nicht weiter. Es ging nicht, weil – was! Weil der Bus voll war.

Was!

Weil der Bus voll war.

Als ich mich, auf meiner Stufe stehend, umblickte, sah ich das Entsetzliche: Ich sah die Leute hinter mir durch die Fenster steigen. Vater, Mutter, sämtliches Gepäck, alles ging durch die Fenster. Beine, die in der Luft ruderten, Schuhe mit Sohlen und ohne Sohlen, ein entsetzlicher (tödlicher) Anblick. Damit hatte ich nun nicht mehr gerechnet. Die Leute, die Dorfbewohner hatten inzwischen die Fenster von innen geöffnet, so daß jedermann durch die rosa Fransen klettern konnte.

Als sich die Einstiegstür endlich schloß – saugend schloß –, stand ich, glaube ich, so ziemlich als einziger mit meinem Koffer draußen. Es mag noch drei, vier andere Kreaturen gegeben haben, die dieser Art Leben auch nicht gewachsen waren, jedenfalls standen wir dann als kleiner Haufen auf der Rampe und sahen dem weiß-grünen Bus mit der halbentblößten Dame nach, als er sich fröhlich rumpelnd um die Ecke herum auf die Straße nach Limon begab.

Ich schwor, daß ich mir von jetzt ab auch eine riesige (tödliche) Familie zulegen würde. Es war übrigens zwölf Uhr geworden. – – –

Die Sonne lag dann hart auf dem Boden. Es kamen Eisverkäufer, Limonadenverkäufer, »mentolitos, mentolitos«, ich hatte mich auf ein Mindestmaß an Lebensäußerung zurückgezogen, atmete nur ganz flach, während sich hinter mir erneut eine Menschenmenge ansammelte. Zwanzig, dreißig, vierzig Menschen. Es kamen die frühen Nachmittagsstunden, es kamen Busse nach Cartago, Guápiles, Siquirres, Busse nach Buffalo, Palasmina, Paquales, selbst ein Bus nach dem nie gehörten Tucurrique.

Ich behauptete mich gegen eine ständig wachsende Menschenmenge. Für alle Ewigkeit. Dann um drei Uhr kriegte ich meinen Bus – er kam auf Rampe eins, und ich bestieg ihn zusammen mit der Gruppe von Dentisten, die seit dem frühen Morgen dort warteten. Und auch nur, indem ich mich routiniert von der Seite her eindrängte, nicht achtend, daß mir jemand heftig auf den Schuhen stand, mir in die Rippen hieb und mit seinem Koffer mir den Kopf abzubrechen versuchte. Darauf konnte ich beim besten Willen keine Rücksicht nehmen. Ich blickte mich nur einmal verwundet um, als ich knapp durch die Tür war, und gewahrte hinter mir einen der Dentisten, der es leider nicht mehr geschafft hatte.

Übrigens konnte ich mich nicht erinnern, jemals zuvor ein solches Maß an Hochgefühl und vollkommenem Glück erfahren zu haben. Und man bedenke, es war nicht mehr als ein Quadratfuß Bus, den ich gewann, so relativ ist das Glück. – Während wir anfuhren, habe ich dann mit meinen (blauen) Augen auf den Dentisten zurückgeblickt.

Der große Yolk

Wir fuhren den kleinen Amazonas hinauf, den Amazonito, und dieser Teil des »Kanals«, der sich hinter Parismina anschließt, kann einige Attribute beanspruchen: Er ist ein Juwel, eine Schatzkammer der Schöpfung. Der Gott, der die Bäume macht, hat hier wahrhaftig ein volles Sortiment hinterlassen. Zählen kann man die Arten gar nicht, man kann nur andachtsvoll den Wasserweg hinauffahren, der jetzt streckenweise sehr schmal (und tief) wird, so daß sich die Baumkronen in unglaublicher Höhe von beiden Seiten her schließen. Und ich meine andachtsvoll: in diesem grünen, gewundenen Tunnel, der still ist und in dessen Lichtbalken kleine scharlachrote Vögel flattern. –

Wir kamen an eine Gabelung, wo rechts eine dämmernde Palaststraße auf einen riesigen Mapola-Baum zuführte, dessen glattpolierter Stamm, unten dick wie ein Möbelwagen, hoch oben in drei Blättertürme mündete, die, jeder für sich, in jedem Park Aufsehen erregt hätten. Während links – ich führe das Bild fort – eine ebenso geheimnisvoll dämmernde, aber eher noch gewaltigere Palaststraße von Strebepfeilern flankiert wurde, drei Etagen durchgehende grüne Plattformen tragend, die ihrerseits nur die Basis für weitere noch höhere Plattformen bildeten und für noch höhere unsichtbare. Das waren Banaks oder Tafelbäume, auch genannt Heuschreckenbäume, wegen ihrer Bewohner.

Es erschienen Gruppen von Copal, Paradiesbäumen, helle, grünsilberne Guacimo und Apamatebäume und düstere Gebirge des schwarzen Mahoe. Balsa, wilder Cashew, Guaromo, Panamatree, jeder eine Persönlichkeit, stark, kostbar, ja arrogant und hochmütig. Ich bin mir nicht sicher, ob sie wirklich so hießen und ob der gelbe Tafelbaum nicht in Wirklichkeit ein weißer Sapote war, ich schreibe dies aber in bester Absicht, und es gibt ja auch so etwas wie ein sinnliches Verständnis. Sie alle hatten sicherlich einen Grund, warum sie so aussahen, standen auf meterdicken Pfahlwurzeln, hatten wehrhafte Stämme mit langen scharfen Sporen, stützten sich ab mit riesigen dreieckigen Flügelwurzeln, pilzförmig, pyramidenförmig, waren in Etagen angelegt. Sie erfüllten die Bedingungen, die hier gegeben waren.

Es kam die Stelle, wo hinter einer vorspringenden Landnase der Rio Jacinto mündet. Ineinander sich verschiebende buschige Kulissen, eine Vielzahl von Wasserläufen, unübersichtlich, bis sich dann eine splendide Gerade auftut. Und dort am Ende stand er: Der große Yolk. Mit seinen gewaltigen Ausmaßen nahm er den Platz von mindestens zwanzig seiner Artgenossen ein. Eine Landmarke, ein Monument. Seine zusammengewachsenen Wurzeln hatten in weitem Umkreis eine Art hölzerne Plattform geschaffen, einen wulstigen Untersatz von der Größe eines Tanzbodens. Darauf stand er nun, unverrückbar, tausend Jahre, zweitausend Jahre. Als geballter holzgewordener Gedanke, der immer dasselbe dachte: stehen, stehen …

Und ich als Wurm fuhr da auf meinem Holzsplitterchen um seine Füße herum und dachte:

»Der große Yolk!«

Ja, und dann in der blaugrauen Ferne – ich hatte noch gar nicht zu Ende gedacht –, mit einem lautlosen Grollen im Dunst, dämmerte der ganz große Baum herauf. Aber das war zunächst nur eine Kontur, eine erleuchtete Linie am Himmel, Gipfel eines Silberberges. Der dann ein kühles Graugrün annahm, mehr und mehr wolkige Einzelheiten zeigte, einen von der Sonne beschienenen Ast, sehr sehr hoch, wo er eigentlich gar nicht sein konnte. Ein Wipfel, mehrere Wipfel. Und dahinter, aus dem Dunst tretend, noch ein Hauptwipfel. Kontinente. Städte. Schauplätze blutiger Generationskriege, all das. Und ganz oben, noch höher als alles Bisherige, ein riesiges Astkreuz vom Umfang eines Segelschiffes, einsam, bedeutsam …

Das war der »Santa Maria«, der Größte, der Allergrößte. Der gewaltige Baum. Den ich hier sehen durfte. Danach konnte mich jedes menschliche Bemühen nur noch mit Mitleid erfüllen.

Kinogehen

Ich darf hier einmal seine Geschichte vom Kinogehen erzählen, die ein bezeichnendes Licht auf ihn wirft – ich habe den Onkel nie wirklich verurteilt, ich glaube, er war nie ganz schlecht, nur einsam, ein zutiefst einsamer Mensch. Er hatte seine Geschichte »Die zunehmend engeren Grenzen des Films« genannt, ich würde sie eher als den sicheren Kinostuhl betiteln. Es muß dies in seinen jüngeren Jahren eine wöchentliche Leidenschaft gewesen sein, hingegeben muß er da auf seinem Platz gesessen haben, ganz in den schwarzen Kriminalstädten anwesend, ganz in den grünen Tropensümpfen und den rotgoldenen Kolosseen – völlig absorbiert von der rechteckigen Dimension. Und ich spreche hier nicht vom »guten« Film, ich spreche vom Film. Eine echte Zuschauerbegabung.

Bis eines Tages.

Das ist der eigentliche Anfang der Geschichte. Bis er also eines Tages den Ellenbogen spürte. Da war er schon etwas älter, sagen wir dreißig. Der Nachbar, ein unbekümmerter, wahrscheinlich sehr netter Mensch, der nicht gewahr wurde, daß er die ganze Armlehne für sich beanspruchte, bedrängte den Onkel mit dem spitzen Ellenbogen. Was dieser kaum bemerkte, da er sich inmitten der »Blutigen Diamanten« mit Burt Lancaster befand, nur so nebenher den Ellenbogen wegschob, der auch sofort zurückgenommen wurde. Aber er bemerkte ihn eben doch, es war das erste Mal. Und in der sehr aufregenden Szene, in der Burt Lancaster zu einem Pulp zusammengeschlagen wird – man erinnert sich –, spürte er ihn zum zweiten Mal.

Nun war der Onkel damals noch sozial unbeschädigt. Er glaubte noch an die Ordnung und daß die Menschheit seinen Platz in der Welt respektierte, in diesem Fall seinen Kinoplatz. Deshalb nahm er es nun persönlich, daß er gestört und von seiner Leinwand abgezogen wurde, zumal Burt dort vorne einen fabelhaft kurzen Haarschnitt trug, den er schon fast selber hatte. Schob den Ellenbogen unwillig zurück, das nächste Mal noch unwilliger. Bis zu der Szene mit dem miesen Polizeichef, die, für sich genommen, sowieso Aggressionen weckte – da sah er es nicht mehr ein.

Es war Onkels wirklich schwarze Stunde, der Beginn eines langen Marsches, bis heute. Da die Armlehne für zwei berechnet war, ihm zumindest die Hälfte zustand. Man denke, während der ganzen eindrucksvollen Szene im Bergwerk, die ja ausschließlich für ihn stattfand, drückte er auf einen Arm? Auf einen gottverdammten Ellenbogen? Übte, während sein Diamantlager Stück für Stück volle fünfzehn Minuten lang in die Luft ging, Druck auf einen Nachbarn aus, so daß er sich am Ende im Besitz der gesamten Armlehne befand.

Aber unter welchen Kosten.

Nie mehr, in Worten, nie mehr konnte er sie danach ganz vergessen, die Armlehne. Nie mehr ganz hingegeben in seinem Kinostuhl sitzen. Nicht in den »Vierzig Tagen von Peking« und nicht im »Cry of the City«. Vorübergehend vielleicht, aber nie mehr ganz. Er hatte seine Unschuld verloren. Selbst harmloseste Kinobesucher, schmächtige Brillenträger, Leute in zu engen Anzügen wurden von nun ab argwöhnisch betrachtet, wenn sie Platz nahmen. Einmal blies er einem alten Mann, der kaum achtzig Pfund wog und die Arme schon aus Gebrechlichkeitsgründen eng am Körper hielt, während des ganzen ersten Teils von »Quo Vadis« seitlich ins Ohr. Mehr noch, er erfand eine besondere Technik, indem er den Mund rechts außen zur Röhre formte, um im Winkel zu blasen. Zugegeben, der arme Mann hatte ein wenig nach Urin gerochen, aber er wiederum vermutete einen Geisteskranken neben sich, so daß er nach dem Intervall zum zweiten Teil nicht mehr erschien.

Territorialansprüche.

Es gab sogar zwei oder drei offene Schlachten, bei denen von beiden Seiten so heftig gedrückt wurde, daß körperliche Erschöpfung die Grenze setzte und die Lehne schließlich geteilt wurde. Ich sage von beiden Seiten, denn es mußte ja geschehen, daß der Onkel auf jemanden traf, der womöglich auch seine Unschuld verloren hatte. Einmal – es war wohl das letztemal, daß er überhaupt jemanden neben sich duldete – gab es einen regelrechten Zweikampf mit allen schmutzigen Tricks, sogar ein spitzer Bleistift soll im Spiel gewesen sein. Im rechten Ärmel des Onkels. So daß der gesamte sehr schöne »Lohn der Angst« von Anfang an verdorben war. Ja, der Onkel erinnerte sich hinterher nicht, ihn überhaupt jemals gesehen zu haben, und nur durch Nachfragen zum Beispiel der ersten Szene, in der die Kellnerin beim Bodenwischen unvergeßlich mit dem Hintern wackelt, was sich selbst dem voll engagierten Onkel eingeprägt hatte (ich komme noch darauf zurück), konnte ich ihn davon überzeugen.

Künftighin aber richtete er es ein, daß er zwischen zwei leeren Plätzen zu sitzen kam. Besuchte deshalb Nachmittagsvorstellungen, die nicht voll besetzt waren – Kindervorstellungen waren ein anderes Kapitel –, bald war ihm ein leerer Platz rechts und links nicht genug, es mußten zwei sein, und es kam der Tag, an dem auch hinter ihm niemand sitzen durfte, vor ihm auch nicht. Ein kleines beschämendes Zwischenspiel in »Weites Land«: Der Vordermann quatschte mit seinem Nachbarn. Ununterbrochen. Onkel stieß mit dem Knie gegen die Rückenlehne, mit dem Fuß unter die Sitzfläche, er hustete dem Mann aus nächster Nähe in den Nackenansatz. Nichts zu machen. Der ertrug all dies und quatschte.

Als das Licht anging, mußte Onkel Augustin feststellen, daß sein unseliger Vordermann versucht hatte, einem Blinden neben sich den Film »sehen« zu machen. Das allerdings war beschämend. Nicht daß er deshalb ein schlechtes Gewissen gehabt hätte. Doch! Er hatte eines, was ihn aber nicht an weiteren Exzessen hinderte.

Territorien.

Zwei leere Reihen vorne und zwei hinten?

Ein halbleeres Kino, in dem die leere Hälfte dem Onkel gehörte? Ganz vorne sitzend und sich den Hals verrenkend.

Meiner Meinung nach hätte man die Symptome gar nicht ernst genug nehmen können. Man freut sich doch gemeinsam im Kino – ich meine, wir haben schließlich auch etwas gelernt –, Prügeleien, Gewalttritte, da freut man sich doch um so mehr, wenn auch der Nachbar sich freut. Haut sich gegenseitig auf die Schenkel, ja, wenn man will, auch mal mit dem Ellenbogen in die Seiten. So ist das nämlich.

Aber so?

Wie, wenn der Onkel danach nur noch ganz schlechte Filme sah, die niemand sehen wollte? So daß niemand hinging?

Sie sehen, sagte ich zu dem Makler, einen Kunden vor sich, der berufliche Fehlschläge und Enttäuschungen hinnehmen mußte und sich jetzt in einen eigenen privaten Bereich zurückziehen möchte; ich bin Psychiater. Ich saß also im Büro dieses Häusermaklers in der Münchner Innenstadt und betrachtete die Geweihsammlung über seinem Schreibtisch, er selbst trug einen Hirschzahn als Krawattennadel.

Aha, sagte er, Sie suchen Praxisräume.

Sie verstehen mich falsch, entgegnete ich, ich möchte, daß Sie meine Verfassung, in der ich mich befinde, berücksichtigen, ich suche eben weniger irgendein Haus als sozusagen eine feste Burg.

Also eine Burg!

Nein, sagte ich, Sie verstehen mich wieder falsch, ich suche keine Burg, was ja auch unsinnig wäre, sondern einen Ort der Stille, der Zurückgezogenheit. Der Sammlung, wenn Sie verstehen, was ich meine. Nichts Pompöses, ich suche einen Ort, der anspruchslos doch eine innere Geschlossenheit aufweist, nichts Repräsentatives, aber auch nicht gerade eine Hütte. Kurz, ein intimes (verschwiegenes), kleineres (oder größeres) Anwesen, mit einer Mauer vielleicht, mit dem Charme vergangener Zeit etwa.

Aha, sagte der Makler, Sie wollen einen Altbau.

Altbau oder nicht Altbau, sagte ich, es soll meiner Zurückgezogenheit entsprechen.

Also ein Einfamilienhaus.

Ja.

Ein ruhiges.

Ja. – Nein, rief ich aus, kein ruhiges Einfamilienhaus und kein lautes Mehrfamilienhaus, Mann, Sie treffen den Kern der Sache nicht. Sehen Sie mich doch an, ich will ein Haus wie eine steinerne Haut, so wie ich dasitze, das Haus soll mich wie eine Erweiterung meines Körpers umschließen, wie eine Erweiterung meines Selbst.

O Gott, rief er aus, ich habe schon viele Käuferwünsche vernommen!

So vernehmen Sie eben auch diesen, rief ich zurück, nicht gewillt, mich nach den Demütigungen der vergangenen Tage noch weiterhin beeindrucken zu lassen. Ich werde, fuhr ich fort, Ihnen das Objekt beschreiben, das ich zu kaufen beabsichtige: Ich dachte an ein gut eingewachsenes Grundstück, nicht groß, aber möglichst nicht einsehbar, falls es Nachbarn geben sollte, schöne Büsche vielleicht, ein paar alte Bäume, vielleicht ein gemauerter, runder Teich, wie man ihn bisweilen auf alten schönen Grundstücken findet, aber es muß nicht unbedingt sein.

Es muß nicht unbedingt, sagte der Makler.

Nun das Haus, dachte ich mir, sollte keine Antiquität sein – das wären ja Liebhaberwerte –, sollte auch nicht ganz neu sein, eher dachte ich an etwas Unsinniges, vielleicht um die Jahrhundertwende gebaut, etwas, das niemand haben will, mit Figuren am Eingang, einer Glaskuppel etwa, oder einem Glasvordach und hinten womöglich einer Veranda.

Einer verglasten Veranda, sagte der Makler.

Na ja, muß nicht unbedingt sein, sagte ich, ich dachte an irgend etwas, wie es heute keiner mehr haben will, das Dach irgendwie bizarr mit einem Turm in der Ecke oder sonst irgendwelchen Türmchen, Sie verstehen schon, nicht daß ich unbedingt darauf bestehe, es können auch Erker sein oder Porticos oder sonstwelche unsinnigen Baulichkeiten, meinetwegen eine Säulenvorhalle. Ich will damit ausdrücken, daß ich möglichst weit vom eigentlichen Markt entfernt kaufen will.

Also weit vom Markt, sagte der Makler.

Ja, entfernt vom Üblichen, da ich mir darüber im klaren bin, daß die gängigen Häuser auch entsprechend teuer sind, und ich deshalb gerade das Gegenteil suche, nämlich das nicht gängige Haus, das keiner haben will.

Es kostet anderthalb Millionen.

Was? fragte ich, da der Mann mich offensichtlich nicht verstanden hatte.

Das Haus, das Sie mir beschreiben, und das keiner haben will, sagte er.

Nach fünf Tagen rief er mich an, er habe da ein Objekt in Wolfratshausen an der Hand, ob mich das interessiere, es sei reizend gelegen mit herrlichem Gebirgsblick und in ausbaufähigem Zustand. Vor allem in meiner Preisklasse. Nun, ich hatte nicht unbedingt nach Wolfratshausen wollen, und was diesen Gebirgsblick angeht, an sich nicht mein Stil, aber meinetwegen, auf der Fahrt dorthin sah ich mich schon beim Frühstück am Fenster hinter den weißgetünchten Mauern, den meterdicken, zweihundertjährigen, auf denen die Morgensonne liegt. Sah ich mich mit meinem Honigbrötchen und dem gekochten Ei und dem gewürfelten Tischtuch. Und der rosa angestrahlten Benediktenwand. Die Luft, Herrgott, die Luft und der Tau auf der Wiese. Ich fragte mich ernsthaft, ob ich denn mit meinen neuen Nachbarn, den Kraxelbauern, morgens ein derbes Wort über die Wiese wechseln könnte, ich meine, ob ich es *könnte,* an sich nicht mein Stil. Ja, Kruzifix, sagte ich, als wir durch diese gottgesegnete, grüngehügelte Landschaft fuhren. Wir fuhren durch Icking.

Dann in Wolfratshausen, einem kleinen Flecken vierzig Kilometer südlich Münchens, verlor ich etwas den Mut, als ich die Hauptstraße sah, gefährlich nicht gerade, aber doch achtunggebietend mit den gezahnten Balkonen und den ausgesägten Zierbrettern am Dach, eine eigene Kulturschicht, die sich da anscheinend um München herum gebildet hatte. Vor den Türen standen die untersetzten Hausherrn und blickten mir nach, wie ich mit meinem Makler die Hauptstraße entlangfuhr, dann hinter dem Bahnübergang in eine Seitenstraße einbog und von dieser wieder in einen Fahrweg mit vorwiegend gewerblicher Bebauung. Das Grundstück war dreieckig, eine Seite grenzte an einen Graben mit dahinterliegenden Siedlungshäusern, eine Seite an einen vom Fahrweg abzweigenden Steig und die dritte an einen langen Werkschuppen; eine Zufahrt bestand eigentlich nicht. Das Haus, anderthalbstöckig, lag im Spitz bei den Siedlungshäusern und war sehr einfach. Allerdings doch sehr einfach, meinte ich. Gebirgsblick? Sicherlich gab es den, etwa zwischen dem letzten Siedlungshaus und dem Lagerschuppen der Firma Scholl hindurch, allerdings nicht gerade heute, evtl. war die Kammlinie der Benediktenwand auszumachen. An sich, sagte ich, kein schlechter Platz, aber das Haus steht irgendwie, na ja, eingeklemmt möchte ich nicht sagen, es steht ja frei, aber irgendwie eingebaut. Entschuldigen Sie. Außerdem war es wohl nicht ganz trocken, im Parterre zogen sich die Wasserflecken bis zu den Fensterborden, der Fußboden war sowieso durchgefault und mußte natürlich erneuert werden. Sie kriegen, sagte der Makler, ihre Bretter hier aus erster Hand, die Treppe können Sie auch gleich erneuern, und wenn Sie sonst Bauholz brauchen, nebenan ist die Firma Scholl. Immerhin hatte er sie somit erwähnt, und ich wäre trotzdem nicht unbedingt daraufgekommen, wenn nicht gerade die Mittagspause zuende gewesen wäre. Also ich stelle fest, sagte ich: Das Grundstück hat keine Einfahrt, es ist feucht, das Haus ist abbruchreif, und nebenan ist eine Sägemühle. Dafür kostet es aber auch nur achtzigtausend, erwiderte er, wobei er Mühe hatte, sich über der einsetzenden fünfspurigen Kreissäge verständlich zu machen. Na ja, es war der erste Versuch.

Der zweite sollte mehr versprechen. Es war drei Tage später, als er mich wieder anrief: Er habe da ein Objekt in der

Innenstadt, sehr preiswert, ein kleines Eckhaus mit allen Möglichkeiten, vor allem sehr rentabel. Also ein Mietshaus, fragte ich gleich am Telefon, denn für Mietshäuser hatte ich kein Interesse. Ja, und wieder nein, erwiderte er, denn das könne man ja ändern, die Möglichkeiten seien alle gegeben, auf jeden Fall solle ich es mir doch ansehen, in der Arnimstraße Ecke Perugiaplatz. Mann Gottes, sagte ich, das ist doch nicht Innenstadt, das ist doch Schlachthof. Ja und nein, erwiderte er, denn vom Schlachthof sei überhaupt nichts zu sehen. Also ich habe das Haus besichtigt, und was soll ich sagen, als ich ankam, war es ein ganz reizendes kleines Schlößchen, von außen jedenfalls, mit einer Turmspitze zur Straßenecke hin, vier Stockwerken, die Fenster mit ganz reizenden Stuckarbeiten versehen; andere Leute hätten vielleicht die Fassade bemängelt – und zugegeben, der Putz war erneuerungsbedürftig, der Anstrich natürlich auch, und bei näherem Zusehen war die eine Seite mit einer Menge kleiner Löcher übersät, wahrscheinlich von Bombensplittern her. Aber so bin ich nun mal, sagte ich zu dem erstaunten Makler, mir gefällt's, das Haus mag ja reichlich groß sein, und drinnen waren wir auch noch nicht, aber was den Stil anlangt, Gründerjahre, nehme ich an, bin ich vollkommen überzeugt. Das Haus hat zwar keine ruhige Lage, fuhr ich fort, beziehungsweise auf der Straße herrschte ein lebhafter Verkehr, dagegen besticht natürlich die zentrale Lage, die für eine Praxis etwa interessant wäre. Wie gesagt, ich war ziemlich angetan und mein Gesicht brannte. Insgeheim allerdings bestach mich die Eckturmspitze sowie die Tatsache, daß ich für mein Geld einen solch ansehnlichen Haufen Stein kriegen sollte. Es ist ja riesig, rief ich aus, doch gerade in diesem Augenblick bewegte sich oben eine Gardine, und ein Mensch, Mann oder Frau, blickte zu mir herunter.

Beim Eintritt fielen mir zunächst die in Stuck gefertigte Sonne an der Decke sowie die grün gemalten Weinranken in den vier Ecken auf, rechts neben der inneren Tür war eine

Reihe Briefkästen mit folgenden Namen: Gebert, Heinlein, Kaletsch, Pöchmann, Schwehla, Mai, Rosenhammer, Schmidt, Zapf, Lütteke, Linke und Gutkowski. Auf der unteren Treppe kam uns ein junges, ganz hübsches Mädchen entgegen und oben ging auch jemand, den man aber nicht sah, er ging, nahm ich an, nach oben. Jetzt sehen wir uns einmal die Wohnungen an, sagte mein Makler munter, er klingelte bei Kaletsch. Dann klingelte er bei Heinlein, wo aber auch nicht geöffnet wurde. Bei Gebert, vorne links, war jemand zu Hause. Er komme, sagte mein Makler, mit dem neuen Hausherrn (in spe), um die Wohnung auf etwaige Mängel zu inspizieren, die behoben werden müßten. Was natürlich gelogen war. Ja, rief der Mann aus – seine Frau blickte hinten im Flur durch die Tür –, da kämen wir gerade recht, denn das Klo funktioniere überhaupt nicht, und führte uns auch gleich in eine unsagbar furchtbare Toilette, einen ganz hohen und ganz schmalen Schlauch, an dessen Ende das Abortbecken stand und rauschte. Hören Sie es? Ja, sagten wir, es rauscht. Was natürlich behoben werden muß, schon, sagte mein Makler, im Hinblick auf den Wasserverbrauch, den Sie ja (ich?) tragen müssen. Natürlich, sagte ich zu dem Mann, wird das abgestellt. Und die Türen klemmen. Die Türen? Nicht alle, aber die vom vorderen Zimmer, das wir auch zu sehen bekamen und das einen schräggestellten Erker besaß, welcher wahrscheinlich in den Eckturm hineinging und zur Zeit als Plättkammer benutzt wurde. Eine Etage höher empfingen uns schon die Leute Pöchmann, Schwehla und Mai, und nun sah ich, daß ich mit meiner neuen Stellung auch gleich ein neues Verhalten erworben hatte, an sich eine interessante Erfahrung. Indem ich nämlich annahm, daß mir hier Reparaturen untergeschoben werden sollten, die sich als nicht unbedingt nötig erweisen sollten. Oder besser, indem die Leute Pöchmann, Schwehla und Mai bei mir eine solche Annahme voraussetzten und sich dementsprechend verhielten. Oder noch besser, indem ich ihrem Verhalten mir gegenüber entnahm, daß sie mir ein solches Verhalten unterlegten – –, verhielt ich mich zu meinem Erstaunen tatsächlich so.

Das eben erschien mir eine interessante Erfahrung.

War natürlich trotzdem nicht gewillt, überflüssige Reparaturen zu akzeptieren. Zum Beispiel die Brandflecken im Parkett bei Lütteke, ich sagte: Hier stand doch mal ein Ofen, ja aber Lüttekes hatten sich eine Gasheizung einbauen lassen, auf eigene Rechnung, das ist möglich, sagte ich, aber wo ist denn der Ofen, hier muß doch ein Ofen in der Ecke gestanden haben. Einer jener prächtigen, zweistöckigen mit Keramikfiguren und Aufsatz. Den hatten sie wohl entfernen lassen. Und die Lichtleitung bei Zapf lag nicht unter Putz und bei Lütteke auch nicht, Zapf wollte sich eine Gasheizung einbauen lassen, dazu hätte aber die Etagenleitung ausgewechselt werden müssen, da sie einen entsprechenden Durchmesser nicht erbrachte. Und was haben Sie jetzt? Ölheizung. Ich fragte: Etagenheizung? Nein, Ölheizung. Also gut. Auf dem Dachboden war noch Platz für eine Dreizimmerwohnung mit Atelier, wenn man wollte, riesig, eine Vierzimmerwohnung, wenn man wollte, hier konnte man endlich auch den Turm wahrnehmen, der noch einen eigenen spitzen Dachboden bildete, insgesamt wirklich riesig, und ich mußte zugeben, daß mir dieser Dachboden, der heiß und trocken roch, von allem am besten gefiel. Drei der betroffenen Wohnungsinhaber waren mir bis hier herauf gefolgt und zeigten mir die Stellen, wo es durchregnete; sie hatten in Selbsthilfe einige Eimer und Wannen aufgestellt, von denen zwei Wasser enthielten. Das war klar. Daß das Dach ausgebessert werden mußte, auch die nachgiebige Stelle auf dem obersten Treppenabsatz, wo eindeutig der Zwischenbalken durchgefault war, sehen Sie, sagte der Mann, der kräftig den Fußboden durchtrat, sehen Sie, wie er nachgibt. Ich sehe es, und wenn Sie noch weiter mit Gewalt drauftreten, wird er gleich ganz durchbrechen.

Der Putz ist mürbe, sagte er, und brach eine breite Lage von der Wand, der muß erneuert werden, und das Waschbecken, er zeigte mir sein Waschbecken, das eine schöne Muschelform hatte, leider total braun verfärbt war, das Waschbecken ist nicht zumutbar, da gehört ein neues her, sagte er, während seine Frau hinten im Flur stand. Vielleicht war es auch gar nicht seine Meinung. Jedenfalls gab es insgesamt acht solcher Waschbecken im Haus, die nicht zumutbar waren. Einer hatte sich ein neues Badezimmer einbauen lassen, auf seine Kosten, betonte er, und die Wohnungsklingel war eine Melodieläute, die Türen hatte er blaßrosa gestrichen mit gelben Füllungen, Geschmackssache. Toiletten, die erneuerungsbedürftig waren, gab es insgesamt zwölf im Haus. Inzwischen hatten sich fast sämtliche Hausbewohner im Treppenhaus versammelt und blickten jetzt aus verschiedenen Etagen herauf, während wir nach mehr oder weniger abgeschlossener Besichtigung herabstiegen, ich im Gefühl einer ganz unangebrachten Ausnahmestellung, wäre ich jetzt mit einem Halbpelz bekleidet gewesen (Zeichen des Hausbesitzers), hätte ich den Leuten meinen Reichtum noch besser demonstrieren können. Ohne gleich alle Waschbecken erneuern zu müssen.

Ich fragte: Wieviel Parteien sind es denn, zwölf?

Ja, aber es gäbe noch ein unbenutztes Souterrain, erklärte mein Makler, und im Dachgeschoß könnten noch zwei moderne Wohnungen untergebracht werden, womit man auf eine Monatsmiete von mindestens zwotausendsiebenhundert käme, das seien im Jahr über zweiunddreißigtausend, eine glänzende Rendite.

Man müßte allerdings noch etwas hineinstecken?

Ja, erwiderte der Makler, man müßte hier und da eventuell noch etwas hineinstecken. Und wieviel, fragte ich, bringt das Haus jetzt? Es bringe jetzt monatlich achtzehnhundert, das sei aber auch nicht schlecht, im unrenovierten Zustand immerhin eine Rendite von fast vier Prozent.

Vier Prozent? Ich fragte, was soll denn das Haus überhaupt kosten?

Vierhundertachtzigtausend, sagte mein Makler.

Im Hinausgehen nahm ich noch den Ölgeruch wahr, der aus den Einzeltanks im Keller drang, die für die Einzelölfeuerung (für drei Wohnungen) bestimmt waren.

Lieber Herr, sagte ich am Telefon, bevor Sie mir wieder einen Ihrer Mietsblocks anbieten, sollten Sie sich doch einmal meine Finanzlage ins Gedächtnis rufen — — also präzise gesagt, ich hatte meine fünfzigtausend von der Morrison-Knudsen-Inc., ich rede nicht gern darüber, doch ist hier, glaube ich, Klarheit notwendig, den Rest gedachte ich durch Hypotheken zu decken. Der Herr Hirschzahn oder (Entschuldigung) Hirschberg, wie mein Makler hieß, hatte mich schon am nächsten Tag ganz aufgeregt angerufen und darauf bestanden, daß wir das Haus noch am selben Nachmittag besichtigen. Habe ich erwähnt, daß er einen leicht sächsischen Tonfall hatte, eigentlich nur am Telefon, der mich aber mit seinen leicht gesträubten Au's und O's belustigte. Er habe da ein Haus an der Hand, ein was haben Sie, ein Haus — und ich horchte genau darauf hin, ja, aber auch immer mit etwas Mißtrauen erfüllt. Also Sie haben da ein Haus an der Hand, darf ich aber, sagte ich am Telefon, diesmal vorher wissen, was es *kostet*, verstehen Sie mich. Immerhin verstand er das, also es sei noch nicht ganz sicher, aber so um die zweihundertfünfzig herum, als Verhandlungsbasis, und man werde sehen, was sich machen ließe. Lieber Herr, sagte ich, zweihundertfünfzigtausend ist auch kein Pappenstiel. Nein, aber Sie werden sehen, Sie werden sehen, rief er am Telefon.

Er hatte recht.

Die Gegend war ausgezeichnet. Eine stille grüne Villenstraße, kaum Verkehr — in den Kastanienbäumen sangen

Amseln –, trotzdem gute Verbindung zum Altstadtring und zehn Minuten zum Zentrum. Das Grundstück war angenehm eingewachsen, schöne Büsche, ein paar alte Bäume. Im Vordergrund, knapp durch die Büsche sichtbar, lag ein gemauerter runder Teich, der Weg, der sich um den Teich teilte, schloß sich hinter ihm und führte auf das Haus zu, das etwas erhöht lag, erbaut um die Jahrhundertwende, nahm ich an, in bräunlichem Stuck und dunklem Ziegelwerk. Ohne weiteres ließ es sich aber auch in marineblau und creme vorstellen. Nun mag es ein besonders schönes Vormittagslicht gewesen sein, das zwischen den Baumwipfeln hindurch auf das Vordach fiel – ich setzte voraus, daß unsere Ankunft bemerkt und vom Hausinneren her beobachtet wurde, und ließ mir deshalb nichts anmerken. Aber als das bernsteinfarbene Licht durch das gläserne Vordach auf die Stilmalerei der Vorhalle fiel, und als es sich gar nicht um Malerei, sondern um eine Mosaikarbeit um Neunzehnhundert handelte, wie ich glaubte, mit Sicherheit behaupten zu können. Und als es sich um eine *Säulenvorhalle* handelte.

Da ist es mir doch schwer angekommen.

Ich stieg mit meinem Makler die Stufen hoch.

Ruhig.

Im Eingang empfing uns die Hausherrin, eine jener zauberhaften weißhaarigen Damen, die, weiß Gott wie, sich manchmal noch erhalten haben und in früheren Wertmaßstäben leben. Und die, dachte ich mit einem Seitenblick auf meinen Makler, die heutigen Preise nicht kennen, um Gottes Willen. Gleich hinter dem Eingang öffnete sich die Treppenhalle, oval mit zwei Treppenarmen symmetrisch zu einer Balustrade emporführend und an den Endpunkten von Figuren gekrönt. Einige Sitzmöbel standen herum, und oben fiel das Licht durch ein Glasdach, ein nicht etwa planes, sondern zu einer Kuppel gewölbtes Glasdach mit schirmspeichenartigen Rippen, die gewölbte durchscheinende Dreiecke einschlossen und an den Rändern mit Rubinglas eingefaßt waren. Wie man es früher hatte. Auf keinen Fall, sagte ich mir, darf ich mich irgendwie verraten, ich warf ein paar sachliche Bemerkungen über den Wert und Unwert von Glasdächern hin, eine Bemerkung über die Gefahr des Durchregnens. Aber nicht zu sachlich, eher, wie darf ich mich ausdrücken, interessiert. Aber nicht zu interessiert.

Es regnet nicht durch, sagte die alte Dame freundlich.

Es würde die Anbringung eines Gerüstes von außen erfordern, erklärte ich, welches selbst kleinere Instandsetzungen beträchtlich verteuern müßte; um das klarzustellen.

Vom unteren Teil des Treppenhauses führten vier Türen in vier kleinere und größere Räume, deren größter in ganzer Länge durch Arkaden an einen Wintergarten grenzte. Ich sage nicht Veranda, ich sage Wintergarten, denn um einen solchen handelte es sich, vernachlässigt zwar und mit kaum ein paar namenswerten Topfpflanzen beschickt, aber eindeutig als Gartenlandschaft, die er einmal gewesen, erkennbar. Stufenartig aufgegliedert und mit einem Springbrunnen versehen, letzterer zwar nicht mehr in Tätigkeit, aber, so wahr mir Gott helfe, der von mir in Tätigkeit gesetzt werden würde, komplett mit Fächerpalmen und Bambus! Das wollte ich schwören, und das ohne meine immerhin beträchtliche Erregung zu erkennen zu geben.

Und Sie, fauchte ich meinen Makler hinter der vorgehaltenen Hand an, lassen sich auch nichts anmerken!

Woraufhin er mich erstaunt ansah, und mit dem Fuß an einer Schwelle hängenblieb, die daraufhin einbrach. Die alte Dame schwebte indessen zierlich plaudernd – und O Gott segne die alte Dame – zurück ins Treppenhaus, von dort in den ersten Stock hinauf, wo sie uns zwei, drei Zimmer zeigte, die, von großen Fenstern beherrscht, mehrere goldgrüne Baumkronen optisch einbezogen, ich wagte schon kein Wort mehr, die Bäder (zwei) waren weiß gekachelt mit veilchenblauen Jugendstilstreifen, was Sie aber nicht haben, rief ich aus, Sie haben hier oben keinen Erker, wie man ihn häufig im ersten Stock in den alten Villen findet, sie sind meist ganz verglast und sehen mit dem eisernen Rahmenwerk wie Vogelkäfige aus, kein Mensch baut heute noch so etwas.

Oh ja, erwiderte die alte Dame, indem sie eine seitliche Tür öffnete, wo in einem bis dahin noch nicht besichtigten Zimmer über eine kleine Empore hinweg ein reichverglaster und in Eisen ornamentierter Erkerbau zu erreichen war. O Gott, rief ich trotz äußerster Beherrschung aus, einem Papageienhaus nicht unähnlich, nur daß die halbkreisförmige Decke des Erkers hier ein gestirntes nachtblaues Mosaik aufwies.

Wie es total unüblich, rief ich aus, heutzutage keinem einzigen Menschen mehr gefallen würde. Wie heißt die Straße? Bismarckallee. Ich gebe zu, daß ich meine Begeisterung und inneren Ausrufe etwas übertrieben oder dem Hause entsprechend stilisiert habe. Bei näherem Zusehen mag denn auch hier und da der Putz abgebröckelt, Türen und Fenster klapprig oder überhaupt das ganze reichlich verwohnt gewesen sein – fragliche Aufwendungen für Renovierungsarbeiten schätzte ich auf fünfzig- bis sechzigtausend. Auch war das Dach möglicherweise, ich weiß es nicht, aber es war wohl an einigen Stellen schadhaft, aber dann, als ich auf dem Dachboden stand und die Vielfalt der Giebel und Firstachsen wie eine ganze eigene Stadt aufgebaut war, da dachte ich: Weiß Gott! dachte ich inbrünstig, dafür wollte ich mein halbes Leben opfern, und wenn ich selbst aufs Dach müßte!

Die kleine alte Dame indessen zwitscherte im Halbdunkel des Bodenraumes umher, entdeckte, da sie anscheinend schon lange nicht mehr hier oben gewesen war, hier einen Lampenschirm, dort einen Bilderrahmen und war anscheinend selbst ganz entzückt über ihre Entdeckungen. Wie haben Sie nur, fragte ich den Makler, den ich bei dieser Gelegenheit beiseite nahm, flüsternd, dieses Objekt aufgetan? Wie war es bloß möglich? Ganz einfach, erwiderte er, ich habe gefragt. Sie haben gefragt? Ja, erwiderte er, er habe ganz einfach in der Umgebung gefragt. Nicht zu glauben.

Und sie will zweihundertfünfzig, fragte ich.

Sie will zweihundertfünfzig, ja, erwiderte der Makler, und nein.

Wieso nein.

Das ist ein Preis, den ich ihr vorgeschlagen habe, und sie ist einverstanden.

Also ja.

Wahrscheinlich, sagte er.

Hören Sie mal, jetzt nahm ich mir den Mann an den Rockaufschlägen, wenn Sie hier wieder eine faule Kiste bauen. Mann. Ich packte ihn mir hinter einer Stiege, so daß die alte Dame, die gerade einen Puppenstuhl gefunden hatte, uns nicht sehen konnte. Wenn Sie das tun! flüsterte ich, Mann, mich hier soweit zu bringen.

Anselma! rief in diesem Augenblick eine Männerstimme von unten herauf.

Ich komme, Lieber, ich komme, zwitscherte sie, und mit einer für ihr Alter erstaunlichen Behendigkeit, ich schätzte sie auf immerhin achtzig, kletterte die alte Dame wieder hinab – wir hinterher –, wo unten ein Herr eingetroffen war.

Ich komme.

Ja, das war nun wohl der Herr Senator persönlich, schneeweißes Haar, nicht groß, aber von achtunggebieten-der Statur und in ein Tuch gekleidet, grauschwarz, wie man es heutzutage beim besten Willen nicht mehr bekommt. An-selma, Liebes, was machst du denn. Ich komme, rief sie. Und dann, als er unser ansichtig wurde, erstarrend, aber in einer achtunggebietenden Geste, so daß wir nun ebenfalls auf der halben Etage erstarrten, und wahrscheinlich beide mit dem gleichen Gefühl – jedenfalls was mich betraf. Anselma, rief er, was wollen diese beiden Herren auf unserem Dachboden!

Nichts, nichts, rief die alte Dame auf ihre zierliche Art, ich habe den beiden netten Herren das Haus gezeigt, sie haben sich so sehr dafür interessiert, sie waren so außerordentlich nett.

Deshalb hast du Ihnen das Haus gezeigt, sagte er nicht unfreundlich und dann an unsere Adresse: Sie haben das Haus gesehen?

Ja.

Dann ist also Ihr Interesse befriedigt? Auch nicht unfreundlich.

Wir haben... sagte mein Makler.

Und ich: Ich habe ...

Dann wünsche ich einen guten Tag.

So habe ich schließlich ein realistisches Haus gekauft, ich gebe zu, es ist nicht schön und es hat einen merkwürdigen Grundriß, es ist vorne zu schmal und hinten zu lang, aber die Möglichkeiten! Es sind doch immer die Möglichkeiten, die ein Haus ausmachen.

Eines Tages, ich hatte ihn schon fast vergessen, rief er wieder an. Mann, sagte ich, mit Ihnen bin ich doch überhaupt fertig und will überhaupt von keinem Objekt mehr hören. Nein, auch von keinem in Nymphenburg, kein Interesse, in welcher Straße soll es denn sein? In der Orffstraße. Na Mann, erklärte ich ihm, das wird eine schöne Gegend sein, wenn da ein Haus steht, das Sie mir verkaufen wollen, das sehen Sie doch ein. Ich fragte, ob er das einsehe. Selbstverständlich, wenn ich es so möchte. Na und, fragte ich, was soll es denn kosten. Hundertzwanzig.

Hundertzwanzig, wie?

Ja, und es sei ein realistisches Angebot.

Realistisch wie?

Ja.

Und, fragte ich, wie groß ist denn der Grund.

Zweihundert.

Zweihundert?

Ja, und von beträchtlicher Tiefe.

Von beträchtlicher Tiefe, eh? rief ich, das heißt ein schmales Handtuch, nee Mann, rief ich, kein Interesse. Da brauche ich mir Ihr realistisches Haus in der Orffstraße gar nicht erst anzuschauen. Ist es denn …

Ja, rief der Makler, es ist zur Zeit unbewohnt.

Das will ich gar nicht wissen. Ist es denn zweistöckig, oder wie?

Zweistöckig, rief er, es ist zweistockig, eigentlich sogar dreistöckig, ein Souterrain, Hochparterre und erster Stock.

Na Mann, sagte ich, gehen Sie mir bloß mit Ihrem Souterrain, das ist doch ein Keller!

Nein, rief er, trocken und hell, ein Paradies.

Und das Wasser steht fußhoch, nein, Mann, außerdem habe ich kein Interesse und auch gar keine Zeit, erklärte ich ihm, wenigstens nicht heute, was ist denn heute? Mittwoch. Also heute habe ich überhaupt keine Zeit und Donnerstag auch nicht, da fahre ich nach Landshut. Freitag?

Was war denn Freitag, um Gottes Willen? Da besichtigte ich doch tatsächlich sein Objekt in der Orffstraße. Eine bürgerliche Gegend war das. Aneinandergebaute Häuser mit Vorgärten und Gittertoren und das kleinste Haus, das allerkleinste von allen war die Nr. 26. Ich stand davor und dachte: Ein kleines Haus. Ich schritt die Hausbreite ab, es waren sechs Schritt, unten hatte es nur die Tür und ein Fenster, oben zwei Fenster, das war alles. Ganz unten ragte noch ein vergittertes Fenster aus dem Boden, fraglos das Souterrain.

Wie?

Ich sagte: Das ist fraglos Ihr berühmtes Souterrain, wie?

Die Überraschung kam aber erst im Inneren, genauer gesagt, ich hatte so etwas noch nie gesehen: Das Haus hatte eine Tiefe von fast fünfundzwanzig Metern, ich wollte es gar nicht glauben, in ganzer Tiefe von den Nachbarhäusern rechts und links eingeklemmt, erstreckte es sich... ich kann es nicht glauben, sagte ich, nachdem ich sechs hintereinanderliegende Räume und zwei schachtartige Lichthöfe abgeschritten hatte.

Sechsundzwanzig Meter, bestätigte der Makler.

Ohne Fenster.

Dafür haben Sie ja die Lichthöfe.

Dafür habe ich die Lichthöfe, gab ich zu, sie hatten in der Höhe verglaste Satteldächer, die total verrußt waren, aber das, fuhr ich fort, halten Sie für realistisch.

Unter den gegebenen Umständen...

Wer dieses Haus kauft, erklärte ich, muß wahnsinnig sein.

Der Makler schritt nun seinerseits die ganze Tiefe durch sechs Räume und zwei Lichthöfe ab und kam auf siebenundzwanzig Meter bei einer inneren Breite von fünf Metern, an einigen Stellen sechs Metern. Er gab zu, daß es sich um einen ungewöhnlichen Grundriß handelte, wahrscheinlich, mutmaßte er, habe ursprünglich zwischen den Brandmauern der Häuser rechts und links ein Spalt bestanden, eben von sechs Metern Breite und der entsprechenden Tiefe...

Von fast achtundzwanzig Metern, sagte ich.

... und eben hier hinein habe man das Haus gebaut, anders sei der Grundriß nicht zu erklären.

Und den halten Sie für realistisch? Also gut, hat denn das Haus überhaupt Wasseranschlüsse? fragte ich der Vollständigkeit halber. Es seien drei Klos und ein Badezimmer vorhanden, ja und zwei Küchen. Also zwei Küchen, drei Klos und ein Bad, sechs Wasseranschlüsse, zählte ich zusammen, und keine Waschküche. Und *eine* Waschküche. Nun gut, erklärte ich, die sehen wir uns jetzt der Vollständigkeit halber alle an. Sie waren sämtlich vorhanden, und das Badezimmer war ein Schock, stockdunkel, in imitiertem Marmor und mit einer bräunlich verfärbten Badewanne auf Löwenfüßen. Das heißt, den Schock meines Lebens erlitt ich, als wir den rückwärtigen Ausgang erreichten, am Ende der Besichtigung, wo das Haus überhaupt nur noch eine Breite von zwei Metern (zwei) hatte. Also, ich werde nicht mehr! rief ich, als ich auf die Paul-Heise-Straße tretend die taschentuchbreite Rückfront meines Hauses sah, komplett mit Eisentür und extrakleinem Fenster im zweiten Stock. Von der Straße her absolut nicht mehr als Haus, allenfalls als Durchgang erkennbar. Und das war es ja auch, wollen wir uns doch nichts vormachen, das ganze Haus nichts als ein Durchgang zwischen zwei Häusern von einer Straße zur anderen. Und finde ich hier, rief ich aus, den Scheinausgang, den der Herr im grauen Mantel benutzte, als er sich von der Theodor-Heine- in die Klaus-Reisig-Straße rettete. Paul-Heise-Straße korrigierte mein Makler bestürzt, da er ja nicht wissen konnte, wie sehr mich diese Möglichkeiten oder Unmöglichkeiten entzückten, die hier vor mir lagen.

Wieso? – Ich dachte da an gewisse Geschichten über Nervenärzte, *Wiener* Nervenärzte, und glaube, daß ich mich nicht noch näher auslassen muß.

Nein, stimmte der Makler freudig zu.

Und Sie meinen immer noch, daß es sich um ein realistisches Angebot handelt.

Aber ja.

Ohne Fenster, fünfmal so lang wie breit! Mit sechs Wasseranschlüssen! rief ich. Mit sieben, mit der Waschküche. Mann, rief ich aus, wer imstande ist, dieses Haus zu kaufen, kann nicht normal sein.

So entdeckte ich auch noch dieses Geheimnis, hinter der Tür, die ich immer für einen Schrank gehalten hatte.

Spätnachmittags gegen fünf. Die Sonne hatte tagsüber auf dem Glasdach gebrütet und den obersten Treppenabsatz stark erwärmt. Ich horchte hinab. Der Onkel hatte vor einer halben Stunde das Haus verlassen, aber Frau Stumpe war da unten tätig, ich hörte sie gegen die Wandleisten bummern, später klapperte sie in der Küche mit Geschirr. Das Türschloß stellte kein großes Hindernis für mich dar, ich benutzte einen der flachen Zimmerschlüssel mit geradem Bart, von denen schon der vierte schloß. Dahinter führte in Türbreite eine steile Treppe nach oben zu einem dämmrigen Viereck. Dachbodengeruch.

Bevor ich hinaufstieg, schloß ich die Tür sorgfältig hinter mir ab und verharrte eine Sekunde: Befand ich mich doch an der Schwelle zum Illegalen, ich meine, Onkels Verbrechertum betraf schließlich auch mich in gewissem Sinne, würde ich doch ebenfalls zur Verantwortung gezogen werden, fände man das Nest.

In solchen Gedanken stieg ich die Treppe aufwärts, wo sich der Bodenraum dämmrig zu den Dachsparren ausweitete, sehr hoch, mit den gemauerten Säulen der Kaminzüge. Eine Dachbodenwelt, so groß hatte ich mir sie nicht vorgestellt. Vor allem herrschte hier nicht das übliche Durcheinander von Stellwänden und aufgestapeltem Gerümpel, der hölzerne Boden war bis in die fernen Ecken leergefegt und bemalt. Das allerdings war eine Überraschung: Die Bodenbretter waren mit Kurven und Flächen bemalt, weiß und graublau, braun und dunkelrot, ich mußte zweimal hinschauen, bis ich erkannte, was das war. Vom nördlich kühlen Weiß bis zum tropisch glühenden Rot, eine Weltkarte, es war eine riesige Weltkarte, die da aufgemalt war. In Klimafarben über den ganzen Bodenraum! Allein Afrika war drei mal vier Meter groß und von Portugal bis Kamtschatka waren es mindestens acht Meter zu gehen.

Beleuchtet wurde das Ganze von zwei hoch angebrachten Dachfenstern: Die Küstenlinien, Buchten, Inseln und Halbinseln scharf abgesetzt, die Meere gemasert. Sehr schön. Ein wirklicher und wahrer Weltbesitz war das und auf die unschuldigste Weise erworben, möchte man sagen. Ich weiß nicht, was ich hier oben erwartet hatte, Reihen von Druckwalzen, kleine arbeitende Männchen mit Augenschirmen und grünen Schürzen? Und nun stand ich plötzlich in der Höhe von Grönland.

Donnerwetter.

Sollte ich so sehr fehlgegangen sein. Verstreut über die ganze Anlage, standen Schüsseln unterschiedlicher Größe, besonders viele in Europa und im südlichen Teil Asiens, auch im mittleren Amerika. Einige sehr groß mit einer Menge Sand darin oder andere sehr kleine Schüsselchen mit nur ein paar Körnchen, als ob sie etwas Besonderes wären.

Handelte es sich etwa um eine wertvolle Sammlung, die der Onkel angelegt hatte? Über der Ukraine zum Beispiel stand ein ziemlich großer Pott mit knallschwarzer Erde und in der Nähe von Odessa ein ebensolcher, etwas weniger schwarz. Ich wußte ja, daß der Onkel weit gereist war, aber doch nicht in diesem Ausmaß. Anscheinend hatte er sich von überall »Muster« mitgebracht, und ich konnte mir plötzlich gut vorstellen, wie man ihm irgendwann den Koffer aufschlitzte, weil jemand sonstwas vermutete (Cocain?). Ach, Onkel!

Überhaupt Seesand. Das schien seine besondere Leidenschaft zu sein. Überall an den Küsten sah ich Schälchen mehr oder minder weißen Inhalts: Feine grauweiße Ostsee, körniggelbes Madras, schwarzweißer Strandsand aus Costa Rica und der ganz schneeweiße pulverige vom oberen

Florida. Und alle sorgfältig ausgeschildert. Ich sah Kartof-felerde aus Güstrow, Mecklenburg mit dem Datum 3. 4. 52, mäßig ergiebige Erdscholle von der Magdeburger Börde und elegante graue (gris) aus Amiens, Frankreich. Unter welchen Strapazen mochte er das alles gesammelt haben. Schwemmerde vom unteren Nil. Nephritfarbene Erden aus Japan und gelber Löß aus der Mandschurei. War der Onkel in der Mandschurei (Mandschurien) gewesen?

Oder gab es da möglicherweise ein Versandhaus, einen Interessenten-Club, eine Art Briefmarkenbörse für Sände und Erden. Wer weiß. Oder sollte der Onkel gar schum-meln? Und wen beschummelte er, sich selbst?

Ich befand mich hier auf dem durchwärmten Dachboden und war in der Lage, gleichzeitig mit einem Fuß im Mergel des bayerischen Voralpenlandes und mit dem anderen auf der Kreide von Dover zu stehen, beides um fünf Uhr. Beson-ders angetan hatte es mir eine kleine, aber feine Sammlung von Farberden aus Oberitalien. Da gab es reinen Ocker, nach Beschilderung natur aus dem Cecina Flußtal, Terra di Pozzuoli, ungebrannte Siena, umbrische grüne Erde und reines caput mortem aus der Gegend von Urbino. Kein Wunder, daß die Leute dort zu malen verstanden, bot sich ja fast von selber an.

Böhmische Granaterde! Zinnoberfarbener Quecksilber-sand aus Afghanistan! Ich gebe aber zu, am exotischsten fand ich einen Bottich voll Kies aus Berlin, in den ich mich setzen konnte, und nun war ich in Berlin. Welch ein Gefühl. Ich sehe, ich muß Schluß machen. Dabei hatte ich die rei-chen Humuserden der großen tropischen Regengebiete noch gar nicht gewürdigt, auch nicht die schöne rostige Krume aus Swaziland. Es war spät genug, der Onkel mußte gleich nach Hause kommen.

Später, als ich ihm im Treppenhaus begegnete, sah er ei-gentlich nicht wie ein Weltbesitzer aus, er war immer etwas zu dünn in seinem Anzug. Jetzt hielt er kurz an, um einen

Zehner aus der Brieftasche zu nehmen, hob ihn in die Höhe:
»Was ist das?«

»Ein Zehner.«

— — —

»Zwei Zehner«, sagte ich schnell, »einer vorne, einer hinten.«

— — —

»Also eigentlich zwanzig Mark«, sagte ich mit hellen Augen.

Der Onkel ging befriedigt davon.

Die sieben Sachen des Sikh

Nach Indien fuhr ich mit der Bahn, die ganze Strecke über Lahore, Delhi, Bombay, Madras bis Madurai. Acht Tage etwa. Meistens in der ersten Klasse, in dieser geschnitzten Klasse aus der Kolonialzeit, die ohne Gang die ganze Breite des Wagens einnimmt. Der Reisende kann seinen Sessel beliebig stellen, und er hat die Illusion, in einem durchbrochenen, luftigen Holzgehäuse zu sitzen (in dem berühmten Sternchenmuster), außen hat der Wagen natürlich eine Blechverkleidung, und die Kühlung kommt von oben, wo auf jeder Station ein neuer Eisblock über die Lüftung gelegt wird. Das gilt aber nur für die oberste Klasse, die weit über unserer Ersten liegt – in Indien gibt es fünf Zugklassen, mit Preisen bis zum Zwanzigfachen. Nachts, wenn der Zug auf der Station hält, hört man die kleinen Füße auf dem Dach: Das ist der Junge, der das Eis auflegt, und draußen vor den grünverglasten Scheiben brennen kühle grüne Stationslampen, unter denen die Leute auf dem Bahnsteig schwitzen. Das ist Indien mit der Bahn: Reisende, die sich alle zwei Stunden in ein neues Tuch wickeln, vornehme Reisende mit acht bis zehn Tüchern, die federleicht sind, weiß und trocken und sehr fürstlich. Unsereiner ist dagegen völlig unzureichend ausgestattet, aber ich erinnere mich an ein Bahnhofshotel südlich von Madras, wo ich solche Tücher zusammen mit Handtuch und Seife bekam. Welch ein Abend! Nachdem ich geduscht hatte, wickelte ich mich in eines der Tücher und setzte mich ins Restaurant und aß Spiegeleier südindisch, unter einem sich langsam drehenden Propeller.

Meine Reise nach Südindien.

Ich sollte im Juli ein Zehn-Betten-Hospital in der Nähe von Madurai übernehmen. In tausend Meter Höhe, soweit ich informiert war, also knapp oberhalb der heißen Zone, obwohl noch in zweitausend Metern Höhe Bananen wachsen. Klimatisch demnach anstrengend, aber ich dachte: Was tausend Meter, was heiße Zone! In Madurai stülpt sich die Wirklichkeit nach innen, *das* ist der Grund, weshalb die Leute nach Südindien reisen. Und das beginnt schon auf der langen Bahnfahrt über Delhi, Bombay und Madras, es beginnt mit dem Mann, der mich nicht schlafen ließ. Ich reiste hier eine Strecke in der einfachen ersten Klasse (also der zweiten), teilte das Abteil mit drei anderen Leuten, von denen zwei am Abend ausstiegen, so daß ich die Nacht allein mit dem dritten war, und dieser hatte eine schwere Nacht vor sich.

Der Mann war in den Dreißigern, gut gekleidet, indisch, Hemdrock und Faltenhosen, auf dem Kopf trug er einen indigoblauen raffiniert gebundenen Turban, der vorn und hinten kahnartig auslief und geöffnet etwa fünf Meter lang war. Ich weiß es, da er ihn etwa um zehn Uhr abends abwickelte, und zwar in gemächlichem Tempo, so daß ich seine ganze Länge verfolgen konnte – etwa bis kurz vor halbelf, weil er ihn zwischendurch noch einmal hochband, anscheinend hatte er etwas falsch gemacht. Wer aber beschreibt mein Erstaunen, als ich um halbelf unter dem ersten indigofarbenen einen zweiten ganz kleinen weißen Turban entdeckte, der wiederum fest auf die Scheitelhöhe gebunden war. Nun muß ich wohl mein Erstaunen etwas zu deutlich gezeigt haben, denn der Mann – ich will ihn einmal Sikh nennen, denn er war einer – sah mich plötzlich groß an und drehte sich halb auf seinem Sitz beiseite, wohl um anzudeuten, daß er sich in seinen Intimbereich zurückzuziehen wünsche. Ja, man muß mir so etwas nicht andeuten, ich bin ein taktvoller Mensch.

Bemerkte jedoch im Augenwinkel, daß er nun den kleinen weißen Turban aufwickelte. Welch ein Unterfangen, das Band war nur drei Finger breit, aber gut zwei Meter lang. Herrgott. Darunter erschien ein kleiner fester Haarknoten, den ich nicht anzuschauen wagte, ich beschloß mich hinzulegen. In diesen Abteilen hat jeder seine Sitzbank, die er nachts zum Schlafen benutzt und wo er – der vornehme Inder – seine Tücher ausbreitet, mit denen ich nicht ausgestattet war. Der Sikh also hatte drei weiße Tücher und ein großes pflaumenblaues, das er jetzt ausbreitete, danach löste er eine kleine Kette mit einem sichelartigen Gegenstand von seinem Knoten, legte eine Halskette mit einem Amulett ab, danach eine Fußkette mit daran angebrachtem Döschen und zum Schluß den Dolch, den er vorne in der Hose trug. Sieben Dinge, glaube ich, hat der Sikh, was habe ich vergessen? Den Bart. Jeder Sikh trägt einen Bart, und die Farbe des Turbans richtet sich nach dem Wochentag, heute indigoblau. Damit bin ich wieder am Anfang, denn ich vergaß zu erwähnen, daß jedes der Stücke von einem Gebet begleitet wurde, der Mann wendete sich jedesmal, wenn er sich einer Kette oder eines Amuletts entledigt hatte, zur Wand, wo er still verharrte. An sich erkennt man die Gebete des vornehmen Inders an den Strichen, die er sich in weiß und rot, je nach Tageszeit, an der Stirn anbringen darf (wenn er sie verrichtet hat), ein gewisser Ordnungszwang, mein Sikh trug diese Striche nicht, schien dafür aber, wenn er zu Bett ging, einer anderen Ordnung zu unterliegen – und sollte man es glauben, es war ansteckend, ich fühlte mich selbst etwas beeinträchtigt. Mich so bar und bloß hingelegt zu haben. Was sollte ich tun, meine Schuhe geradestellen?

Inzwischen war es fast halbzwölf geworden. Draußen vor den Fenstern zogen schwarze Bergkuppen vorbei, unter dem helleren Schwarz des Himmels. Eine stockdunkle runde Kuppe, die durch die Fensterschlitze heulte, am Tage hört man es nicht so sehr. Halbzwölf. Mein Sikh lag endlich im Bett, gottseidank, ich wartete noch eine Weile, um mich zu vergewissern, daß er endgültig lag, und ja, er lag ruhig, atmete ruhig. Ich streckte die Hand aus und löschte das Licht.

Draußen zog ein stiller Tempel vorbei.

Er hatte das Licht wieder angeknipst. Ich dachte, was hat er denn, muß er noch aufs Klo, aber nein, er stand auf, um sich in seine Ecke zu kehren und zu beten, benützte zu diesem Zwecke die sieben Dinge, die er vom Platz nahm und nach Verrichtung sorgfältig wieder in die richtige Reihenfolge legte. Nun gut, dachte ich, es muß sein, der Mann braucht seine Ordnung, anders kann er wohl den Tag nicht beenden. Es wurde langsam halbeins, aber schließlich konnte ich es dem Menschen nicht verübeln, wenn er auf Reisen seine Gebete verrichtete. Und als er fertig war, legte er sich hin und war ruhig.

Ich löschte das Licht.

Tumult. Er war hochgefahren und hatte das Licht angeknipst, nun saß er aufrecht in seinen Tüchern und starrte mich an. Wobei sich, wie ich es empfand, ein gewisser leidenschaftlicher Schrecken in seinem Gesicht widerspiegelte, Schrecken, aber auch Zorn. Ich bemerkte, daß er ganz schwarze Augen hatte – das Weiße bläulich –, die er jetzt zornig, oder mit einer gewissen Drohung (?) auf mich richtete, und ich war wohl auch etwas verschreckt. Im Abteil war leider niemand, dem ich hätte die Schuld zuschieben können, man hat soviel von diesen kriegerischen Sikhs gehört. Ich hoffe, daß Sie meine Sprache verstehen, sagte ich, tut mir leid, ich entschuldige mich, wenn ich etwas falsch gemacht haben sollte. Und nachdem es nun langsam ein Uhr war, nachdem er seine Gebete verrichtet hatte und die sieben Sachen geordnet und noch einmal zu guter Letzt nachgebetet hatte und endlich zur Ruhe kam und sich hinlegte, gab ich keinen Mucks mehr von mir. Und ließ vor allem das Licht brennen, denn irgendwie schien das ein wichtiger Punkt zu sein, den ich nicht genügend gewürdigt hatte.

Die Nacht heulte.

Draußen flogen schwarze Tempelstädte vorbei, ein Urwald, eine Mauer, ein Bahnhofsgebäude. Eine schwarze, leere Strandbucht, denn wir flogen hier den Golf von Bengalen entlang. Mein Gefährte schlief derweil ruhig, sein Kopf mit der braunen Haut und dem Haarknoten lag seltsam fremd auf einem kleinen rosa Seidenkissen, das er sich mitgebracht hatte. Desgleichen hatte er einen kleinen Toilettenaufbau mit Spiegelchen, goldenen Säulchen und spitzem Dach mitgebracht und am Fenster aufgestellt. Hinter dem eine lange Ebene, dann ein schwarzer Fluß mit Hügeln vorbeiflog. Ich konnte nicht recht schlafen, dagegen mein dunkler Freund recht gut, lag jetzt auf dem Rücken, atmete gleichmäßig, total entspannt, sein Profil stand weich gegen die grüne Rückenlehne. Eine gute Nacht, eine weiche entspannte Nacht, schöne Träume. Ich dachte, jetzt hat er es ja geschafft, nach all der Anstrengung — — woraufhin ich wohl auch ein wenig eingeschlafen bin, aber nur kurz, denn das Licht störte mich erheblich, und da mir doch daran gelegen war, immerhin war es schon zwei Uhr, knipste ich es aus.

Die Nacht.

Stille. Dann fuhr er hoch. Anscheinend hatte er es im Schlaf nicht gleich gemerkt, aber dann doch, irgendwie im Traum muß wohl etwas durchgesickert sein, vielleicht weil er die rote Dämmerung vor seinen Augenlidern nicht mehr sah, und dann: Aaahhh, schrie er, ich kann es mir nur so vorstellen, daß er sich plötzlich aufwachend in ungewohnter Umgebung befand, ich kann natürlich nur Vermutungen anstellen, oder daß er – da er nichts sehen konnte – in eine ungewohnte Bewußtseinslage hinein aufgewacht war. In eine dunkle Wirrnis hinein, und nun vor Angst schrie.

Aber, schrie ich dagegen und schüttelte ihn, so beruhigen Sie sich doch, hier, Mann, rief ich, sehen Sie, jetzt ist es wieder hell, ich habe Licht gemacht, sehen Sie, hier ist der Schalter und nun brennt die Lampe. Aber er! Er blickte mir ins Gesicht und ich weiß nicht, was er da gesehen hat, denn nun schrie er erst richtig. Ganz fürchterlich und laut, daß man hätte werweißwas annehmen können, offenbar waren aber die Nebenabteile leer, sonst hätte man mich noch beschuldigt. Als weißen Teufel. Wie ich da den vornehmen Passagier an der Kehle habe und schüttele.

Mann Gottes, schrie ich, kommen Sie zu sich; der Mann war aber eher des Teufels, wie er aussah, bog sich und streckte sich unheimlich, fast hätte er einen Bogen beschrieben, wie es bei gewissen Anfallskrankheiten geschieht: Der Mann war weg, ausgeflippt, wie man sagt, völlig daneben.

Herr, rief ich, ich bin Arzt, ich will Ihnen helfen, fassen Sie sich doch. Hier, ich nahm seine Hand, fassen Sie mal Ihr Bett an, auf dem Sie sitzen, schon falsch, es war gar nicht *sein* Bett und auch gar kein Bett, und er blickte mich mit allen Anzeichen äußerster Angst an. Also gut, sagte ich, also eine Sitzbank, eine gepolsterte. Fassen Sie sie an, ist sie da? Nein? Es blieb mir schließlich nichts anderes übrig, als seine Hand mit Gewalt auf das Sitzpolster zu führen, das nicht sehr weich, eher hart, also doch durchaus vorhanden war. Kein Zweifel. Und nun, sagte ich, betrachten wir die Wand – ich schlug kurz dagegen –, sie ist aus Holz und nicht nachgiebig. Sehen Sie, sagte ich, ich weiß aus Erfahrung, daß sich viele Leute in dieser Beziehung fürchten, daß also die gewohnte Wand durchlässig wird, daß der Finger durchstößt, oder von draußen ungewohnte Dinge hereinkommen, nicht wahr. Nun besteht in einem fahrenden Abteil sowieso ein absurder Zustand: Das Abteil ist fest, und der Mann kann sich in ihm bewegen und stößt auf feste Wände, aber das Abteil bewegt sich trotzdem und ist insofern nicht fest, und das geht eigentlich nicht. Zumal die Eisenbahn nicht in Indien erfunden wurde. Deshalb, sage ich, wollen wir uns aber nicht verwirren lassen, und denken, sagte ich behutsam, daß wir hier zu Hause sind, klar? Ganz solide auf der Erde.

Ja?

Da blickte er mich noch furchtbarer an und begann scheußliche Grimassen zu schneiden.

Nun gut, nun gut, rief ich, ich gebe zu, daß ich falsch angefangen habe, beruhigen Sie sich doch. Indem ich ihn zu halten suchte, denn er drehte und wand sich auf das extremste, als ob er irgendeine, also auch nur irgendeine! Körperhaltung finden wollte. Ich wußte, dies war kein gutes Zeichen, und beeilte mich mit meinen Bemühungen: Fangen wir also noch einmal von vorne an, sagte ich auf die ruhigste Art, derer ich fähig war, wie ist Ihr Name? Keiner. Wie heißen Sie?

Ich selbst. Sagen Sie einfach: Ich selbst, denn Sie können doch sprechen, nehme ich an. Haben Sie Angst, ja? Ja. Große? Kopfnicken. Na also, rufe ich erfreut, weil er mit dem Kopf genickt hatte, jetzt sagen Sie: Ich selbst.

Ich selbst.

Fassen Sie sich an, das sind Sie, fassen Sie Ihr Ohr an. Das ist Ihr Ohr. Ihr Brustkorb. Schauen Sie auf Ihre Hände. He! rufe ich, sind das *Ihre* Hände, oder wem gehören die. Schaut er da auf seine Hände, als ob er sie noch nie zuvor gesehen hätte, bewegt die eine, dann die andere.

Sehen Sie, sage ich, die empfinden Sie als *Ihre,* oder doch fast. Sitzen da und empfinden sie als zugehörig. Die Hände, meine ich. Und da ist er wieder erschrocken, Mann, rufe ich, die Hände sind wirklich, kneifen Sie mal (und beiseite: wenigstens so wirklich, wie im Augenblick möglich), und die Ärmel, Mann, sage ich, die Kleidung, ich meine Ihr Zeug hier, das Sie anhaben, erkennen Sie das?

Das erkennt er.

Das weiße Tuch und das blaue Tuch, das faßt er an und erkennt es als zugehörig, oder doch fast, und den Haarknoten, den auch! Auch als zugehörig? Ja. Und die Kette mit dem sichelartigen Anhänger und die Fußkette mit dem daran angebrachten Döschen, und das Amulett und den Dolch, den auch. Den erkennt er sogar als ganz besonders zugehörig, weil er so hübsch ist, aus Silber und schwarzem Holz und ihm ganz besonders ans Herz gewachsen. Sieben Dinge hat der Sikh, den Turban, was noch, den Bart! Ich frage, ist das Ihr Bart (diese schwarze Kräuselmatte), na, fassen Sie mal an, da ist er wieder verwirrt, ich sage: Ziehen Sie mal, da werden Sie merken, ob er Ihnen gehört!

Na also.

Und wenn wir jetzt die Dinge wieder schön in die richtige Reihenfolge legen, so wie sie schon immer gelegen haben und auch künftighin liegen werden, sind wir wieder ganz der alte, nicht wahr. Sind wir wieder ganz vollständig. Und was soll ich sagen, sitzt er da plötzlich ganz wach und heiter auf der Bank, so als ob er eben aufgewacht wäre. Oder soll ich sagen: Wieder ausgeschnappt?

Denn das ist es ja gewesen, ein kurzdauernder Schub ohne Zweifel, und ich war mir völlig darüber im klaren, daß ich es hier mit einem Schizophrenen zu tun hatte. Einem *indischen* Schizophrenen! Dessen Körper ich vorübergehend zerstört hatte, indem ich seine Reihenfolge zerstörte, oder wenn das nicht zuviel verlangt ist: Das Bewußtsein der Reihenfolge seines Körpers, indem ich das Licht ausdrehte. Ein Unfall? Ich weiß nicht. Vielleicht ist es gar kein Unfall gewesen, da ich ihn auch auf mich beziehen könnte.

Jedenfalls schloß ich in dieser Nacht noch eine kleine Nachkur an und zeigte dem Mann, der da wieder behaglich in seiner Schale saß (die er begriff), zeigte, daß die Tür sich öffnen ließ, indem ich einmal kurz hinausging, und daß folgerichtig beim Öffnen des Fensters das Heulen der Nacht zu hören war, nach dem Schließen aber nicht mehr, somit alles an seinem Platz war. Bummerte auch einmal mit dem Koffer gegen die Wand, als ich ihn zufällig herunternahm, und er nahm diese Tatsachen gelassen und sogar vergnügt auf. Anerkannte somit auch das Abteil und alles, was dazugehörte, also auch mich, ja, er lächelte auch einmal heiter, erleichtert. Etwas scheu, eben wie es dieser Situation angemessen war. Beneidenswert, dachte ich, wie? Ich sagte: Beneidenswert, wie Sie sich in Ihre Welt einpassen, Ihre indische Welt meine ich, die extra für Sie (für Ihre Krankheit) gemacht zu sein scheint. Denke ich an Ihre Musik, so ist diese wohl ein Gebäude, in dem Sie sich ganz gut zurechtfinden mögen, diese nasale, gewundene Musik meine ich, die unsereins immer etwas aus der Balance bringt, die Ihnen aber wahrscheinlich als gute Horizontale erscheinen wird. So konnte ich natürlich nicht zu ihm sprechen. Immerhin war es mir aber möglich, einiges über die Verinnerlichung zu sagen, insbesondere über die indische, soweit ich informiert war, und den Grad der Geborgenheit, den sie ihm meines Erachtens vermittelte. Ohne daß er auch nur im leisesten zeigte, ob ihm meine Ansichten etwa lächerlich erschienen. Im Gegenteil gab er sich ganz aufmerksam und schien durchaus zu folgen. Wie beruhigend für Sie, sagte ich, selbst im Augenblick des Danebentretens, also wenn Sie einmal, ohne zu wollen, neben sich treten – wie ja heute nacht geschehen –, doch immer noch Gefährten zu finden, die ebenfalls neben sich getreten sind, wie es Ihre Religion ja vorschreibt. Und wie, füge ich hinzu, an den Strichen auf der Stirn jederzeit kenntlich ist: Wie oft und in welcher Reihenfolge.

Es sei denn, fuhr ich fort, Sie treffen in einer solchen Nacht ausgerechnet auf einen weißen Teufel. Also mich. Der Ihnen zusätzlich auch noch das Licht ausdreht und keine Ahnung von den sieben Sachen hat, lachte ich, und soweit ich es beurteilen konnte, schien er sich auch zu amüsieren. Am Morgen auf dem großen Bahnhof von Madras stieg er vergnügt aus, völlig zu Hause, später habe ich ihn noch einmal im großen Herrenwaschraum gesehen, wo er sich elektrisch rasierte. In diesem ganz großen Saal gar nicht ein bißchen verstört? Überhaupt nicht, aber ich – – es muß wohl eine länger nachwirkende Erfahrung gewesen sein, denn als ich am Spätnachmittag weiter nach Süden fuhr, in die Nacht hinein über Kanchipuram und Kudalur und immer weiter nach Süden, hatte ich in meinem Abteil, das ich nun wieder ganz alleine bewohnte (eines dieser schönen Abteile in schwarzem Holz und Perlmuttsternchen), hatte ich doch etwas Bedenken, in der Nacht das Licht zu löschen.

Der Aufstieg

Vorher aber mußt du üben und die Übung wiederholen, jeden Schritt dir einprägen und das Eingeprägte wiederholen. Einmal unternahm ich einen Ausflug nach Mahibalpuram, ein Muß für den Besucher Südindiens, man nimmt den Autobus von Madurai und reist etwa vier Stunden nach Westen in das Kardamomgebirge, um dort am Ende der Fahrt das berühmte Phänomen zu erleben. Ich saß auf dem Innenplatz neben einem äußerst dicken und schwitzenden Inder, einem Geschäftsmann, wie sich herausstellte, einem Koloß, einem Elefanten von reichem Mann, von dieser Sorte gibt es in jeder indischen Stadt zwei –, und daß er den Autobus benutzte, hing ohne Zweifel mit seinem Reichtum zusammen. Wir fuhren über die Flußbrücke und sahen unter uns, entlang des ganzen Ufers, die Färberei des reichen Mannes, auf Hunderten von Metern gemauerte Vierecke, in denen scharlachrote, eigelbe und giftgrüne Flüssigkeiten schwammen, und auf den Stegen Hunderte von mageren Menschen, die walkten und klopften und den Reichtum des dicken Mannes vermehrten. Wenn Sie aber so reich sind, sagte ich, daß Ihnen auch noch drei Märkte und ein Tuchlager in Madurai gehören, warum kaufen Sie sich nicht wenigstens zwei Plätze im Autobus. Denn ich saß hier auf dem Innenplatz auf der äußersten Kante und hatte meinen rechten Arm ganz auf die Brust gezogen, und ich wollte, ich hätte es wirklich gesagt.

So aber holte er nach einer Stunde seinen Eßkoffer herunter, den er sich wie ein Tablett auf die Knie lud, mir selbst auch noch ein Viertel davon, da ich so höflich war, nichts dagegen einzuwenden, aber ich dachte, wenn er mich nun einlüde, unter diesen Umständen würde ich es ablehnen. Obwohl da einige nette Sachen eingewickelt waren, Pastetchen oder Kuchen. Da wickelte er zum Beispiel ein zierliches Gebäck aus dem Papier, eine goldbraune Rolle, die sicherlich innen mit Hummer gefüllt war, denn Hummer gilt als Fisch und ist demnach eßbar. Ich dachte, die präsentiert er mir, so wie er sie auf der ausgestreckten Hand hält, und wollte mich eben bezwingen, und dann hält er sie noch eine Weile und steckt sie in seinen Mund. Auch gut. Vier Stunden lang dauerte die Fahrt und drei Stunden lang hat er gegessen, nicht etwa in sich hineingestopft, wie man bei einem so dicken Mann erwarten könnte, sondern fein langsam und zierlich, hier ein Stückchen und nach einer Weile, nachdem er lange gesucht hatte, ein anderes Stückchen. Und sollte man glauben, er hätte mir etwas angeboten? Nichts.

Das Phänomen fiel dann etwas schmal aus, da man vorher Bescheid wußte, es war aber trotzdem beeindruckend: Wenn nach vierstündiger Fahrt auf dieser Sandstraße, die von flammendroten Bäumen gesäumt wird, deren Stämme unten vier Männer nicht umfassen können, man in die Kardamomberge gelangt, liegt da Mahibalpuram hinter einer felsigen Anhöhe. Das heißt, es ist für den Bruchteil einer Sekunde sichtbar, und zwar in seiner ganzen Ausdehnung breit hingelagert, unverkennbar mit dem goldbraunen Tempelturm, der unten stufenförmig, oben wie eine hohe Glocke geformt ist. Bis dann ebenso plötzlich in einer Wegbiegung sich die Felswand dazwischenschiebt und man gar nichts sieht, und erst nach der Biegung man also einen freieren Blick auf die Stadt erwartet... und dann liegt da gar nichts.

Das ist das Phänomen. Dort, wo eben noch blitzartig das berühmte Mahibalpuram aufgezuckt, liegt jetzt eine öde Geröllfläche, als ob eintausend Jahre vergangen wären, die Häuser inzwischen zu Geröll zerbröselt. An dieser Stelle kommt immer der Seufzer im Autobus, ähnlich wie im schwarzen Kloster bei Tiflis, wenn die heilige Mutter die Augen aufschlägt und man Bescheid weiß, sich aber trotzdem wundert, wie auch hier. Das wirkliche Mahibalpuram erscheint dann viel später nach drei, vier Kilometern in einer total anderen Himmelsrichtung, genauso hingelagert und mit dem goldbraunen Tempelturm, bis dahin sind aber alle Fahrgäste weitgehend verwirrt und – glauben an eine andere Dimension, und das ist ja auch der Zweck. Wir hielten auf dem Platz vor dem Haupteingang, der von brechend vollen Buden flankiert eher eine Art Jahrmarktsportal darstellt, dahinter die Bettler in langer Reihe Arm und Beine mit scheußlichen Geschwüren schüttelnd, um vielleicht einen halben oder einen ganzen kupfernen Ana zu erlangen, wenigstens die tägliche Portion Brot oder Reis. Ein armes Land. Und ein glückliches (grausames) Land. Mit den sanften Menschen und den Affen und den Kühen, und den schwarzen und weißen Indern, die hoch vom Tempelturm betrachtet die armen rotbraunen Äcker als Spielzeugquadrate bestellen, so als Abbild des Lebens und als Beispiel einer höheren Wirklichkeit – wenn man die zweihundertdreißig Steinstufen im Inneren des Turmes erstiegen hat.

Ich fragte: Was kostet der Eintritt zum Turm, und was kostet ein Führer? Und wie ist es mit der Beleuchtung, fragte ich, werden Fackeln verwendet, und werde ich selber eine übernehmen, oder soll ich mich auf den Führer verlassen? Dazu wurde mir erklärt, daß ich einem Jungen, der mich begleite, ein paar Anas geben möge, und die Beleuchtung erfolge in jedem Stockwerk durch eine Öffnung zwischen den Beinen Shivas (der von außen gesehen sich zwölfmal in jedem Stockwerk – von je zehn bis vier Metern nach oben hin abnehmend – als Monumentalrelief wiederholte). In der Vorhalle hatte ich bereits eine starke Geruchsempfindung, es roch nach Steinen, ganz überdeutlich nach trockenen, grauen und irgendwie mehligen Bausteinen. Hierzu die Halle selbst, ein schwerer sechseckiger Raum, dessen Decke von gemeißelten Elefanten getragen und durch schlüssellochartige Öffnungen beleuchtet wurde. Und hierzu noch die Höhe des Bauwerks von achtzig Metern, nicht gerechnet die Kellerstockwerke, weitere zwanzig Meter zum Wasserbecken hinab, und die Dicke der Wände von sechs bis acht Metern und mehr. Ich beschloß, auf die Besichtigung zu verzichten.

Nun verhandelte gleich mir mein dicker Freund aus dem Autobus in der Vorhalle. Er stand neben einer Art Tragestuhl, dessen vordere Griffe hoch, die hinteren dagegen extrem tief angebracht waren, und er hatte es mit zwei sehr mageren Männern zu tun. Nein, sagten die Männer, wir müssen drei Rupien verlangen, normalerweise nur zwei, aber in Eurem Fall tragen wir das doppelte Gewicht und verlangen doch nur drei. Dazu entgegnete mein dicker Freund: Eine Rupie (!), in Madurai lasse er sich für eine Rupie hochtragen. Und hier hätte ich mich einmischen sollen: Wenn man Euch in Madurai für eine Rupie hinaufträgt, dann laßt Euch in Madurai hinauftragen, hätte ich sagen sollen, da mich der Anblick dieser beiden dürftigen Trägergestalten zutiefst rührte. Statt dessen antworteten aber die Träger:

Herr, wie sollen wir es für eine Rupie tun, wenn wir doch immer zwei kriegen, so gebt uns wenigstens zwei, damit wir nicht benachteiligt sind.

Gut, sagte der dicke Mann, wenn ihr eure Arbeit gut macht und mich anständig tragt und nicht schaukelt, will ich euch anderthalb geben. Aber beeilt euch, denn ich habe keine Lust, für den Rest der Woche unterwegs zu sein.

Da beeilten sie sich, ihn aufzuheben, und bemühten sich, nicht zu schaukeln. Ich aber war aufs äußerste empört, wie sich der reiche Mann auf billige Weise (und auf wessen Kosten?) Zutritt zum Heiligtum verschafft hatte, dachte aber bei mir: Heilig wirst du damit bestimmt nicht werden! Nur hätte ich es auch aussprechen sollen, damit es deutlich ist und jeder es hört, wenigstens beschloß ich, nun doch noch den Aufstieg zu wagen, und bezahlte einen kleinen Jungen, der voranlief, und den ich von da ab nicht mehr wiedersah.

Anfangs war ich ganz zuversichtlich. Mich bedrückte zwar die Enge des Treppenganges, den ich durch eine Öffnung in der Wand betrat, die Stufen waren unbequem, hoch und schmal, und ich empfand den ungeheuren Druck der Steinmassen achtzig Meter hoch über mir, ja ich empfand einen ständigen tiefen Ton in den Ohren, wie ein Brummen, ein sehr tiefes OM. Aber als ich dann nach langem Aufwärtssteigen noch immer keine Lichtöffnung erreichte, kamen mir doch einige Bedenken, denn der Treppengang lief wie zufällig mal rechts, mal links, wie ein zufälliger Spalt, mal hoch, mal niedrig. Mal steiler, dann wieder flacher verlaufend. Zudem beunruhigte mich meine Fackel, sie rauchte stark und drohte überhaupt ganz auszugehen, und bei dieser Gelegenheit fiel mir ein, wie wenig in Indien ein Menschenleben zählt. Ich dachte zum Beispiel an die berüchtigten Thugs, die ihre Labyrinthe unterhalb des Ganges gegraben hatten, welcher jederzeit mit seinen Wassermassen hätte einbrechen können. Und auch brach. Die Thugs erwürgten ihre Opfer mit Seidentüchern, damit kein Blut zu sehen war. Und eigentlich, fiel mir ein, hatte ich mich gar nicht in ein Abenteuer der Höhe, sondern der Tiefe eingelassen, denn wie anders wäre einem Menschen zumute, der sich in einer Höhle oder einem Spalt des Erdinnern befand? Doch nicht anders als mir, der ich mich weiß Gott wo befand. In der Luft? Und befand ich mich denn überhaupt hier oben, sondern versuchte nicht vielmehr *verzweifelt,* von unten wieder heraufzukommen, und das ganz vergebens? Und hastete hier nicht ein Erstickender die Stufen hinauf, schweißgebadet, von der Gesteinshitze gebraten und einer Ohnmacht nahe?

Bis ich die erste Lichtöffnung erreichte und die Welt wiedersah. Aber wie erstaunlich, nach diesem, wir mir schien, endlosen Aufstieg stand ich gerade im ersten Stockwerk, also knapp zehn Meter über dem Hof; von hier ab hatte ich noch elf Stockwerke vor mir.

Im sechsten Stockwerk traf ich auf meinen Freund, mit seinen Trägern in einer heftigen Debatte begriffen. Sie mußten meiner Ansicht nach weit vorangewesen sein, deshalb war ich überrascht, sie auf einer Ausbuchtung einzuholen, wo ein mit Butter beträufelter Lingam sich in der Ecke befand, vielleicht als Zwischenstation, oder zur stufenweisen Erhöhung, als Vorstufe. Jedenfalls erklärten sie, bis hierhin und nicht weiter hätten sie ihn getragen, und nun sei es genug, und auf keinen Fall seien sie bereit, auf diese Weise zu Tode zu kommen, das könne kein Mensch von ihnen verlangen. Nicht für zwei Rupien. Zwei, schrie der dicke Mann, anderthalb seien ausgemacht, ich hörte ihn schon von weitem schreien, schon vom unteren Stockwerk her, und als ich ankam, hatten sie ihn mit dem Tragstuhl abgesetzt und standen mit verschränkten Armen an der Wand, noch schmaler und brauner, als man es sich vergleichsweise vorstellt, denn der indische Mensch ist von Haus aus schmal gebaut, wenn auch schön mit zierlichen Hand- und Fußgelenken. Aber diesen da standen schon die Rippen durchs Fell, und das Braun war eher grau im ewigen Dämmern des Tempelgebäudes. Um so mehr fiel mir deshalb das rosige Gold meines Freundes auf, dieser satte Ton, den sich unnachahmlich nur die reichen Inder anschaffen können, als ich nun aus dem Gang trat und ihn auf diese Weise debattieren hörte, daß etwa er für die bereits geleistete Arbeit gar nichts zahlen werde, und ich, als ich das hörte, so heftigen Abscheu empfand, daß ich mich doch noch einmischte.

Sie sind im Unrecht, mein Herr, sagte ich, bei Ihrem Körpergewicht sollten Sie überhaupt solche armen Kreaturen nicht in Anspruch nehmen. Haben Sie sich schon einmal überlegt, daß beide zusammen wahrscheinlich noch nicht einmal soviel wiegen, wie Sie allein, und selbst mir, der ich nichts zu tragen habe, kommt es verdammt sauer, bei der

Hitze in der Dunkelheit die hohen Stufen zu steigen. Wie erst muß es diesen beiden Männern sauer kommen. So etwa äußerte ich mich, und sicherlich auch nicht besonders höflich, der dicke Mann aber zeigte sich bei alledem merkwürdig gelassen, ja er saß da mit einer, fast möchte ich sagen, gewissen Würde in seinem Stuhl, überlegte auch noch eine Weile, ehe er antwortete: Sie finden mich also zu dick. Sie finden, daß meine Träger erschöpft sind, ungeeignet, solche Lasten zu tragen, mein Herr, Sie haben recht. Sie haben recht, wenn Sie ihre schmalen Schultern bemängeln, die viel zu schwachen Arme, die dünnen Beine. Sie *sind* zu schwach, das ist auch meine Meinung, ungeeignet für diese Tätigkeit, vor allem aber ungeeignet, einen Mann wie mich... weiter ist er gar nicht gekommen, denn unversehens, und mit einem gewissen Schrecken, wie es schien, hatten die beiden den Tragestuhl wieder aufgenommen und waren einszweidrei davon. Hier möchte ich noch ihre technisch vollkommene Art vermerken, wie sie niemals gleichzeitig auftraten, weder zugleich mit dem rechten oder linken noch diagonal rechts-links, sondern wie ein vierbeiniges Wesen, indem der eine auftrat, wenn der andere den Fuß hob, eine perfekte Arbeit und ein sauberes Handwerk, wie ich erschüttert feststellte, für anderthalb Rupien Vollkommenheit!

Nach drei weiteren Stockwerken traf ich sie dann zum drittenmal. Der vordere Träger war zusammengebrochen und hockte heftig atmend auf den Stufen, während sein Kollege an der Wand lehnte und ebenfalls Zeichen der Erschöpfung zeigte. Auf dem Stuhl saß der dicke Herr und schimpfte. Wofür, rief er aus, bezahle ich euch Faulpelze, dafür, daß ihr euch hinlegt und schlaft. Nein, keuchte der hintere Träger, der an der Wand stand, dafür nicht. Dafür etwa, schrie der dicke Mann, daß ihr mich beleidigt, daß ich zu dick sei, wie? Ein dicker Mann? Nein, dafür auch nicht. Dann solle man ihm erklären, wofür er zahlen solle, da es ja anscheinend keinen anderen Grund gäbe.

Das war mir also zuviel.

Du Fettsack, schrie ich, du Wanst, du Kröte, hast du noch nicht genug, mußt du die armen Leute zu Tode schinden. Du unsagbar widerlicher und gänzlich unnötiger Blutsauger, der auf seinen Leuten sitzt. Ich glaube, daß mein Donnerwetter unsagbar wirkungsvoll gewesen ist, obwohl ich es auf Deutsch losgelassen hatte, was natürlich niemand verstand, oder vielleicht gerade deshalb, denn ich habe die Erfahrung gemacht, daß keine Sprache der Welt so sehr einschüchtert wie gerade das Deutsche. Deshalb standen sie alle wie angedonnert, und mir war es gar nicht in den Sinn gekommen, daß ich mich etwa in Gefahr befinden könnte (im Labyrinth bei den berüchtigten Thugs, die kein Blut sehen können), erst nachträglich, als ich meinen Weg längst fortgesetzt hatte, überfiel mich, in der Finsternis mit den Ellenbogen rechts und links anstoßend, der Gedanke an eben diese Dinge. Die Stille, die angedonnerten drei Männer, die ich hinter mir gelassen hatte. Und ich dachte: Wie soll ich mich hier auskennen, vielleicht habe ich sie alle drei zu Tode beleidigt, und im zehnten Stockwerk überfiel mich ein derartiger Schrecken, daß ich die letzten Stufen hinaufhetzte, als sei der Teufel hinter mir her, und völlig erledigt und schweißüberströmt bei den Heiligen anlangte, die sich gewöhnlich ablösten, und deren einer mit nach innen gerichtetem Blick auf dem Sitzbrett saß, Daumen und Zeigefinger zusammengeführt und die übrigen Finger parallel.

Man ist als Ungläubiger immer von einer gewissen Skepsis befallen, wenn das Unsagbare auf eine, sagen wir, etwas zu augenfällige Weise dargestellt wird. Man fühlt sich unbehaglich? Falsch angesprochen? Nun, ich jedenfalls nicht, ich glaube, kaum jemals ist das Erscheinen dieses freundlichen Heiligen auf seinem Sitzbrett so sehr begrüßt worden, wie von mir. Ich rief: Gottseidank – dem Gott sei Dank, daß ich angelangt; bin. Unbehaglich höchstens, in meiner verschwitzten, für dieses Unternehmen gänzlich ungeeigneten

Kleidung, in zu enger Hose und Hemd hier hereinzuplatzen. In die Ruhe. In die Sammlung, nun ja. Im übrigen war dieses berühmte oberste Stockwerk eher enttäuschend, nicht besonders prächtig hergerichtet und bis auf mehrere mit Bommeln versehene Gebetsschläuche aus Seide, die von der Decke hingen, eigentlich kahl – allein der Blick aus dem Fenster, welcher hier nicht zwischen den Beinen Shivas, sondern aus einem großen Auge herausging! Der war gewaltig: Ein kilometerlanges Riesenornament aus braunen Tempelgebäuden, regelmäßigen braunen Buckeln und in der Mitte die umgestülpte goldene Tasse, wo Anapandi dem Upanapandi mit einem seidenen Schwert zu Leibe ging. Schließlich führte ich auch noch ein Gespräch mit dem Heiligen über diese Dinge und hatte das Gefühl, einen ganz guten Eindruck zu machen, indem ich überhaupt hier herauf*gelaufen* war und über die Dinge ein wenig Bescheid wußte, und glaubte auch einen Funken des Erkennens wahrzunehmen, der Mann erkannte wohl den Funken in mir – – das hört sich jetzt sehr vage an, jedenfalls war es ein leichtes Geben und Nehmen, eben auf diese bedeutsame indische Art, die daraus besteht, daß man sich nur ansieht. Jedenfalls war ich irgendwie und in gewissem Sinne beglückt (und auch belohnt).

Und dann gab es Unruhe auf der Treppe, und wer schwankte herauf? Mein dicker Freund, der nun doch noch seine Träger bis zum Ende ausgepreßt hatte, wie sie da ans Tageslicht kamen, grau, knochig, ohne jedes Blut in den Wangen, und meinem Freund schien die Sache am Ende auch nicht bekommen zu sein, eine Masse passiven Fleisches, wie er da heraufgetragen wurde. Ich sagte später zu dem Heiligen: Ein schlechtes Zeichen, wenn man so aussieht, bestätigt er doch wieder einmal die These, daß nämlich das Fleisch der Träger des Geistes ist, und zwar meine ich das in religiösem Sinne: Ist das Fleisch faul, ist Gott faul, so etwa?

Dieses Gespräch fand zu einem Zeitpunkt statt, als der Dicke schon längst wieder auf seinem Weg abwärts war, und zwar getragen, nachdem sich hier oben eine neue entwürdigende Szene abgespielt hatte und die Männer auf insgesamt zweieinhalb Rupien für beide Wege herunterwaren. Bestätigt dieser Vorgang doch erneut, daß man *das* nicht mit Geld bezahlen kann, nicht wahr.

Ich meine, daß der Mann mit seinem dicken Bauch noch nicht einmal an den Rand des Tellers gelangt ist, von dem zu essen er sich doch hier heraufbemüht hatte, ich brachte dieses Gleichnis mit einem gewissen Stolz, es dem Heiligen auf diese Weise sagen zu können. Weil er daraus wiederum meinen Grad des Verständnisses ablesen konnte.

Daraufhin wiegte der Heilige den Kopf.

Nanu, sagte ich, ist er an den Rand des Tellers gelangt?

Der Heilige, der breites, graues Haupthaar hatte und einen breiten, grauen Bart, der die ganze Brust verdeckte, sagte gar nichts, schließlich sagte er: Er war erleuchtet.

Großer König

Im Zentrum war ein Platz ausgespart, ein Hofraum mit einer erhöhten Bank aus gelbem Lehm, aus dem hier alles bestand, die Wände, der Boden, die Stufen und Bögen. Lehm hing in den Bärten der würdigen Männer, die sich über den Schädel fuhren und eine gelbe Hand hatten, Lehm war im Brot, Lehm in der Fleischsuppe, und wer sich hinsetzte, hatte eine gelbe Hose. Nur für den König hatte man einen Teppich ausgebreitet, auf dem er saß, aber der war ein Wunder. Ein nachtschwarzer Garten wie aus Rabenflügeln gemacht, niemand in diesem Land wäre imstande gewesen, einen solchen Teppich zu knüpfen. Er war von Händlern aus einer anderen, dunkleren, mondlosen Welt gebracht worden, und als er ankam, war er schon hochbetagt und ehrwürdig durchscheinend – an zwei Stellen konnte man mit der Hand hindurchfahren –, Habibullah hatte eine Herde Schafe und noch ein Pferd dafür hergeben müssen, bis er endlich darauf saß. Erhöht auf der Lehmbank und auf dieser erhöht auf dem Stuhl.

Über viele Menschen herrschte er, viele hundert Köpfe und noch mehr. Er sprach Recht, nahm Zölle, nahm Abgaben von wandernden Herdenmännern, er führte Plünderungen durch, zeugte Söhne zu seiner Ehre – Töchter auch, die aber betrachtete er eher mit Wohlwollen, Ehre gaben sie ihm nicht. Vier Söhne hatte ihm seine Königin Bilkis geboren, und alle vier waren gestorben: an den Girishk-Beulen, am Tuchtuch, der schlechten Luft, einer fiel in den Brunnen, der seitdem vergiftet war, und der vierte, der möglicherweise gar nicht der vierte war, wurde von einer Baumspinne gebissen. Jedenfalls waren sie alle tot, und die Bilkis, die arme Geiß, die all das verschuldet hatte, war seitdem unfruchtbar zum Zeichen, daß sie wirklich alle Schuld trug.

Die Verfluchte.

Wohin sie ging, folgten ihr abschätzige Blicke. Früher einmal war sie eine Schönheit gewesen, eine ovale Ebenmäßigkeit mit zusammengewachsenen Augenbrauen und spitzen Brüsten, jetzt war sie nur noch eine vertrocknete Olive, bei allem Wohlwollen. Der Blick des Herrn ruhte nicht mehr auf ihr, ja, sie spürte, wenn sie bisweilen durch seinen Blick ging, sich selber nicht mehr und weinte in das Wolltuch hinein, das ringsum mit einer Galerie von Blüten und Händen bestickt war, immer abwechselnd eine Blüte und eine Hand – das war ihr Hochzeitstuch, ihre Ehre, die er ihr vor dreizehn Jahren gegeben hatte, und nun war sie karg geworden. Die karge Bilkis mit dem Hochzeitstuch.

Da war ihre Schwester von stärkerer Beschaffenheit, sie war nur eine Halbschwester, weniger oval, mit weniger zusammengewachsenen Augenbrauen, Gum mit Namen. Aber sie stand da, wo die Schwester zurückwich. Wenn die arme Bilkis durch den Blick des Herrn gegangen war und durch ihn hindurch, stellte Gum sich genau dorthin, bis sich der Blick verdichtete und sie dort stehen sah, sicherlich nicht sehr erbaut, aber das hielt sie aus. Stand da mit festen Knochen und rührte sich nicht, tagelang, monatelang, immer an der Stelle, wo sich der Blick des Herrn verdichtete, so lange bis sie schwanger war, da stellte sie sich auf einen Stein am Fluß, es war ein Stein von besonderer Gestalt, wie ein großer liegender Esel, auf den stellte sie sich, reckte den Kopf und stieß einen langgezogenen, sehr schrillen Schrei aus, indem sie die Zunge im Munde schüttelte: Güllüllüllüllühh. Dazu zeigte der Himmel an diesem frühen Morgen ein schwefelgelbes Band über den Schotterbergen, in dem drei schwarze Vögel flogen, ein Zeichen.

Ich will ihr zugestehen, daß auch sie ihre Blüte hatte. Sie wurde im Laufe der Monate – der ersten Monate weicher, sogar lieblicher, ovaler, ihre Augenbrauen zeigten Neigung zusammenzuwachsen, außerdem hatte sie sich über der Nasenwurzel mit schwarzer Tinte einen Punkt angebracht, der ihren Blick überkreuzt erscheinen ließ. Kurz, sie war voller Liebe und Hoffnung, vor allem aber voller Hoffnung auf eine künftige Erhöhung, die von Tag zu Tag gewisser wurde. – Als nun aber nach Ablauf des zweiten Monats (man achte auf die Zeitfolge) etwas Ungeheuerliches geschah: Die Bilkis wurde auch schwanger. Ja, man hatte richtig gehört, die trockene Geiß, die Dürre, die Unbeachtete stellte sich auch auf einen Stein am Fluß, diesmal war es ein kleiner, runder, in Form eines Schneckenhauses, und ließ einen kleinen hohen Triller hören, der, so klein er war, doch hörbar wurde, und die Gum fuhr aus dem Schlaf, als ob sie etwas ins Ohr gestochen hätte. Der Himmel hatte gerade eine nicht schwefelgelbe, aber rostbraune Färbung angenommen, ein durchscheinendes Eisenblut mit ein paar perifarbenen Gravuren, die laufende Pferde oder Eidechsen darstellten, auch dies ein starkes Zeichen.

Ein Wunder. Und ein Schlag für die Gum, die zwar den Vorsprung von zwei Monaten hatte – sie würde den Prinzen *zuerst* gebären –, die aber auch kein Mittel unversucht ließ, den Vorsprung zu vergrößern. Sie aß gekochtes Hirn, Tee in Ziegenbutter geknetet, das Korn Jel, ja sogar das seltene Kraut Zengeê, das nach verbrannten Haaren schmeckte und von dem niemand wußte, wo es wuchs, an Wurzeln unter der Erde (?), jedenfalls kostete es viel, und die Gum aß große Mengen davon. Jeder konnte sehen, daß es ihr anschlug, denn sie wurde zu einem Gebäude, in dem ein bedeutendes Ereignis stattfinden sollte. In Pracht und Zuversicht schob sie ihren Leib, der weniger rund als vielmehr kastenartig hoch war, durch die Kammern, diese ganz ausfüllend, so daß jedermann an die Wand rückte. Draußen gar, wo die niederen Leute, die Hirten und Feldknechte ihre Behausungen hatten, nahm sie solch stattliche Ausmaße an, daß man sie wohl königlich nennen mochte. Monate im voraus.

Wie aber die Bilkis, die arme Rechtmäßige? Sie trank auch gutes Wasser, in Schläuchen vom Katschaki-See geholt, strich sich auch Hammelfett auf den Leib und Kerbelsaft, aber das war ein Leib, der ihr nicht zu gehören schien, der als Ball größer und größer aufgebläht vor ihr herwanderte, während sie dahinter immer dürrer wurde, als ob sich alles Leben in diesem Ball versammelte, sie selber aber nur noch ein Anhängsel war. Machte man ihr Platz, gab man ihr Raum? Ein wenig, aber auch ein wenig unachtsam, es kam vor, daß eine derbe Hausdienerin sie beim Fegen umstieß oder ihr einen Korb auf den Fuß setzte, das war dann auch kein großes Verbrechen. So, in abgelegenen Kammern, wie ein dürres Gerät an die Wand gelehnt, verbrachte sie ihre Tage, die heiter hätten sein sollen, sie waren aber nur dürr.

Die Gum begann, als ihre Zeit gekommen war, eine gewaltige Leibestätigkeit. Die Wehmütter, acht an der Zahl, mußten schon vom Morgen an mit furchterregenden Mienen dastehen und heulen, als die erste leise Welle über ihren Leib lief, ein erstes Kräuseln. Es wurden Königstücher ausgebreitet, Beifuß verbrannt, es wurde Tee aus Joquillenblättern gekocht, den alle trinken mußten. Die direkten Verwandten, Versippten, Verschwägerten, selbst Kleinkinder, die noch getragen wurden, mußten anreisen, anwesend sein, ein gewaltiges Getümmel, das sich im Hof drängte, gestikulierend und doch gleichsam auf Zehenspitzen. Während aller Augen auf dem verhangenen Eingang ruhten, wo sich das Erwartete begab: Das zweite Kräuseln, stärker diesmal –

Und dann? Nichts. Es kam nichts. Suppe wurde für die Verwandten gekocht, Ziegel wurden herumgetragen, die man später benötigen würde, Fettschwänze an Holzspießen geröstet, dazwischen Horchen auf das Kommende. Es kam nichts, der Nachmittag senkte sich, aller Augen ruhten auf dem dunkelgefärbten Gehänge, das mit seinen Troddeln den Eingang verdeckte, nur das inzwischen heiser gewordene Heulen der acht Wehmütter war zu hören. Und dann gegen Abend erstarb selbst dieses.

Später kam die Gum aus dem Gemach hervor, begleitet von ihren Wehmüttern, die wahrhaft furchterregende Blicke austeilten. Es war ein sorgsamer, sachter Spaziergang inmitten der Verwandten, nicht ohne Vorwurf, da sich offenbar der rechte Geist noch nicht versammelt hatte. Während man dann schlafen ging, jeder auf seinem Platz, auf dem gestampften Boden, die Gum auf dreifach weichen Matten und noch einem gesteppten Pfühl aus Ziegenhaaren vom Rist eines besonders weichen Tieres. So wachte man auf, und so ging man wieder schlafen. Eine Woche lang. Denn so lange benötigte sie, um erneut Kräfte zu sammeln, oder genauer gesagt, es waren nicht so sehr Kräfte, die hier benötigt wurden, sondern eher das Gegenteil – ich sehe, ich muß deutlicher werden: Die Gum, dieses feste und starke Gebäude, war eben etwas zu fest geraten, und zwar dort, wo sie eigentlich hätte weich sein sollen, wenn der Durchtritt vonstatten gehen sollte.

Die Wehmütter, acht an der Zahl, betrachteten diesen Vorgang äußerst sorgenvoll, einen Tag, zwei Tage, schnalzten vor sich hin, drei Tage, sie wollte und wollte nicht erweichen, die feste Gum. Eine Woche lang, in der man sich inzwischen kreuzlahm gelegen hatte, denn keiner wollte die Unhöflichkeit begehen, sich hier stillschweigend zu verdrücken. Möglicherweise als böses Omen. Bis endlich gegen Ende der Woche sich ein leises Nachgeben zu zeigen begann, von den Wehmüttern schrill begrüßt und vorgezeigt, indem sie in der Türöffnung die Finger spreizten, um zu bedeuten, wie weit.

Der Herr und Fürst nahm an alledem keinen Anteil. Er war gar nicht anwesend – ich vergaß, das zu erwähnen –, saß derweil in Regierungsgeschäften im Zentrum seines

Hofes, ließ sich Einnahmen vorweisen, verteilte Gunst und Unwillen, aß kleine klebrige Früchte, die wie weiße Brombeeren aussahen und angeblich die Potenz steigerten. Die aß er besonders gern. Dazu muß ich noch einmal die räumlichen Verhältnisse vor Augen führen: Obwohl von außen gesehen ein klares Viereck, herrschte innen ein gedrängtes Durcheinander von Trennwänden und Sichtmatten, ein Knäuel von Gängen, die zu abgetrennten Bereichen führten, das Ganze aber wiederum nicht so abgetrennt, nur abgeschirmt durch dicke Binsengeflechte, so daß kein Laut zu dem in seinem zentralen Hof sitzenden König herüberdrang. Und wenn doch, dann nicht gehört wurde.

Der König schickte sich soeben an, einen Abgesandten des Ortes Sijam-Rak zu empfangen. Als Geschenk wurde ihm ein seltener Vogel, schwarz mit grünen Beinen und einem gelben Punkt auf dem Schnabel, überreicht, den er gnädig annahm, wenn auch nicht zu gnädig, denn es waren noch andere Geschenke zu erwarten. Der Abgesandte von Sijam-Rak, drei Wegstunden entfernt und in halber Abhängigkeit, hatte soeben noch gezögert, ob er den breiten mit Eisen beschlagenen Lederbund zugeben sollte, als ein durchdringender Schrei ertönte. Nicht ganz ersichtlich woher, jedenfalls aber von jenseits des mit Matten verhängten Hofes. Der Abgesandte, betont ärmlich gekleidet, zögerte, beschloß, nichts gehört zu haben, als ein zweiter Schrei aus der Tiefe des Festungsbaues, aus entlegenen Verliesen hervordrang, diesmal noch durchdringender – denn nun legte die Gum erst richtig los, begleitet von den acht, nicht zurückstehenden Wehmüttern.

Der Abgesandte von Sijam-Rak, der mit aufgerissenen Augen dasaß, gab noch einen aus Kirschholz gefertigten Becher sowie drei Beutel allerfeinster Trockenfrüchte und Mandeln als Zugabe. Beeindruckt vor allem durch die Tatsache, daß der König sich in keiner Weise beteiligt zeigte, ja, als gar ein schwarz-silbernes Lächeln in seinem Bart erschien, als er die feinen Geschenke streichelte, die ihm offenbar angenehm waren, da war der Abgesandte froh, aus diesem Haus des Schreckens wenigstens mit dem blanken Leben davonzukommen.

Während die Gum sich anschickte, nunmehr ins Preßstadium einzutreten, mit rotem geschwollenem Hals und massig hervortretenden Stimmbändern, die Wehmütter aber auch jede ihren roten Hals hatten, so daß die Welt zusammenfiel und alle Anwesenden vor Entsetzen weiß wurden.

Da hockte sich die Gum auf die hochgestellten Ziegel, unter sich den Korb zum Auffangen des Prinzen, und gebar ihn. Den Khazi. Unter gewaltigen Kontraktionen, und die waren gewaltig – obwohl ein solcher Aufwand gar nicht erforderlich gewesen wäre, denn die Gum hatte Beckenmaße von torweiter Ausdehnung und hätte ohne weiteres gleich noch zwei Khazis dazugebären können.

Während aber in einem entfernten Winkel, in einem anderen abgelegenen Bereich, sich ein anderer Schrei erhob, wenn auch nur ein kleiner, blasser und wenig aufdringlicher, der selbst von dem Gesandten aus Sijam-Rak, der sein Davonkommen pries, nicht gehört wurde, und auch mehr einem Seufzer glich, einem silbernen Klagelaut, wie es der Rechtmäßigen zur fünften Geburt anstand. Denn hier gebar die Bilkis ihren Fazl Bad, ganz allein, nur mit Hilfe einer sanften alten Dienerin, die gar nichts sagte. Und es war dieselbe Stunde, ja, exakt derselbe Augenblick, daß die beiden Prinzen zur Welt kamen. Nur traf der eine mit dicken zwölf Pfund ein, der andere mit dürftigen fünf, denn er kam zu früh.

Die Löwenmutter

Die Wasserluft stand streng gegen den trockenen Lehm-
boden, das Murmeln war ein fremdes Geräusch, das Plät-
schern an den Steinen. Mahmud lag vor dem Austritt der
Röhre, unterhalb der Mauer, Angst hatte er keine, aber
die Welt roch hier anders, nicht süßsäuerlich und auch
nicht wie der Kamelmist im großen Hof, sondern glatter,
kühler. Fremd. – Ein Tier raschelte dicht neben ihm, hielt
inne, raschelte seitwärts davon, ihn wiederum als fremd
erachtend (wer weiß, was der bedeutete).

Mahmud roch noch immer nahrhaft, hatte zwar ein
paar Zutaten erhalten, etwas Seim von der Röhre, auch
hatte er sich ein wenig eingepiet, und dann war da noch
ein merkwürdig zartgrauer Geruch, dessen Ursprung unklar war. Überwiegend aber schlug die gute Suppe durch,
in der er gelegen hatte, und so kroch er hier als kleine
Speisekammer herum. Bemerkt und registriert von mehreren aufmerksamen Nasen aus mehreren Richtungen.

Es waren vier, die Witterung aufgenommen hatten:
Zwei von fern, zwei junge Schakale, die nach gemeinsa-
mem Heulen unten an der Flußbiegung sich zur Jagd ab-
gesondert hatten. Ihnen kam der Geruch mit einer leisen
Luftbewegung entgegen, aus der Entfernung gerade auf
sie gerichtet, so daß sie die Nasen hoben und die Ohren
aufstellten, dabei nach Schakalart resigniert die Hinter-
teile senkten. Dann war da noch ein ausgesetzter Hund,
näher am Flußufer, ein struppiger, stellenweise kahler alter Teufel, mager und halb wahnsinnig vor Hunger. Der
hob seine schlammige Schnauze, mit der er gewühlt hatte,
starrte mit erloschenen Augen, und hören konnte er auch
nicht mehr viel, nur sein Geruchssinn war immer noch
hundertmal feiner als der feinste menschliche; insofern

hätte auch er dem Bündelchen Mahmud gefährlich werden können.

Aber da war das vierte Wesen. Das war gewaltig und so nahe menschlichen Behausungen gar nicht vorgesehen, groß und stark, in einer langgestreckten, lautlos fließenden Bewegung begriffen. Es bestand geradezu aus dieser Bewegung, so als stellte sie sein eigentliches Wesen dar. Durch das Buschwerk, lautlos über Geröll und über scharfe Grate wie Samt, obwohl dieses Tier großes Gewicht hatte, die Tatzen im weichen Flußboden tief eindrückte, um plötzlich innezuhalten, als es den unerwarteten Geruch der Suppe wahrnahm. Da! Welch ein Fund! Welch ein rosiger und erstaunlich langsamer Fund, der keinerlei Anstalten machte, sich durch Flucht zu entziehen. Es stieß den Fund mit der Nase an, gähnte anhaltend, aber das war mehr ein angenehmes Sich-Strecken, das vom Maul bis zu den Hinterbeinen reichte. Mahmud hätte in diesem Gähnen ohne weiteres verschwinden können, ein einziges Zuschnappen, und er wäre nur noch Nahrung gewesen, eine Tagesportion.

Welche Regungen oder sogar Gefühle in diesem – sollte man meinen – gefühllosen und instinktiv tötenden Tier stattfanden, werden wir nicht ergründen. Vielleicht hatte es ein Junges verloren, ein gelbes, spielendes, das der Vogel Roch geholt hatte, wir wissen es nicht. Jedenfalls hielt es inne, stieß den Mahmud an, so daß er auf den Rücken fiel und gen Himmel ruderte, dabei in einen Schlund sah, groß wie ein Tor, und keine Panik zeigte – ja, Mahmud gab einen den Umständen völlig unangemessenen kleinen frechen Quieker von sich. Woraufhin ihn dieses Tier, diese Töterin noch einmal auf den Bauch drehte, um ihn mit einem sicheren Biß zu packen, aber das geschah seltsam zart am Hemdchen, so wie sie es mit ihrem Jungen am Nackenfell getan hätte.

Mahmud fühlte sich hochgehoben. Der Boden wich unter ihm weg, langsam erst, dann schneller und schließlich rasend schnell, Sand, Steine, Geröll, flache Felsen stoben davon. Er hatte einen sausenden Traum, den er schon einmal geträumt hatte, einen Traum von weiten Sprüngen, peitschendem Gras, Geäst. Dann wieder Steine, Geröll und endlich ein ruhiger glatter warmer Boden. Da wurde er abgelegt. Die Nacht war voller Wunder, Mahmud kroch in die Wärme hinein, die sich vor ihm auftat, ein übermächtig haariges Bettchen. Kroch hinein und schlief vor lauter Erschöpfung auf der Stelle ein. Fand, als er einmal aufwachte, eine dicke Zitze, schlief wieder ein, nuckelte ein bißchen im Traum, dann trank er sich voll, bis nichts mehr in ihn hineinging, und schlief wieder.

Der Morgen dämmerte mit einem bronzefarbenen Streifen über der Wüste. Felsen in Form von großen gebackenen Fladen waren übereinander geschichtet und bildeten eine Bastion, gegen die der Sand in Wellen anschlug. Das große Tier hatte sich vorn aufgerichtet, ließ den Leib liegen, um das Ding zugedeckt zu halten. Ein schönes gelbes, ein mächtiges Muttertier, das jetzt unbeweglich in den aufkommenden Morgen blickte, unterirdisch grollend, aber das war ein leises zufriedenes Grollen, als es spürte, wie das Ding sich regte.

Mahmud wachte auf. Er streckte die Fäustchen durch das Fell, blinzelte, sah den Morgen hereinleuchten, ein heller Ball über der braunen Wüste – den hatte er noch nie gesehen –, er krähte vor sich hin, suchte nach der guten Nahrung: Sie schmeckte etwas bitter. Dann wühlte er eine Weile in seinem Versteck umher, schaute von Zeit zu Zeit durch den Pelz und sah die Sonne höherwandern, sie war jetzt noch heller geworden, so daß er die Augen zukniff und sich tiefer eingrub, vor sich hin krähte, noch etwas trank, noch etwas sabberte, dann schlief er wieder ein.

Als er aufwachte, lag er unbedeckt, es war heiß geworden, die Sonne war jetzt ein grelles Feuer am Himmel, und die braune Wüste waberte wie eine Herdplatte. Er lag im

Schatten eines überhängenden Felsens, der wie eine flache Hand ausgestreckt war. Mahmud rollte sich auf die Seite, der Felsboden war vom Wind glattgeschliffen, rot, sandete fein ab. Es war gattungsmäßig ein weicher Fels, ein Sandstein, ohne scharfe Kanten oder Grate – ich halte das für wichtig: Mahmud patschte auf dem seidigen Untergrund umher, der ein angenehmes Gefühl verursachte, kein unangenehmes (man weiß, daß die Erfahrung eines Tages gleich der eines ganzen Jahres ist). Er kroch bis zum Rand, wo es hinabging, sah die große schokoladenfarbene Wüste unter sich – nicht daß er wußte, was das war – in runden Schatten ruhend und in einer glücklichen Erfahrung, die einem Jahr glich (und eine Stunde ist gleich einem Jahrzehnt).

Vielleicht war soviel Zeit vergangen, als sich der Himmel plötzlich verdunkelte, als ob eine Decke davorgehalten wurde, jedenfalls war das eine andere Erfahrung: Das schwarze Dreieck, das sich über ihm ausbreitete und die Sonne verdeckte, darin ein plötzliches böses Haupt erschien, ein eckiges, scharfes mit einem Schnabel, dazu zwei ausgestreckte Greifklauen, rechts und links, und ein böser Schrei, der Vogel Roch:

Hrrriiihh!

Da hätte er nun gelähmt sein sollen, vor lauter Plötzlichkeit. Eine weißrosa erstarrte Speise für den großen Vogel, der zwar nur ein Lämmergeier war – nicht wirklich der Vogel Roch –, aber groß genug, um mit Klauen und Spannweiten ein solches Kleintier wegzuschleppen. Was sich bekanntermaßen (es existieren solche Geschichten) in der einen oder anderen Form zugetragen hatte. Grauenvolle Geschichten, hoch im Felsennest der hockenden Brut preisgegeben, oder langsam als Vorrat verbraucht, während Händchen, Teile des Kopfes gelegentlich von Jägern oder Ziegenhirten gefunden wurden. Diesem Vogel Roch aber war kein Glück beschieden, als nämlich aus dem Nichts, aus dem Schatten des Felsenüberhangs das Donnerwetter hereinbrach: Von einer höhergelegenen Stufe her, wo wir sie nicht hatten sehen können, stürzte sich die gelbe Töterin auf den Räuber, und das war wie der Untergang der Welt, der Blitz, der alles beendet, Blut und Leben und alle Vogelparadiese. Das Herz herausgerissen, das Innerste nach außen, Eingeweide, Kot und Gekröse. Hrrriiihh.

– Ganz so schlimm war es für den Lämmergeier nicht ausgelaufen, immerhin blieb ein halber rechter Flügel in den Klauen der Wütenden, seine schönsten und längsten Schwungfedern und noch ein Teil des ausgebreiteten Schwanzes, so daß er sich nur mit Mühe, mehr fallend als fliegend, vom Felsen absetzen konnte, eines aber hatte er gelernt: Nie wieder rosa Fleischpüppchen, da die zugehörige Mutter furchtbar war! Er flatterte im großen Bogen holprig und beleidigt krächzend davon.

Eine heitere Erfahrung? Eigentlich ja, Erfahrung von Sicherheit und Stärke und einer wunderbaren Kindheit. Das ungeheure Geschrei, wenn er geleckt wurde, das gehörte auch dazu. Einmal am Tag, wahrscheinlich war es sogar mehrmals, wurde er gesäubert, und das geschah mit einer äußerst rauhen Zunge, einer Wurzelbürste, hinterher saß er da, krebsrot und mit gesträubtem Haar und brüllte wie am Spieß. Aber sauber war er, sauber jedenfalls! Inzwischen kletterte er schon munter herum, kletterte auf die höhergelegenen Plattformen, vor allem wenn die Mutter nicht da war, die ihn dann wieder rigoros zur unteren zurücktrug, was er sich verbissen gefallen ließ, um unverzüglich wieder aufzubrechen. So hatte er, als die Mutter einmal einen größeren Jagdausflug unternahm, die alleroberste Stufe erklommen und winkte von dort als Käfer der Zurückkehrenden, durch die Sandebene Gleitenden zu, die aber auch erstaunlich klein war, das konnte er nicht begreifen. Diesmal wurde er ganz besonders rigoros gepackt und hinuntergeschleppt, ganz besonders deutlich auf den Boden gestaucht, und die Mutter war gar nicht freundlich.

Feststeht, daß sie sich Sorgen machte. Je kräftiger ihr Junges wurde, desto absonderlicher verhielt es sich. Zum Beispiel zeigte es eine fatale Neigung, sich aufzurichten und auf den Hinterbeinen zu laufen, was sie keinesfalls dulden konnte, da es nicht nur dumm, sondern auch gefährlich war. Sie bewegte sich in einem lautlosen ziehenden Gleiten mit sanft gesetzten Tatzen, wobei ein Schritt aus dem anderen herauswuchs, so wie sie es deutlich vorführte. Mahmud setzte die Tatzen, die lautlosen, die fließenden, und dann stand er auf und stolperte aufrecht weiter, weil es so viel besser ging.

Sie machte sich Sorgen. Gar in den Felswänden krabbelte ihr Junges bald davon, weil es in ganz schmale Spalten paßte und auf eine sehr praktische Art steile Stufen hochkletterte, die sie allenfalls im Sprung nehmen konnte. Der Sprung: Ein besonderes Dilemma, auf diesem Gebiet zeigte sich das Junge total unbegabt, setzte, wie es die Mutter vorführte, tief aus dem Kauern an und fiel sofort auf die Nase. Oder schlimmer, schlich sich auf einen Stein, blickte blutrünstig auf sein Opfer herunter – das war ein einsames trockenes Grasbüschel –, sprang und landete unweigerlich auf seinen zwei Beinen, das allerschlimmste! Und wie oft sollte man ihm das noch klarmachen. Sie stand grollend über ihm. Und er, der fröhliche Prinz, blickte in dieses gewaltig aufgerissene Maul mit den weiten Nüstern und den gefletschten Hauern – und es war ihm das schönste Antlitz der Welt.

Das liebste, einzige, das er in seinem kurzen vergeßlichen Leben kannte. Er wurde gepackt, rauh abgelegt, hingestubst und bis aufs Blut abgeleckt, und dennoch »wußte« er, daß dies eine glückliche, eine sehr glückliche Kinderstube war, und die einzige – also die beste –, die er bekommen hatte. Er kletterte auf den Rücken der Mutter, zerrte an dem starken Pelz oberhalb der Schulterblätter und quietschte vor Vergnügen. Er kletterte ihr auf den Kopf, zauste sie an den Borsten, die sie neben den Nüstern hatte, krallte sich in die Nackenhaare, wobei er allerdings nicht merkte, daß dies eine stark erogene Zone war – sie merkte es. Ich kann mir vorstellen, daß sie sehr gemischte Signale erhielt. Die Mutter öffnete das Maul, und Mahmud versuchte hineinzuklettern. Hängte sich an die seitlichen Hauer, groß wie Haltegriffe, faßte die Zahnreihen an, die Spitzen und Schneiden und die wie Haken gebogenen Reißzähne, eine leuchtende, gefährliche Schnappfalle. Für Mahmud war es ein Zuhause, ein vertrauter Ort, Sicherheit, Fürsorge und ein starkes Herz.

Da waren die mittäglichen Stunden, wenn die Mutter auf ihren Vorderpfoten ruhend auf die im Glast verschwimmende Wüste hinausschaute, unbeweglich, ein rätselhaftes Bildnis. Man denkt, diese großen Tiere liegen da und verdauen nur, das ist aber nicht so, man muß nur genauer hinsehen. Da sind die Augen, die nicht geschlossen sind, Schlitze in der Helligkeit, scharf blickend. Wohin? In eine meditative Unendlichkeit oder auf einen Punkt, der dahinter liegt? Die mittäglichen Stunden. Mahmud neben der Mutter, den Kopf auf den Vorderpfoten, lauschte wie sie auf den unterirdischen Ton. Das machte er gut. Aber bisweilen erschreckte er die Mutter, indem er unsinnige Steine aufeinander häufte, und zwar so, daß sie auf einer Basis nach oben hin eine Spitze bildeten, wir würden das einen Kegel nennen. Oder er legte sie alle in eine Reihe, einen nach dem anderen, oder gar – das kam später – daß er mit dem größten Stein anfing, immer kleiner werdend, mit einer Murmel endete. Völlig unsinnig. Oder umgekehrt, größer werdend bis zu einem größten Stein, den er dann unsinnigerweise aus einer ganz entlegenen Ecke heranrollte.

Das machte der Mutter angst. Einmal, als sie abwesend war, hatte Mahmud ein Bollwerk vorn am Felsrand errichtet mit einer geraden oberen Kante. Als die Mutter nach einem anstrengenden Tag heimkam – der Bergbock Kuri war nach langem Zermürbungslauf, der teils im Schritt, teils in vehementen Spurts stattfand, am Ende doch nicht unterlegen, so daß sie zu ihrer Schande sich mit einem Stück Aas begnügen mußte, nachdem sie die Geier vertrieben hatte –, als sie in dieser ärgerlichen Verfassung heimkam, um zu ruhen und zu sich selbst zu finden, was mußte sie da entdekken? Eine Widernatürlichkeit, eine Störung – nein, eine wahre Ausgeburt mußte sie entdecken. Noch dazu saß Mahmud voller Stolz darauf und klatschte in die Hände, wobei sie den dringlichen Verdacht hatte, daß er dafür verantwortlich war. Wie sollte sie sich nicht sorgen!

Legte sich auf ihren Platz, setzte die Vorderpfoten vor, aber dann stand sie wieder auf, legte sich entfernter auf einen anderen Platz, verharrte dort, rührte sich ein paarmal unbehaglich, um wieder aufzustehen und sich diesmal in einer Diagonalen, also ganz ungewohnten Richtung hinzulegen; dabei blickte sie auch nicht auf die Ebene hinaus, sondern auf eine Wand nahebei. Es war ganz offensichtlich, daß sie in eine Depression gefallen war. Das Bollwerk wurde am nächsten Tag abgebaut, weil Mahmud die Steine andernorts zum Bau eines abgedeckten Schlupflochs brauchte, um sich tagsüber zu verbergen. So wie es das Steinhuhn tut. Und wieder ein andermal baute er einen Fuchsbau, einen Mäusegang, ein Felsennest, Skrupel hatte er nicht.

Überhaupt zeigte er zunehmend absonderliche Intelligenzleistungen. Wenn etwa die Mutter zum Wasserloch ging, klammerte er sich an ihr Wammenfell, ließ sich tragen, strampelte ein bißchen im Laufen mit und hatte anscheinend eine Fortbewegung erfunden. Am Wasserloch ergab sich dann jedesmal das gleiche Schauspiel: Wenn die Mutter kam, herrschte allgemeiner Aufbruch, alle Tiere, Bergziegen, Gazellen, wilde Hunde, Salomovögel, setzten sich unverzüglich in Bewegung, und zwar alle gleichzeitig und in die entgegengesetzte Richtung, wo sie je nach Charakter näher oder ferner Wartestellung bezogen. Mahmud fand das lustig und quietschte laut, um die Tiere schneller laufen zu lassen, leid tat es ihm um die Gazellen – die hatten wunderschöne große Augen, wie braune Monde. Mahmud hätte sie gerne liebgehabt, aber gerade sie waren die schnellsten, wenn es darum ging, vor Angst riesige Luftsprünge zu machen. Er streckte die Hände aus und rief: Gurrhaa! Denn viel mehr hatte ihm die Mutter nicht beigebracht, Gorrha und Garrho, das war so ziemlich alles, was er sagen konnte (kein dududada).

Die Mutter trank dann ihren Tagesvorrat in einsamem Luxus, umstanden von einem Felsenrund, das sich fast zum Kreis schloß und in dem jeder Wassertropfen hallte – diesen Raum zu erfassen, wird uns schwerfallen, wir sehen seine Leere, seine Ruhe, was wir nicht sehen, sind die vielfarbigen Geruchsbarrieren von Hufen, Pfoten, Tatzen, das verwirrende Labyrinth der Gebote und Verbote, wer wohin treten darf und wer nicht. Das bleibt uns verschlossen. Eine präzise aufgezeichnete Plankarte: Da ist die herbe hakenförmige Passage der Antilopen, die grelle fächerartige von wilden Schweinen, der Fuchs hat einen gepunkteten Gang, und die dickgehörnten Hunzaböcke haben sich eine breite Front reserviert. Dazwischen die rosa Inseln der Beakvögel, die keine Verbindung haben, da sie von oben aufgesetzt sind, und die grauschwarzen von Geiern und Raben, den Aasfressern, denen niemand ins Gehege kommen möchte.

Von alledem nahm Mahmud nichts wahr. Der lief über die streng gehüteten Grenzen hinweg, und deshalb betrachtete ihn die Mutter mit Sorge. Aber auch mit Stolz, wie er besitzergreifend, nachdem er sozusagen alle Tiere verscheucht hatte, sein Wässerchen trank, vornübergebeugt, genauso wie die Mutter es tat, in einem großen bedeutungsvollen Trinken, mit all den Tieren in respektvoller Entfernung. Und gleich noch ein zweites Wässerchen. Was nicht nötig gewesen wäre, denn der glückliche Mahmud wurde in seinem Alter – man sollte es nicht glauben – immer noch gesäugt, überreichlich sogar, und es geht die Legende, daß er deshalb so stark geworden ist. Durch diese etwas bitter schmeckende Milch, die die Kraft von neun Löwen in sich trug, denn für so viele hätte sie ausgereicht.

Wenn man mich fragt, ich glaube nicht ganz daran, ich glaube eher, daß es die Umstände, die rauhen Verhältnisse waren. Der Fels, die allgegenwärtige Sonne. Und das rigorose Hinstauchen, das ganz besonders.

Es kam die Zeit – alle drei Jahre kam sie –, daß der König auf Löwenjagd ging. Das war nicht nur Lust und Vergnügen, sondern es handelte sich um die »Königliche Jagd«, die man von ihm erwartete, und ohne eine Reihe von bedauerlichen Opfern ging es dabei nie ab. So stieg der greise König – soll ich sagen »greise«, er war noch in den besten Jahren, sein Bart wucherte mehr schwarz als silbern, und sein Auge konnte noch immer wie der Blitz aus den Wolken treffen – so stieg er denn eines Morgens zu Pferde, wobei dieser Morgen sorgfältig ausgewählt war, durch fünffache Quadrupierung der heiligen Tage nach dem Fastenmonat, also zwanzig Wochen nach Singh plus einen Tag. Es waren Reinigungsübungen vorausgegangen, ein kleineres Gelage – das große würde nach der Jagd stattfinden –, das Pferd Hed-d-Edîn war prächtig aufgezäumt in blutrotem Lederzeug mit silbernen Knöpfen und Ringen und einer silbernen Beißstange, es trug einen Bart aus Hanfquasten, der Schwanz war fein in Lederbänder eingeflochten. Dazu hingen über Brust und Flanken Panzermatten aus geschuppter Büffelhaut, jede Schuppe mit einer kleinen hölzernen Hand versehen, einen Finger nach unten, das Zeichen der Abwehr. Und wie um seiner Ausrüstung gerecht zu werden, tänzelte der Hengst mit verdrehten Augen in ängstlicher, ja panischer Vorahnung, andererseits aber mit ebenso verdrehten Augen auf das feurigste, es war schwer, da einen Unterschied zu machen. Der König Habibullah hätte vielleicht einen weniger empfindsamen Hengst zur Löwenjagd wählen sollen, gerade das aber verbot ihm seine Stellung. Doch ob Todesmut oder Todesfurcht, das sollte sich bald herausstellen.

Was auch für das Gefolge zutraf, denn dieses tänzelte ebenso aufgeregt auf ebenso panisch gestimmten Pferden auf dem staubigen Vorplatz. Wenn auch in allem geringer eingestuft, mit weniger prächtigem Zaumzeug, billigeren Beißstangen, dünneren Panzerbehängen, und ihre Panik war vielleicht auch geringer als die ihres Herrn. Dem bäumte sich das Pferd bereits beim ersten Hornstoß, und der Bart troff ihm vom feurigen Schweiß. Alles in allem war es aber ein glanzvolles Spektakel, als sich die Jagdgesellschaft in Trab setzte, voran der König mit erhobenem Breitschwert, dahinter seine dreißig Reiter, den Bogen umgehängt, die Spieße lustig wippend, ein farbenfrohes Spiel. Im hochaufgewirbelten Staub, der hier und da den Blitz einer Spitzhaube oder einer Rückenplatte durchließ.

Gefolgt vom Fußvolk – das an sich nicht erwähnenswert ist –, den Treibern in derbem Armeleutezeug, ausgerüstet allenfalls mit dem Knüppel und vollends vom Staub verschluckt.

Als sie in das Tal der mahagonifarbenen Tafelberge einzogen, hörten sie es zum ersten Mal. Es ist ein urweltliches, Urangst erzeugendes Brüllen, ein tiefes Donnern im »U-O«-Bereich. Der berühmte Mekkareisende Hadj Uzuf-ben-Nîr hat es so beschrieben: Der Löwe brüllt gegen die Erde, und diese trägt das tiefe Beben fort, der Schakal verstummt, der Leopard hört auf zu grunzen, Affen klettern auf die Bäume, Antilopen, so schreibt er, versetzt es in rasende Flucht, blökende Herden in Totenstille. Er wird gewußt haben, was er schreibt, wenn unter ihm das Kamel wankte, das Pferd sich bäumte und der Hund winselnd bei seinem Herrn Schutz suchte. Während dieser sich fragt, ob er Manns genug sei, dem »Raad« (arab. für Donner) entgegenzutreten!

Auch »Ahat«, die Stimme, genannt.

Also erstarrte das Häuflein, als es in das Tal der maronenfarbenen Tafelberge einritt, zusammengedrängt und stachelig, die Lanzen nach allen Seiten ausgestellt, denn das war ein Phänomen, das der berühmte Reisende ebenfalls beschrieb: Der Donner (Raad), nach unten gerichtet, scheint von allen Seiten zugleich zu kommen, von innen her und allgegenwärtig. Während kupfer- und rostbraune Ebenen zwischen dunkler getönten Tafelbergen durchritten wurden. Diese in immer wechselnder Gestalt sich dem Zug entgegendrehten, mit steilen kohledunklen Flanken, oben platt wie Tische. Massige Stufen, Terrassen und Podien. Hinter einer Biegung erschien ein siebenstufiger Sandsteinsessel, gemacht für einen Riesen, dahinter Türme von regelmäßiger Gestalt, in deren Zwischenspalten sich Getier regte, Bergziegen und Wölfe.

Als man schließlich gegen Abend ein kreisrundes Tal erreichte, hieß der König haltmachen und in dessen Mittelpunkt ein Lager errichten. Das alsbald, von angenehm wehrhaften Feuern umstanden, lustig von Bratenduft durchzogen wurde; man erzählte Geschichten während sich die Nacht wie ein schwarzes Kissen senkte –, etwa die Geschichte von dem Löwen, der nach gewaltigem und kaum glaubhaftem Sprung über die doppeltmannshohe Hürde hinweg im Pferch ein ausgewachsenes Rind schlägt und mit diesem im Maul über die Hürde zurückspringt, diese nur leicht streifend. Ein anderer wollte wissen, daß in der Schwanzquaste ein horniger Nagel steckt, mit dem der Löwe wie ein Skorpion stechen kann, und wieder ein anderer konnte sich nicht genug damit tun, seinen Löwen einen ausgewachsenen Büffel töten zu lassen, indem er nämlich auf seine Schulter springt und ihm den Nacken ausrenkt. Den Nacken? Ja, er beißt ihn in den Hals. Den Hals? Ja, er springt ihm auf den Nacken und renkt ihm die Schulter aus. Nein, den Hals.

Dazu ertönte ein schweres Brüllen, und die Gespräche stockten. Ein jeder rückte sich den Turban zurecht, um dann zu behaupten, Löwen und Tiger seien überhaupt dasselbe, man habe schon Löwen mit Querstreifen gesehen und Tiger mit Mähnen, und in Allalabad gebe es einen Löwen, der habe Streifen und Mähne zugleich, der Allalabadtiger. Dazu brannten die Feuer lustig, wir allerdings, ich meine, wir anderen liegen draußen im Dunkeln und horchen auf die Stimme, von der Hadj-bn-Nîr behauptet, sie käme aus der Kraft »Ghatt« – das ist die Summe aller auf der Welt vorhandenen Kraft. Ich aber meine, es ist mehr ein tiefes Stöhnen: U-O.

Am Morgen wurde noch mehr von dem mitgebrachten Wildbret gegessen, dazu Wein aus Schläuchen getrunken (aus Kala Bis) – das geschieht so, daß man den Wein nicht sieht, dieser also auf der Jagd erlaubt ist. Der Zug setzte sich in Richtung eines schmalen Seitentals in Bewegung, wo Späher tags zuvor einen Löwen ausgemacht hatten, einen sehr großen Löwen, wie sie behaupteten, groß wie ein – sie zeigten die Größe eines Pferdes an, eines sehr großen. Trotzdem hatte der Löwe keine Chance, denn das Tal, in dem er sich aufhielt, verengte sich trichterförmig, und am Ende stand eine schiere Felswand. Dreißig wohlgerüstete Jäger, in deren Mitte der König, drückten in den Trichter – sie waren vom Pferd gestiegen, denn Pferde eignen sich nicht zum Kampf gegen die Bestie –, dazu noch einhundert Knüppelträger rechts und links, also zweihundert, ich glaube, ich übertreibe, aber fünfzig waren es bestimmt. Insgesamt fünfzig drückten in den Trichter, wo am Ende der Löwe wartete, mächtig und zum Sprung bereit.

Es war eine Löwin. Mit ihrem Jungen.

Eine zugegeben sehr große, sehr wild sich gebärdende Löwenmutter – in die Enge getrieben, mit offenem Rachen, peitschendem Schwanz und glühenden Augen, kann kein Tier bedrohlicher aussehen, ein tiefes Grollen im Leib. Aber ich sagte ja schon, sie hatte keine Chance vor dem Stachelwald der vorgereckten Lanzen, gar keine. Schlug wohl zwei, drei der Knüppelmänner, duckte sich, schlich auf den Boden gepreßt vor und setzte zum Sprung an. Teilte auch furchtbare Prankenhiebe aus, woraufhin vier, fünf der Knüppelmänner zu Boden gingen oder mehr. Doch die hinterste, engste Felsspalte war gleich einem Joch, einem Zwingeisen, so daß sich das wütende Tier bald nicht mehr rühren konnte, nicht mit dem Schwanz peitschen, nicht die gefährlichen Hinterpranken heben, nicht einmal grollen konnte es, so fest standen die Männer.

Aber das Junge. Daran hatte wohl niemand gedacht?

Das gelbe lehmverkrustete Junge war von einer anderen Schar beherzter Männer in eine andere enge Felsspalte getrieben worden, wo es sich bei aller Kleinheit ebenso wütend gebärdete. Es biß und kratzte, duckte sich, setzte zum Sprung an, schlich auf den Boden gepreßt auf bedrohliche Weise vor, mauzte und miezte, fauchte, grollte (oder eher grillte) mit hoher Stimme. Bis einem der Jäger, einem aufmerksamen Manne, der Augen im Kopf hatte, die ungeheuerliche Wahrheit aufging – ich sage, es ist lächerlich, wie konnte sie nur einem einzigen aufgehen, einem, der nicht einmal Jäger, nur Gehilfe eines Jägers war, anscheinend handelte es sich um eine Ansammlung von Blinden.

Der König wurde geholt, die Edlen scharten sich, das Volk lief heran: Das war –

Das war ungeheuerlich!

Es erwies sich aber als äußerst schwierig, das Ungeheuerliche einzufangen, denn das kratzte und krallte unvermindert, war keinerlei Zuspruch zugänglich, schien überhaupt kein Wort zu begreifen und gab unverständliche Laute von sich. Biß schließlich einen Mann, der sich zu weit vorwagte, mit aller Kraft ins Bein, so daß dieser jaulend zurückschnellte – am Ende blieb nur übrig, den fauchenden kleinen Teufel in einem Netz zu fangen. Da wurde er dann gut verschnürt vor den König gebracht, und der kiekste ihm mit dem Finger ein bißchen in den Bauch, um ihn aber schnellstens zurückzuziehen und auf diese Weise seinen Finger zu behalten. Die Erschütterung, die alle diejenigen ergriff, die Zeuge dieser Szene wurden, war so stark, daß sie auf die Knie fielen und den Barmherzigen für sein vollbrachtes Wunder priesen. Diejenigen aber, die weiter hinten standen und nicht sehen konnten, was man vorn anstellte, rissen Witze über die Knienden hinweg, riefen, man sollte ihnen auch ein Stück übrig lassen.

Der König weinte.

Er streckte seine Arme nach dem festverschnürten Mahmud aus, nicht ohne aber gleichzeitig äußerste Vorsicht walten zu lassen. Und Mahmud, nicht ahnend – oder doch ahnend? –, daß es sich hier um einen nahen Verwandten handelte, zeigte mit weit geöffnetem Rachen seine kleinen Zähne durch die Maschen des Fangnetzes, wobei ihm ein winziges, nicht mißzuverstehendes Löwengebrüll aus der Kehle drang. Er war vier Jahre alt, wenn ich die Zeit zusammenrechne, oder noch nicht ganz vier Jahre alt, jedenfalls dem Säugling, der seinerzeit fortgeworfen wurde, in seiner jetzigen erdverkrusteten Gestalt so wenig ähnlich wie eine Rübe dem Kelchblatt einer Rose. Dennoch gab es keinen Zweifel. Im Kampf, im Hin und Her war dem Mahmud ein großes Stück Kruste von der Stirn geplatzt, und da stand er, der Bogen des Schriftzeichens »Dha«, dessen Schneide nach oben gekehrt ist.

Da weinte der König über den Wiedergefundenen.

Das Schicksal des kleinen Mahmud ist ja wirklich ein furchtbares gewesen, wobei niemand beschwören könnte, ob es schließlich so oder so verlaufen war, es war ja niemand dabei. Und was die gelbe Bestie anging, so kann man sagen, sie kämpfte um ihr Junges wie eine Löwenmutter, doch in der letzten Konsequenz mag bei ihr die Einsicht gewaltet haben, daß es ja doch nicht ihres war. Der König ließ sie denn auch frei abziehen, gewissermaßen als Entgelt für geleistete Mutterdienste. Stand da gebieterisch (wenn auch dankbar) mit dem, was ihm von Rechts wegen gehörte. Die Löwin senkte den Kopf und trabte mit einem Murren davon.

Man mag sie bedauern, aber wenigstens war sie nicht aufgespießt worden.

Jahre sind vorübergezogen und mit ihnen eine Reihe böser Szenen, geboren aus Mißgunst und – wohl berechtigtem – Grimm der Dame Gum. War ihr doch seinerzeit aus heiterem Himmel oder besser aus den dick und gelb sich heranwälzenden Staubwolken der rückkehrenden Jagdgesellschaft ein Rivale präsentiert worden, mit dem sie bei Gott nicht mehr gerechnet hatte. Die Weiber trillerten ihr »Güllüllüllüh«, hielten nach überlebenden Ehemännern Ausschau, vorn aber ritt der mächtige König, breit lachend den Bastard vor sich auf dem Sattel haltend. Der Gum wurde die Welt fahl.

Seien wir gerecht, vier Jahre lang hatte sie ihr Herzblut gegeben, hatte sich krummgelegt, hatte sich liebgemacht und unwiderstehlich sowohl als unerträglich, und hatte sich hart gemacht, eine eiserne Ramme, den königlichen Starrsinn einzurennen, Gott sei's geklagt, schwer genug war's ja. Und nun kam dieser Bastard, dieser Tiermensch, der schon längst hätte tot sein sollen, dreimal, viermal tot, tauchte wieder auf, als sei nichts gewesen. Ein feiner Zuwachs war das, der erst einmal sprechen lernen mußte, man bedenke! Erst einmal »Haphap«, erst einmal »Kacka« sagen, eine Abart war das, weniger als ein Bastard, ein sodomitischer Halbmensch, wenn man sie fragte. Aber es fragte sie ja niemand.

Und was da für Sachen vorgefallen sein mußten, was für unaussprechlich abartige, wollte sie auch nicht wissen. Man sehe sich nur diesen Schwengel an – deutete auf Mahmuds privaten Teil –, wer, wenn nicht ein Tier habe solch einen Schwengel! Hier mußte man allerdings der Wahrheit die Ehre geben, als nämlich der sehr unbedarfte Mahmud ganz gegen jede Regel und ganz nach Belieben nackt herumlief und die Leute mit seinem merkwürdig ausgeprägten Geschlecht konfrontierte. Auch legte er sich aus alter Gewohnheit, wenn es nur irgend ging, eine Lehmkruste zu; selbst nach Jahren noch stand er zum Erstaunen der Leute, die nicht darauf vorbereitet waren, plötzlich als Erdhügel da.

Dafür stattete die Gum ihren Esan um so anständiger aus, sie kaufte, was ihr nur an ausgewählt Feinem unter die Hände kam: Samt, Bakratgewebe, Musseline mit eingewebten Papageien, karierte Seidenstoffe aus Delhi in nie gesehenen Farben. Alles ein wenig verschossen, versteht sich, zu einem guten Teil abgetragen, bis es den Weg in diese entlegene Gegend gefunden hatte. Auch gepunzte Ledergürtel und weichgeklopfte Stiefel sowie Spangen mit Tierköpfen und Tücher mit Metallfransen am Rand. Und Waffen nicht zu vergessen, die Gum kaufte für ihren Esan ein Krummschwert, das er auf elegante Weise mit sich herumtrug. Überhaupt war der Esan ein rechter Stutzer geworden, die Mama hätte es nicht besser wünschen können.

Da schreitet er mit Pluderhosen einher, die so weit sind, daß man hätte drei Mann damit bekleiden können, fein gefältet, aus taubenblauer Seide mit einer großen Kordel unterm Knie, wo die spindeldürren Beine wie zwei Sicheln hervorschauen. Begegnet dem Mahmud in einer entlegenen Ecke des Palastes; der eine schreitet etwas breitbeinig, der andere kommt munter hereingerollt, beide bleiben stehen.

»Rate mal, was ich hier habe.«

»Weiß ich nicht.«

»Einen Frosch«, Mahmud läßt ihn hüpfen. Esan weiß nicht so recht und sagt nölig:

»Ich habe eine neue Hose.«

Mahmud, den Hosen nicht interessieren, schaut sich die Hose höflich an, die ja wirklich neu aussieht:

»Das ist wahr.«

»Du hast ja keine Hose.«

Mahmud hat ein Hemd an, aber keine Hose, dafür hat er

jedoch Stiefel aus gelbem Lehm, nachdem er genügend lange in dem Loch herumgewatet war, um den Frosch zu fangen.

»Und du hast keine Stiefel«, sagt Mahmud, indem er kräftig aufstampft, »siehst du, solche hast du nicht.«

Esan schaut und ist bei aller Nöligkeit beeindruckt, denn solche hat er wirklich nicht – und man ahnt das Schlimmste.

»Wenn du dir solche holen willst, zeige ich dir, wo.«

Eine ganz schlimme Sache, wird doch der Esan in seiner neuen taubenblauen Hose, die für drei gereicht hätte, zum Loch geführt, wo die Ziegelmacher einen Schmadder angesetzt haben, einen Lehmtümpel, knietief, fett und reif zum Abstechen. Dort zeigt ihm der Mahmud, wie es gemacht wird, nämlich fest hinein, daß der Schmand durch die Zehen quillt, und dann ploff-ploff immer weiter hinein, ja, das macht auch dem Esan Spaß, der kann sich gar nicht genug tun mit dem Ploff-ploff, der legt sich dicke Stiefel zu, wie sie selbst der Mahmud nicht anhat, bis zur Hüfte hinauf. Glücklich? Nein, zum Glück hat es nicht ganz ausgereicht, dafür war der Esan nicht gemacht, aber gegrinst hat er schon ein bißchen. –

Als er dann zur Mutter ging, wäre es mit dem Glück sowieso zu Ende gewesen, denn die nahm so etwas sehr persönlich: Fünf Ellen taubenblauer Seide ruiniert, die Hose ein einziger unglaublicher Modder und die Thronfolge bedroht, denn ihre Gedankengänge (alle ihre Gedankengänge) liefen nur darauf hinaus.

Zum Beispiel kommt der Esan in einer Pumphose daher, welche diesmal aus ganz dünngewebtem, mit weißen Noppen eingeschossenem Königsleinen genäht ist, mindestens sieben Ellen Stoff, alles in allem, hinten und vorne, eine wahre Pracht fremdländischer Eleganz (aus Alexandrien?). Auf dem Kopf trägt er einen weißen um einen Filzkegel gewickelten Turban, außerdem hat ihm die Mutter unter Androhung von Stockschlägen verboten, auch nur in Sichtweite eines Lehmlochs zu gehen! Also gut. Mahmud kommt ihm ganz zufällig auf dem oberen Mauergang entgegen, hat soeben mit einem Bock gerungen, diesen umgeworfen und auf den Rücken gelegt, sich dabei das Schienbein zerschunden, es macht ihm aber nichts aus. Sie begegnen sich auf der Höhe, bleiben stehen.

»Rate, was ich hier habe.«

»Weiß ich nicht.«

»Teer«, Mahmud zeigt ihm den Klumpen, den er in der Hand knetet, formt ein Tier daraus, eine Katze oder was das sein soll, und hält sie dem Esan hin. Der schaut sich die Katze an, nimmt sie aber nicht in die Hand, denn ihm schwant nichts Gutes. Also, dann nicht!

»Wie weit kannst du pietern«, fragt Mahmud nachlässig.

»Ich kann weit pietern.«

»Nicht so weit wie ich.«

»Kann ich doch.«

»Kannst du nicht!« Mahmud stellt sich an den Mauerrand und holt sein kleines Geschäft hervor – ich sagte ja schon, es ist gar nicht so klein, es sieht so aus, als ob man damit weit pietern könnte. Mahmud stellt sich hin und macht einen ordentlichen Strahl in den Hof hinunter, einen gut gewölbten und ziemlich weiten. Es ist der Pferdehof, und die Pferde sind Schlimmeres gewohnt.

»Kann ich auch«, sagt Esan, langt in seine Pluderhose, dorthin, wo der vielgefältete, mehrfach sich überdeckende Schlitz angebracht ist, findet nach einigem Suchen das seine, es ist nur ein Röhrchen, kaum des Suchens wert – man mag es mit Skepsis betrachten –, und was soll ich sagen, hat er sich dann doch geschämt, der Esan, steht da unschlüssig mit seinem Schniepel in der Hand, und dann dreht er sich herum, damit man ihn vom Haus aus nicht sehen kann, macht einen Strahl von der Mauer nach außen herunter, einen blaß gelblichen.

Das heißt, es wäre ein Strahl gewesen, wenn nicht gerade

der Wind aufgefrischt hätte, ein böiger Windstoß, der dem armen Esan den Strahl knickte und zurücktrieb. Und genau auf die Hose. Das Unglück wurde aber noch größer, indem er nicht abkneifen konnte, sozusagen gegen besseres Wissen weiterlaufen ließ, und die Mutter war gar nicht in der Lage, das Unglück ganz zu begreifen. Als sie ihren Esan gelblich nach Hause kommen sah: die Pumphose aus erstklassig weißem Königsleinen (worauf ihre Gedanken hinausliefen) angeklatscht und schal riechend wie eine nasse Zwiebel.

Man soll aber nicht glauben, daß hier irgend jemand gelacht hätte. Der wässerig einherstolzierende Esan vertrat die Würde der Gum, und die Gum war niemand, über die man lachte. Die nahm die Kleiderfrage künftig noch ernster, stattete den Esan wie einen Fasan aus, mit gefiederten Hosen, schillernden Jäckchen und Turbanen, auf denen sich oben große Fächer spreizten. Einmal kam er zur Freude des ganzen Hofes einschließlich des Herrn und Königs, der erstaunt schnalzte, als Blumenstrauß daher. Turkmenische Frauen hatten einstmals in unendlicher Geduld (und auch Güte) ein Laken bestickt, das schon als Vorhang und Leichentuch gedient hatte und, im langen Durchgang vergilbt und verschlissen, immer noch klar erkennbare Blumengirlanden zeigte sowie die Frauen, welche diese trugen. Ein fast erzählerisches Gewebe, und die Gum ließ daraus für ihren Esan ein halblanges Hemd mit gerundeten Schlitzen schneidern, hinten etwas länger als vorn, dazu eine gefaltete Hose bis zu den Waden.

Nun fand an diesem Tag das Frühlingsfest statt, am zehnten Yuma des Jahres, dem vierten nach Ramadan. Jedermann lief mit einem Ei herum, mit dem er konkurrieren wollte. Über Nacht hatte sich ein lavendelfarbener Schleier über die Wüste gelegt, Blüten von Stecknadelkopfgröße, ein Sternenmeer, unbegreiflich, denn wie sollte der Sand blühen. Jedermann freute sich. Und sie freuten sich auch über den Esan, der hier seinerseits als Frühling daherkam, hell und luftig und ganz und gar neu. Um so mißtrauischer wird man deshalb den aus der entgegengesetzten Seite nahenden Mahmud betrachten, der weniger hell und luftig, dafür aber guten Mutes das Festgelände betrat. Sie trafen sich unter dem »Aga-chob-nashudi«, dem aus gebogenen Baumästen zusammengebundenen Rad, in welchem alle Kinder fröhlich herumfuhren. Mit diesem Rad fuhren Esan und Mahmud nicht, sie schickten sich an, ihre Eier aneinander zu stoßen. Es ist der Kochvorgang, der zählt, einmal, zweimal, dreimal gekocht, manche Leute schwören sogar auf rohe Eier, deren Schale am widerstandsfähigsten sein soll. Und dann gibt es Methoden, das Ei genau mit der Spitze zu treffen oder etwas schräg, eine Wissenschaft. Auch gibt es Schwierigkeitsgrade: Die Opponenten stehen auf einem Bein, oder sie müssen sich über ein Brunnenloch lehnen und anderes mehr.

Als die Gum ihren Frühlingssohn am Abend nach dem Fest nach Hause kommen sah, verzweifelte sie, nicht nur wegen des Dotters am Kleid, das Unabwendbare war es, das sie verzweifeln ließ, das Vergebliche jeden Bemühens – offenbar waren beide Eier nicht gekocht gewesen.

Es kam die Zeit, daß die Knaben männlich wurden – das geschieht zwischen dem siebten und achten Jahr. Beide hatten nach allen Seiten etwas ausgelegt. Mahmud mehr in die Breite und Esan in die Höhe oder Länge, er war, obwohl ein Jahr jünger, größer als Mahmud; seine stutzerhaft schöne Erscheinung pflegte er jetzt aus eigenem Antrieb – insofern hatten die Bemühungen der Gum Früchte getragen –, er war überall wohlgelitten, ja, setzte Beispiele für Knaben seines Alters, die sich kleine Spiegelchen aufnähten, einen Kragen hier, eine gepoßte Blume dort, oder eine lang ausgediente preiselbeerfarbene Bauchschärpe zum Turban wickelten. Weil der Stutzer Esan eben dieser Tage auch mit einem preiselbeerfarbenen Turban erschien, allerdings aus Peshavar stammend, so wie alle Luxusgüter über die Bergkämme kamen, aus einem Land, das noch niemand gesehen hatte, von dem nur gelegentlich ein Fetzen Brokat oder ein erstaunlicher Ohrring in Form einer säulenumstandenen Pagode zeugten. Weit entfernt in einem rosa Nebel, so muß man sich das vorstellen: Reich des Zauberers Fisifi und der Hexe Wak-Wak.

Mahmud konnte mit diesem Aufwand nicht mithalten. War er früher rund gewesen, so wurde er jetzt viereckig, von Eleganz konnte keine Rede sein, und ein Beispiel für Knaben seines Alters setzte er auch nicht, da er keine gedrehten Knöpfe aus dem Lande Wak-Wak am Hemd hatte und keine gepoßten Aufschläge aus vergoldetem Leder. Allein das Auge des Vaters – das muß gesagt werden – ruhte wohlgefällig auf dem handfesten Sohn, den er bisweilen zu kleineren Ausritten oder auf Häckseljagden mitnahm; der saß dann fest im Sattel, während ihm sein feinerer Sohn bei solchen Anlässen schon vom Pferd gefallen war.

Als der Mann aus Kandahar geholt wurde, geschah dies in aller Heimlichkeit, ja Geheimhaltung. Eingeweiht waren eine ältere Dienerin, mehr Freundin als Dienerin, deren Magd, die nicht ausgeschlossen werden konnte, da sie Tag und Nacht dabei stand, ein Bote und eine Vertrauensperson in Kandahar, welche den Knüpfmeister ansprach und eine bestimmte Summe übergab. Fünf Personen also, denen die Gum bei Androhung strenger Strafe vertraute, nebst dem Esan, versteht sich, dem direkt Betroffenen.

Es war die reine Staatsaffäre: Der Knüpfmeister wurde nachts in den Palast gebracht, nachdem er Ghazni auf einem unüblichen Weg, und zwar über Mokor, erreicht hatte, unter Bewachung durch die Vertrauensperson aus Khandahar sowie des Boten, der jetzt als bewaffneter Wächter fungierte. Denn diese Gegend war nicht frei von Räubern. An der Pforte des Palastes wartete die Magd im Schatten, so daß man nur ihre Augen sah. Es war eine mondlose Nacht, voll fremder Geister für den verängstigten Knüpfmeister, der nicht genau wußte, was am Ende diese Reise brächte – das heißt, er wußte es, nämlich einen wohlgefüllten Beutel, und das wollte er auch glauben. Von der Dienerin und deren Magd wurde er im Innern, in einer verborgenen Kammer, in Frauenkleidung gehüllt, mußte in Frauenkleidung durch einen Gang in eine andere Kammer gehen, die genauso aussah wie die erste, nur daß jetzt ein Tisch darin stand, wo er sein Gewerbe ausbreitete.

Er benutzte Pferdehaar, weil es strenger ist als das menschliche, doch das von jungen Pferden, also nicht zu streng, und es sollten Braune oder gar Rappen sein, welche das scheinendste Haar liefern. Er arbeitete sehr früh morgens, da er für die Farbauswahl Tageslicht benötigte, später, wenn die Weiber herumzulaufen begannen, verbarg er sich in der ersten Kammer, in der ohne Tisch, und arbeitete an den einzelnen Strähnen, strähnte das Haar zur Vorbereitung, wozu er kein Tageslicht benötigte. Oder er schlief. Und wenn doch einmal eine Magd mit einem Eimer Wasser hereinkam, dann sah sie nur die mümmelnde Alte in der Ecke.

So ging das eine Woche lang, vielleicht hätte er es auch schneller machen können, dann aber wäre der Beutel nicht so groß ausgefallen. Den Esan ließ er nur zwischendurch zum Sitzen kommen, er hatte sich einen Holzbock mit seinen Maßen angefertigt, auf dem er arbeitete, für Anordnung, Größe und Abstände der Reihen brauchte er jedoch den direkten Eindruck. Esan saß dann mißmutig – weil es seine Schlafenszeit war – vor dem Meister, und dieser, ein sonst begnadeter Künstler seines Fachs, tat sich nicht leicht mit dem verdrossenen Material, das hier vorgegeben war. Noch dazu ständig verunsichert durch die sich zu Tode ·

fürchtende Dienerin, die das geheime Essen bringen mußte, Wasser, auch Schiraswein.

Das nächtliche Ereignis nahte. Es waren Öllampen in der Kammer aufgestellt, auf Stufen, in Wandvertiefungen, auf dem Boden; Esan hatte man auf den Tisch gesetzt (in der Kammer mit dem Tisch), so daß man sich ein Bild von der Wirkung machen konnte. Als der Meister mit dem Kunstwerk eintrat, dieses ausgebreitet oder ausgespreitet vor sich hertragend, an sich nur eine Matte, aber wie herrlich und ganz außerordentlich. Und welche Verwandlung! Als der Meister sie an dem dasitzenden Esan vollzog und ihm den Bart umhängte.

Man beachte die Gum, sie war fast andächtig geworden. Starrte mit leuchtenden Augen auf ihren Sohn, ihren Esan, der nicht mehr saß, wie man auf einem Tisch sitzt, sondern wie ein Festgott thronte, durch die Kunst des Meisters zu einer wirklichen (wirklichen) Hoheit verwandelt, persisch-mesopotamisch-assyrisch-abassidisch, alles in einem. Den Leuten stand der Mund offen, viel fehlte nicht und sie hätten sich auf den Boden geworfen. Es war ein erprobtes Instrument: Der Bart, arrogant quadratisch, von Ohr zu Ohr reichend, bedeutete ein paar tausend Jahre Macht und Unterwerfung. Und tief im Fleisch wußten sie es, die Dienerin und deren Magd, der Zuträger, die beiden Wächter, die bestochen waren, sowie nicht zu umgehende Hausmägde, also insgesamt vier mehr, welche alle Kußhände warfen, weil sie den schwarzbebarteten Esan wunderschön fanden: ein Kalif, dachten sie, ein Herr der Nacht, ein schöner Schrecklicher! Wie ihm das steht!

Und es stand ihm ja wirklich – so gut hat er nie wieder ausgesehen, oder war es die Beleuchtung? Allerdings hätte man mit diesem Bart auch ein trächtiges Schwein zum Kalifen machen können. Er war volle zwei Fuß lang und breit, in zwölf Etagen geknüpft, jede aus zwei Reihen sorgfältig gedrehter Spirallocken bestehend und überlappend, so daß sich eine Art Ziegelmuster ergab, das am unteren Rand dem Esan bis auf den Bauch reichte, luxuriös ausgefranst. Und das Ganze überzogen mit jenem jettschwarzen Luster, der uns die wahre Geschichte erzählt: Von den tausendundeinen Luxusnächten, den üppigen Grausamkeiten, lasterhaften Gastmählern und knietiefen roten Schatzhalden aufgehäufter Ungeheuerlichkeiten, so daß den Leutchen, die eigentlich nur dem guten Aussehen huldigen wollten, eine Ahnung kam.

Der Bartmeister war denn auch dementsprechend stolz auf das, was er gemacht hatte, nicht wahr, verdrehte die Augen und spürte die Macht, die ihm zu Gebote stand, ein geheimer Königmacher, nicht wahr? Und die Gum? Oh, wir haben es noch nicht sagen können, die hatte sich inzwischen völlig aufgelöst, sie war einer fast körperlichen Befriedigung nahe – ich will nicht zu weit gehen, aber hier traten Gefühle zutage, die man nur als sexuelle Erregung bezeichnen könnte. Sie stand an der Wand, damit es nicht so deutlich wurde, ihre Brauen liefen frontal zusammen, ihre große Nase zitterte, die Augäpfel, beleuchtet von einem lohenden, nicht zu bändigenden Liebesfeuer, wurden rot, dazu ging ihr der Atem in kurzen Stößen.

Dabei handelte es sich doch um einen reinen Gebrauchsgegenstand, den man sich für alle Fälle angeschafft hatte. Und wie sich herausstellen sollte, nicht einen Augenblick zu früh.

Die Schlacht von Jhellum

Die Ebene vor Jhellum zeigte sich nicht als plattes übersicht-
liches Gelände, sie war lieblich von Baumgruppen durchsetzt, überhöht von sehr schlanken Sisalpalmen, die überall
wie dünne Pinsel in den dunstigen Horizont hinein standen.
Eine Landschaft, in die man Wasserbüffel stellt, in grün
überwachsene Tümpel. Stille herrschte am Morgen, ein ge-
lassenes Zeitmaß, das zarte Muhen des Schuhreihers war zu
hören und ab und zu das metallische Klicken der Webervögel.

Mahmuds Horde stand unschlüssig in diesem Paradies.
Da war man beim Hellwerden mit großem Elan aufgebro-
chen, als Kunde vom Aufmarsch einer verheerend großen
Feindesmacht gekommen war – der einohrige Kundschaf-
ter Machmat Sherat, genannt »das Pfeifchen«, hatte sie gebracht –, und nun gelangte man an diesen Ort des Verweilens, so üppig, daß selbst Gott hätte bleiben wollen. Allerdings auch des schweren Vorankommens, indem der Boden
die Hufe der Pferde einsinken ließ. Da stand nun die Horde,
schweißdünstend, wüst, in Staubstürmen verkrustet und
wieder aufgeweicht, aufgeledert und absolut nicht hierher-
gehörig. In diesem grünen Morgen.

Und wo war er nun, der verheerend große Aufmarsch?
Wenn man dem Pfeifchen vertraute, hätte er hier, unmittelbar auf der lieblichen, von hohen Pinseln gesäumten Aue
stattfinden sollen, aber da standen nur die Tadoorstörche
und klapperten. Bis – ja, bis sich hinter einer Baumgruppe
ein grauer Hügel herausschälte. Eine steingraue Kuppe im
Frühdunst, buckelig, massig, ein dicker Blockfelsen, der
auch nicht ganz hierher gehörte, und bei genauerem Hinschauen stand da noch ein zweiter Felsen und ein dritter –
eine ganze Heerschar von Felsen stand dort.

Bis sich einer bewegte.

Die wackeren Leute hatten ihr Lebtag kein größeres Tier als ein Kamel gesehen, aber was da hervorkam, das ging auf vier Beinen wie auf Tempelsäulen, jeder so dick wie ein dicker Mann, darauf saßen wohl an die fünfzig Fuder Fleisch, unter denen man die groben Knochen arbeiten sah, schrecklich war der Kopf: Der war gewaltig mit zwei Buckeln versehen und mit einer lang herabhängenden Nase, für sich allein aus einem ganzen Fuder Fleisch bestehend und in eine mächtige Schlange mündend, die hin- und herschlenkerte. Das Fürchterlichste aber waren die Zähne, ich will nicht übertreiben, aber was da rechts und links aus dem Maul stand, das waren Säbel, jeder so lang wie eine Wagendeichsel.

Nun war Mahmud rechtzeitig darauf bedacht gewesen, Frauen und Kinder sowie die hasenherzige Dienerschaft in einer abgelegenen Senke zu verbergen, wo sie weder die Trompeten noch die Schreie der am Boden Zertretenen hören konnten, nur das grüne Summen des Vormittags. Die Frauen begannen denn auch zu kochen, Binsendächer aufzustellen, die Kinder spielten mit den übergroßen Hornkäfern, die es hier gab, und alle waren übereinstimmend der Meinung, daß es sich um einen Ort des Bleibens handelte; man setzte sich unter die herabwallenden Bärte der Pooghi-Bäume, wo man seine Ruhe hatte. –

Indessen auf dem Feld der Männer Geschichte gemacht wurde: Schlacht von Jhellum (oder auch Sidi Rasul 1008) mit einem bösen und einem guten Ausgang. Über hundert Kriegselefanten traten aus dem Dunst, behängt mit dicken bis auf die Erde reichenden Matten, mit v-förmigen Zeichen versehen, wandernden Festen gleichend. Obenauf vielstökkige Türme: Im ersten Stockwerk standen lange Spieße vor, im zweiten saßen Bogenschützen und ganz oben Sichelmänner, die sich wie Affen herabstürzen würden, wenn die Zeit kam, um die Feinde auszuweiden. Sie trugen schwarze Bemalung zum Zeichen ihrer schmutzigen Zunft, deswegen waren sie auch im Stockwerk getrennt.

Mahmud focht's nicht an. Der saß quadratisch auf dem Pferdekaiser, den er tänzeln, paradieren ließ, als käme ihm der ganze Aufwand gelegen. Gab sogar Zeichen von Wohlbefinden, man staune, ganz der alte Bastard, ganz offenbar frohen Mutes. Sprengte da etwa aufs Feld hinaus und ritt die Reihe der furchtbaren Kampfkolosse ab, indem er rief:

»Dick seid ihr ja, aber ob ihr auch ein Herz habt!«

Das war aber nicht poetisch gemeint – nein, jetzt muß ich mich korrigieren, er ritt nicht auf Pferdekaiser und auch nicht auf Sandsturm, ich möchte diese beiden noch aufsparen –, sondern er ritt ein drittes, ein edles Pferd, das den Namen »Kraft des Herzens« (Bn-n-Hâmis) trug. Und im Abreiten ließ er eine Serie rückwärtiger Geräusche hören; das mochte verständlich sein, stellte aber auch eine große Beleidigung und Nichtachtung dar – es ist der Teufel, der ausfährt, und Mahmud hatte ihn, seitlich vom Sattel abgehoben, nicht zurückgehalten.

Ich wollte versuchen, ein Bild dieser Schlacht zu zeichnen, ihrer vielfältigen Bewegungen, des Stoßes in der Mitte, der Flankenmanöver, des Vor- und Zurücknehmens und der seitlichen Umgehungen, soweit sie stattfanden. Es ist müßig, sie fanden nicht statt. Wir wollen die Dinge beim Namen nennen, es handelte sich bei diesem vielbeschriebenen geschichtlichen Ereignis (Jhellum) um ein ganz simples Niederwalzen. Die Kolosse setzten sich in Trapp, nahmen diesen seltsamen Geschwindschritt auf, mit dem Elefanten ein beträchtliches Tempo erreichen – sie können nicht galoppieren, laufen eigentlich auf den Zehen, die Kolosse; was wir als Knie wahrnehmen, ist in Wirklichkeit der Mittelfuß, und die mächtigen Trittplatten sind Zehenspitzen mit Nägeln, jeder so groß wie ein Buch.

Demgegenüber war der Anprall des Reiterheeres praktisch nicht existent, die Pferde hatten kein vergleichbares

Gewicht dagegenzusetzen, das Gewicht ihres Anpralls, der »Choque« – wie man ihn nennt – war ein nur zierlicher. Auch hatten die Reiter keine langen Haken oder Feuerbrände an Stangen, mit denen sie hätten hinaufreichen können. Ihre Pfeile steckten wirkungslos in den Brustmatten oder im Rohrgeflecht der Türme. Während diese, hochaufragend, teils als Rundpagoden, teils als viereckige Kraniche mit geflochtenen Schnäbeln zu den völlig hilflosen Wüstensöhnen herunternickten. Da mochten sie dreinschlagen und scharf durchziehen, soviel sie wollten, die zähe Hülle der Dickhäuter konnten sie nicht schneiden, sie gibt nach, verformt sich. Verschließt sich auch gleich wieder wie die Wandung der Weltschlange. Ich will das einmal erklären, Elefantenhaut hat ein Eigenleben, sie ist einerseits hochempfindlich für den Tastsinn, scheint selbst am Hinterteil Augen zu haben, führt aber andererseits ihre Schmerzzone erst in einer Handbreit Tiefe, was sie völlig unverletzlich macht. Ein zugleich grobschlächtiges als auch hochdifferenziertes Organ, und die Rüsselspitze ist ein feiner Finger.

Doch fürchte ich, Erklärungen werden Mahmuds Männern nichts genutzt haben. Sie sahen Fleischberge, die sich nicht zerkleinern ließen, graue Wände kamen über sie, Fußsohlen hoben sich, Mann und Roß zu begraben. Mit dem besonderen Tastsinn, der eben auch unter diesen Fußsohlen angebracht war und sehr wohl differenzieren konnte, was er da plattdrückte: Einen Arm, ein Bein, den Rücken eines Pferdes, aber auch Dinge viel kleineren Ausmaßes, etwa einen Ring am Finger.

Was übrigblieb, war eine zertretene Armee. Ja, es war geschehen. Die Schuhreiher gaben ihre sanften Schuhlaute von sich, die Weber klickten metallisch, und ein warmer Körperdunst zog sich über das Schlachtfeld, auf dem sich hier eine Hand regte, dort ein Pferd rappelte, nicht hochkam und ein gebrochenes Auge zur Erde richtete. Und es war eine schwarze, eine getränkte Erde. Mancher Krieger

war so weit darin versunken, daß nur sein braunver-
schmierter Rücken hervorsah oder sein Scheitel, eins mit
dieser Erde, mit diesem Ort der Stille und des Verweilens,
des Nicht-weiter-Vorankommens. Letzteres ohne Zweifel.

Mahmud, der halb unter seinem zerbrochenen Pferd lag,
dem »Kraft des Herzens« (deshalb habe ich die anderen
zwei aufgespart), sah den Himmel über sich, sah die krei-
senden Totenvögel – Raben zumeist, eine braunschwarze
Sorte, wie wir sie nicht kennen – und dachte: Dick waren
sie, und Herzen hatten sie keine gehabt, aber Füße groß wie
Provinzen, Visionen, was weiß ich, wie sie Sterbenden kommen, die schon wieder einen Anfang sehen – ich verwirre
mich hier, aber das ist verständlich angesichts dieser Kata-
strophe. Ich weiß, ich hätte von heroischen Taten berichten
sollen, etwa von Bamar, einem Mann, der weder vorher
noch nachher jemals in Erscheinung trat, wie er, auf dem
Sattel stehend, sich bis zum ersten Stockwerk eines Turmes
hochschwang, um dort unter furchterregendem Schreien in
das Korbgeflecht zu stechen, quer, schräg, diagonal und
von oben, so wie man es bei gewissen Zirkusnummern
sieht. Während ihm aus dem Korb heraus in den Bauch ge-
spießt und vom zweiten Stockwerk her auf den Schädel geschlagen wurde, und Bamar, immer noch schreiend, eine
blutige Masse ohne Hinterkopf, seine Säbelnummer vorführte. Seine erste und letzte in diesem Leben.

Oder von dem tapferen Harut. Der ganz allein durch-
brach und im Rücken der Linie, wo er sich gut hätte in Sicherheit bringen können, versuchte, den Streitkolossen
Feuerbrände unter die Schwänze zu schieben, woraufhin
sich einer von ihnen gezielt und umsichtig auf den tapferen
Harut setzte, nichts als platten Boden von ihm übriglas-
send. Oder von dem edlen Sindabashi, der das Feldzeichen,
den Widderschädel, auf die wandelnde Festung pflanzen
wollte, um so das Schlachtglück zu wenden, statt dessen
selbst aufgepflanzt wurde, und zwar mit dem Kopf nach un-

ten. Jugendliche Helden, sinnlose Heroen, doch wer weiß, vielleicht hatten sie ihr Leben gehabt.

Mahmud hob den Schild mit der verdorrten Hand eines früheren Feindes, dann hob er den Kopf und sah sie liegen, seine gesamte Armee. Er hörte die Störche klappern und das silberne Rascheln der Sisalpalmen, er spürte unter sich in der weichen Erde ein Kleintier sich regen, dem die Last auch zu groß wurde. Stille, Stille, starke grüne Gerüche zogen vorbei, in denen eine Verheißung enthalten war, die nun nicht mehr erfüllt werden würde. Und dann, leise zuerst, begann ein Stöhnen, ein ersticktes und von Erde zugepapptes Wimmern, die Armee begann sich zu regen. Begann die Armstümpfe aufzuheben und mit den klaffenden Kehlen zu gurgeln. Lauter dann.

Die Kopfverletzten riefen: Helft, helft, es ist Nacht. Die Bauchverletzten riefen nach Wasser, und die mit den zerquetschten Beinen begannen im Kreis herum zu kriechen. Der Himmel hatte sich inzwischen bedeckt, es regnete eine Weile lang, hörte wieder auf, die Sonne kam heraus, bedeckte sich wieder, der Schwarm der Totenvögel, der am Himmel kreiste, war dichter geworden, es kam aber niemand, der das Werk vollendet hätte.

Das war nicht ganz zu verstehen.

Sachgemäß hätten sie nun abgeschlachtet werden müssen, und darauf warteten sie. Die Webervögel klickten, und die Palmblätter scharrten, aber wo blieben die Leute, das Handwerk zu besorgen. Da lag die Armee, die lag doch da, platt auf dem Boden und tränkte ihn. Nur die Abschlachter in ihren blutbespritzten Lederkollern, die von Mann zu Mann wanderten, um ihnen das Eisen hineinzustoßen, um am Abend zu sagen, daß es eine schwere Arbeit gewesen sei, was sie jedesmal zu sagen pflegten: Wir haben gar nichts mehr gefühlt – die kamen nicht.

Was war geschehen?

Ich gab mir eingangs Mühe, die besondere Sensibilität des Elefanten darzulegen, sein ausgebildetes Tastgefühl und sein (sonst immer) behutsames Auftreten, wie wir es kennen, ja, auch die Empfindsamkeit des Hinterteils, mit dem selbst feine Dinge, Geschlechtsorgane, ertastet werden können – man beobachte das Liebesspiel der Elefanten, ein Muster an Zärtlichkeit und gefühlvollem Befingern. Wie verträgt sich also dieses Bild mit der furchtbaren Stampede, wie wir sie erlebt haben.

Die Antwort ist: Musth.

Dieses große Tier, das keine Feinde hat, überhaupt keine, also auch keine Angriffslust oder Abwehrangst kennt und es sich leisten kann, als Gemütsriese durch sein Leben zu wandern – angeblich hegt es nur eine Befürchtung, daß ihm nämlich eine Maus oder ein Kaninchen in den Rüssel kröche, aber auch das ist ein Märchen, denn es könnte sie mit einem einzigen Trompetenstoß hinausblasen –, dieses friedliche Tier also hat ein Handikap: Eine schlitzartige Drüse, die sich ungefähr zwischen Auge und Ohr befindet und zu bestimmten Zeiten ein Sekret absondert. Ich spreche hier ausdrücklich nur von Elefantenbullen, obwohl dieses Sekret, das wie ein Band seitlich herunterfließt, keine eigentliche Geschlechtsbedeutung hat, es ist unklar, was sie damit anstellen. Sie markieren Bäume damit oder reiben es sich gegenseitig an die Köpfe, ein homosexuelles Ritual, ein Verständigungssaft (?), jedenfalls ein Geheimnis. Es fließt ihnen von dem Schlitz in den Mund und macht sie für Stunden äußerst angriffslustig, was gegen ihre Natur ist, und die Mahouts, die Elefantentreiber, haben es als Mittel zur Widernatürlichkeit längst entdeckt. Sie nennen es: Musth.

Und so wird es verwandt: Aufgefangen in kleinen Zinntöpfen, bevor es den Mund erreicht, entwickelt das Sekret einen eigentümlich strengfaden Geruch, an Austerkolonien erinnernd, mit zunehmender Wirkung, je länger es aufbewahrt wird – nicht länger aber als achtzehn Tage. Es ist eine blaßbräunliche, langsamfließende Flüssigkeit, die auch harzige Beschaffenheit annehmen kann und, in Leinenläppchen gewickelt, als »Musthih« verkauft wird. Verfüttert an Elefantenbullen, erzeugt es diesen gereizten Zustand, wie sehr und wie lange anhaltend, bleibt schwer kalkulierbar, hängt davon ab, wieviel oder möglicherweise wie wenig gegeben wurde.

Da haben also an diesem dunstigen Morgen zum geeigneten Zeitpunkt zweihundert Mahouts ihre Leinenpäckchen ausgewickelt und den Inhalt ihren harmlos dicken Nutzelefanten tief ins Maul geschoben. Die haben eine Weile darauf herumgekaut – das kommt noch dazu, daß sie auf das Zeug wie auf Süßgummi versessen sind –, haben gestutzt und mit ihren kleinen gar nicht bösartigen Augen nach innen geblickt, schließlich zu zittern begonnen, wobei sie die Vorderbeine fest einstemmten. Und dann haben sie den Rüssel eingerollt, die Ohren zurückgelegt und sind losgestürmt. Es herrscht die Ansicht, daß Elefanten mit ausgeklappten Ohren und erhobenem Rüssel angreifen, das tun sie nicht, so orten sie nur den Widersacher; im Angriff machen sie sich eher klein – sie haben es gar nicht nötig, sich größer zu machen –, entwickeln darum eine um so höhere Geschwindigkeit:

Sie krachten wie ein Erdrutsch durchs Unterholz, donnerten über die Ebene, trampelten, tobten, trompeteten, während ihnen die Mahouts mit eisernen Piken hinter den Ohren saßen, um das Ungewitter in die einigermaßen gewünschte Richtung zu leiten, ich sage einigermaßen: Es war ein Urweltereignis, ein kaum gesteuerter Tobsuchtsanfall von insgesamt fünftausend Tonnen Gewicht. Daß da noch ein Reiterheer im Wege stand, spielte eine relativ geringe Rolle, das wurde in einem Zug gleich mitgenommen, und der ganze Vorgang hatte einen Namen: Musth.

Waren aber auch gleich weitergedonnert. Die Türme schwankten, die Panzermatten wehten, und der ganze Spuk verschwand in der dichtverwachsenen Weite von Jhellum, fernes Brechen, noch ferneres Tosen, und niemand kam zurück. Es waren wohl ein paar der Türme an Ästen hängengeblieben, umgestürzt, und die Insassen waren weggelaufen. Sonst Stille, Stille. Nur vorsichtiges Schuhen, Klicken und Klappern im weiten Feld.

Als sich die Armee sammelte, waren es am Ende fast ein Drittel von Mahmuds Männern, die nicht mehr aufstanden. Zum bösen Ende, dessen noch böseres auf geheimnisvolle Weise abgewendet wurde. Denn nachdem man sich gesammelt hatte, um eine vorläufige Ordnung in die Glieder zu bringen, fand man ausschwärmend im Feld äsende Elefanten stehen; die Tiere waren friedlich, rupften an den Bäumen und schoben sich kleinere Äste ins Maul, die Besatzungen hatten sich inzwischen davongemacht, das heißt, ein paar von ihnen saßen noch immer in ihren geflochtenen Gehäusen, vielleicht in der Hoffnung, daß man sie nicht bemerke.

So machten denn die blutverschmierten Männer Mahmuds eine nicht ganz zu verstehende idyllische Erfahrung. Die Elefanten, diese Kolosse der Unterwelt, waren auf einmal freundliche Dicke im Grünen. Standen ihnen zugewandt, gaben kleine Schnalzlaute oder ein gemütliches Kollern von sich, welches ohne Frage eine Fühlungnahme bedeutete. Einige sprachen die Rüsselsprache, steckten ihn verlegen ins Maul, andere fraßen still vor sich hin – immerhin braucht der Elefant bis zu sechs Zentner Grünfutter pro Tag. Wieder andere gruben Wasserlöcher mit dem vorderen Finger des Rüssels und verschlossen sie wieder. Oder waren mit ihrer Hautpflege beschäftigt, Schlammduschen gegen Käfer und Würmer. Ein Bild des Friedens, des Verweilens und Einsammelns, und zwar fast der gesamten Kriegsmacht, die hier zum Sammelplatz geführt wurde.

Große Medizin

Doktorspielen

Der Hof ist schmal, sehr hoch, eine braune Spalte, in der Heino Burke hinter Plünnen Deckermann herläuft, Gido Raps hinter Berte Kloose. Ich selber kann nicht mitspielen, da ich nicht schnell genug auf den Beinen bin und meinen Stand vor der Waschküche habe, wo sie alle mal vorbeikommen: wo sie mir dann ihre Stullen vorzeigen müssen, und hat jemand Käse drauf, casem sequam, soll er ihn gleich wegwerfen, das gilt aber besonders für alten Käse, der im Sommer am schärfsten ist. Oder Wurst. Die lasse ich mir gesondert vorzeigen, weil sie oft trocken ist. Trockenes Fleisch aber soll man im Sommer ganz vermeiden, weil die Tiere sich innerlich vergiften, wenn sie Durst haben und nicht trinken können.

Und trinkt auch keine Milch, sage ich, die ihr nicht vertragt, die im Magen bloß sauer wird! Doch sie hören nicht, wahrscheinlich behandle ich mich selbst ganz falsch: Ich bin jetzt elf Jahre alt und werde in letzter Zeit sehr dick, mein Gewicht ist bald das von Heino Burke und Plünnen Deckermann zusammen; die aber laufen teuflisch schnell, so daß ich kaum noch jemanden in die Hand bekomme, wie Herbert Behm, der Verstopfung hatte, oder wie Asse Toblacken. Denn in solchen Fällen soll man den Leib reiben, damit die Nahrung besser verteilt wird, und viele (die sich genügend gekratzt haben) sind schnell wieder feist geworden.

Statt dessen hüpfen sie wie Spatzen im Hof herum. Dünn und subtil und schreien: Hilfe, Doktor Schnabel kommt. Das ist richtig, ich gehe als der wegen seiner Grobheit gefürchtete Doktor Schnabel, der Schere, Messer, Zange mit sich führt und ein Stück Gummischlauch. Rizinus für Kolik, Terpentin für die Augen, stärkt das Haupt, zerteilt den Wind und macht den Darm subtil. Der schließlich wegen einer Fehldiagnose zwischen zwei Brettern zersägt wurde. Daher die Bitterkeit in der Stimme des Arztes, die Melancholie und die Fettsucht, die ihn zum Warten zwingt, bis mal jemand vorbeikommt, bis endlich mal jemand aufs Klo muß. Fabrizio Zoli hat gesagt: Die Medizin ist ein Gebäude mit verhängten Spiegeln und Uhren, wer dort hineingeht, kann zurückerwartet werden, muß nicht zurückerwartet werden. Der Ausgang ist unbeleuchtet.

Aber am frühen Nachmittag, wenn die Sonne gerade den Hof verläßt, greife ich mir den Stani. Das hat er nicht erwartet. Der rennt dünn wie ein Bindfaden durch die Gegend, weil er grade mal austreten muß, und schreit: Hilfe, Doktor Schnabel, aber nun liegt das Klo ganz günstig, neben der Waschküche, und da habe ich ihn unter meinen Händen, wenn der Hof schon schattig ist.

Er brüllt: Ich bin gesund. Laß mich los.

Das ist lächerlich, denn eben darum geht es ja, daß die Krankheit mit abgewendetem Gesicht kommt, und niemand merkt, wenn es soweit ist. Deshalb muß ich darauf bestehen, daß der Stani hier eintritt, schön in die Mitte des Raumes, wo er von allen Seiten zugänglich ist, ob er will oder nicht. Während sich vor dem Fenster die Kinder drängen, um zu sehen, was ich mit ihm mache. Gut. Ich lasse mir erst einmal die Zunge zeigen, die trocken ist, und draußen rufen sie: Jetzt plärrt er schon. Aber schließlich kann ich ihnen nicht verbieten, durchs Fenster zu sehen. Fabrizio Zoli, der 1530 in Florenz hingerichtet wurde, hat einmal gesagt, sie bieten dir tausend Ratschläge als Geschenk an, und alle sind unsinnig, er wurde wegen einer Fehldiagnose zwischen zwei Bretter gelegt und zersägt.

Was willst du tun? fragt Stani.

Sehen, ob du wasserbrüchig bist, antworte ich bestimmt.

Also muß sich Stani ausziehen, ein magerer Junge wie ein Stück Holz. Na, sage ich, wasserbrüchig scheinst du nicht zu sein, und ich taste, er stöhnt meiner Meinung nach zu laut. Leider steht mir nur die Waschküche zur Verfügung, in welcher Spiegel und Uhren verhängt sind, und wer hier große Wissenschaft erwartet, wird enttäuscht werden, obwohl jeder einsehen muß:

daß es in diesem Augenblick
und an dieser Stelle
eben keine andere Möglichkeit gibt, dem Kranken zu helfen. Und das wird er schließlich selbst einsehen. Stani, sage ich ruhig (und nun ist er auch ganz ruhig), kannst du mir sagen, was ihr zu Mittag hattet?

Das weißt du ganz genau, sagt er, Fleisch.

Ich frage aber ganz ruhig: und *was* hattet ihr?

Schweinefleisch.

Ich frage: Kennst du die Geschichte von Galenus und dem süßen Fleisch? Nein. Also erzähle ich: Galenus aß einmal im Wirtshaus eine Suppe mit süßem Fleisch und hatte keinen Argwohn, bis er den vorderen Teil eines Fingers im Topf fand. Da setzt sich Stani auf.

Leg dich hin, Stani, wenn ich jetzt hier drücke. Ja, schreit Stani. Nein, sage ich, wenn ich jetzt hier drücke, tut das weh? Ja, schreit er. – Und wirst du in Zukunft immer rechtzeitig kommen, wenn du was Falsches gegessen hast? – Jaja! – Nämlich was?

Er weiß es immer noch nicht.

Schweinefleisch! rufe ich, du sollst kein Schweinefleisch essen, weil es dem menschlichen zu ähnlich ist, wie dieses Beispiel gezeigt hat. Da springt er auf und läuft zur Tür.

Ah, sage ich, willst du herkommen!

Ich sage: Wenn du fortläufst, kann ich dir nicht helfen, das siehst du doch ein.

Es ist gegen drei Uhr. Im Hof steigt der Schatten langsam aufwärts. Wie ein Flüssigkeitsspiegel. Ich habe mir den Fall genau überlegt und halte zu diesem Zeitpunkt ein Klystier für angezeigt. Heutzutage wird ja zu allen Gelegenheiten Haferschleim, Butter, Seife, selbst Kalbshirn und Hühnerbrühe infiltriert (der Storch gilt als Erfinder). Darum muß aber noch gar nichts über den Wert des Verfahrens gesagt sein: Wenn ich den Zeitpunkt für gekommen halte, infiltriere ich gerne zwei bis drei Liter Wasser – verjage die Kinder mit der Spritze vom Fenster – und infiltriere die Flüssigkeitsmenge, die ich für richtig halte in Stanis kleines rosiges Geschäft. Es bekommt ihm gut. Um drei Uhr ist die schönste Stimmung im Hof, ganz ruhig, perlmuttfarben in der Sonne, hier unten aber schon ins Schwärzliche gehend, und gösse man den Hof mit Blei aus, erhielte man eine etwas platte fünfseitige Säule.

Ich bereite jetzt eine Medizin für Stani zu, flores sulphures, die Schwefelblüte, die gut ist für das Zittern des Herzens, für die Kranzverengung, auch gut bei Fieber, wenn das Haar ausfällt (wird der kahle Ort damit geschmiert), gibt man sie Vögeln, sinkt das Fieber. Ich sage: Jetzt schluck mal, Stani, das tut dir gut, damit habe ich die besten Erfahrungen.

Er dagegen, auf dem Rücken: Was ist das? Eine Pille, sage ich, siehst du, ein Mäuschen rund und glatt, und da habe ich es ihm auch schon ins Maul geschoben: Er ist so erstaunt, daß es ihm gleich den Hals runterläuft. Behauptet aber hinterher, nun sei ihm schlecht und das ist Unsinn.

Eine halbe Stunde später erscheint Winfried Selbach, der große stille Junge, Kind reicher Eltern, hinter ihm stehen noch zwei in der Tür. Es ist vier Uhr, die Zeit, wenn der Flüssigkeitsspiegel bis zum Dach gestiegen ist. Das wundert mich aber, sage ich, daß ihr von selber kommt. Wir haben alles gesehen.

So? wundere ich mich, was werdet ihr denn gesehen haben.

Was du mit deinem Bruder machst.

So!

Der ist ja schon ganz krank, ruft Winfried Selbach, man kann ja sehen, wie er sich quält. Und tritt doch zum armen

Stani, um ihn von der Pritsche zu ziehen – und behauptet hinterher, nun sei ihm schlecht.

So! sage ich, und welche Behandlung ist eurer Meinung nach die richtige, wenn ich fragen darf? Da ihr ja alles gesehen und auch alles begriffen habt, wie ich annehme. Und auch alles beurteilen könnt. Wie es gemacht wird.

Und wie man am besten mit dem Arzt umspringt, rufe ich aus, der sich um den Patienten bemüht. – Aber dann trete ich vor und zeige mit dem Finger auf Winfried Selbach und donnere:

Wie mit Fabrizio Zoli.

Er fragt auch noch, mit wem?

Fabrizio Zoli, dem Entdecker der Venenklappen: *Eurer* Venenklappen! Wie seid ihr denn mit ihm umgesprungen!

Ach Gott, sagt Winfried Selbach.

Sie wissen es nicht mehr: Sie haben ihn zwischen zwei Bretter gelegt und zersägt. Und Raynier de Graaf. Wer? Ja, der ist wohl aus Gram gestorben jawohl, es ist lächerlich –, aus Gram über unverdiente Kränkungen, es handelte sich um Kompetenzstreitigkeiten bezüglich der Geschlechtsorgane, ja, aber nachdem – – er die Graafschen Follikel entdeckt hatte.

Eure Graafschen Follikel!

Also, sage ich ganz ruhig, was habt ihr vorzuschlagen? Nichts, sie haben nichts vorzuschlagen. Wenn der Mensch krank ist, erkläre ich, soll man ihn gefälligst in Ruhe lassen, insbesondere aber, wenn er Fieber hat und der Leib wie eine Pfanne auf dem Feuer steht. Was glaubt ihr, rufe ich aus, wie ihm zumute ist: Das Fieber steigt, aber wohin denn? In den Kopf natürlich – prägt euch das ein: Das Hirn ist der Zar unseres Körpers, ein einziger falscher Griff, und der Mensch stottert: Ein Schlag auf den Kopf, und der Patient verliert die Sprache.

Ich stottere nicht, sagt Stani.

Nein, beruhige ich ihn, davon kann gar keine Rede sein.

Und es gibt auch keine Kompetenzstreitigkeiten (keine unverdienten Kränkungen). Nur wie ihm geholfen werden kann, *das* ist jetzt wichtig. Ich sage: Sieh mich mal an, als die drei endlich abgezogen sind, schau mal auf meinen Finger, und ich weiß nicht, jetzt gefällt mir der Junge überhaupt nicht mehr. Ich sage: Komm mal näher, er ist fleckig im Gesicht, ganz grau und riecht merkwürdig verstopft. Ich frage: Was ist mit dir, mußt du Wasser lassen? Aber da fängt er an zu weinen, der arme Kerl, den Einlauf habe er weg und die Pille habe er weg, und nun könne er gehen. Aber doch nicht in diesem Zustand. – Doch. – Ich sage: Stani! Du gefällst mir jetzt gar nicht mehr, besser du nimmst noch mal von der Medizin, was? Stani! Sulphures Flores, Schwefelblüte: zerteiltes Haupt, verstärkter Wind. Wie? Na also, nun lacht er ja wenigstens. Aber der lacht gar nicht, sondern plärrt los, ich sage: Jetzt nimm dich aber zusammen, Stani, schluck das gefälligst runter.

Und dann fließt ihm alles wieder aus Mund und Nase, und er läßt sich wirklich gehen.

Ich kommandiere (anders geht's nicht): Mund auf!

Er schluckt. Alles hinunter.

Und ich warte.

Stani fleckig.

Na?

Leblos.

Ist es im Magen (der wie eine Pfanne auf dem Feuer steht)?

Er nickt.

Aber dann ist er mir doch ohnmächtig geworden. Rutscht mir einfach weg und setzt mich ins Unrecht. Man kann fragen: Hat er nun zuviel Schwefelblüte genommen oder zu wenig. Oder hat er etwa *Schwefelblüte* genommen. Ich antworte: Die Medizin ist ein unbeleuchtetes Gebäude, und wer hier Wissenschaft erwartet, kann enttäuscht werden, muß nicht enttäuscht werden, meine Frage lautet nur:

Wie denn und auf welche Weise sollte dem Stani denn sonst noch geholfen werden.

Eben.

Darauf kommt es eben an. Selbst so bedeutende Ärzte wie Fabrizio Zoli hatten ihre Fehler: Zoli war vergeßlich, irrte sich in der Dosierung, zweimal hat er Patientinnen geschwängert. Franco Barthelmi war abartig. Ullrich Menge soff mit seinen Patienten um die Wette, und der berühmte Jakob Sülfert war so geizig, daß er im Winter Ball spielte, um Brennholz zu sparen, oder Möbel treppauf, treppab trug. Und als er im Sterben lag, soll er aufgesprungen sein, um seine Stiefel anzuziehen, der gestiefelte Sylvius. Was erwartet man also von mir?

Stellen Sie sich vor, *mir* unterläuft mal ein Fehler, mir wird mal jemand ohnmächtig, dann heißt es doch gleich: Was ist los? Was hat der Arzt unternommen, daß so etwas passieren konnte? Bitte, ich habe Stani absolut rite behandelt bei plötzl. auftr. Bewußtl. denke ich sofort an Spiritusabreibungen, mit denen ich die besten Erfahrungen habe, Gesicht und Füße, der ganze Leib, möglichst mit gereinigter Ware, oder meinetwegen mit Petroleum, wenn es gerade zur Hand ist. Aber, zum Donnerwetter, nicht bei offenem Licht, ich sage noch: Weg mit der Kerze, oder soll der Patient vielleicht wie eine Fackel brennen! Da ist er aufgewacht. Da ist er auf einmal ganz kregel und schaut lebhaft nach allen Seiten. Das Blut zirkuliert, der Atem geht, das Auge …

Und ich sage noch freundlich: Na also, Stani, jetzt fühlen wir uns besser, was?

Da ist er auch schon runter von der Pritsche und raus aus der Tür und über den Hof in ein paar Sätzen. Nachmittags gegen fünf. Der Hof ist schon dämmrig, ganz oben stehen ein paar luftige Schornsteine, und ich darf wohl auch mal früher Schluß machen. Na gut, denke ich, erledigt, den rufe ich nicht mehr zurück: Wer nicht will, soll's bleiben lassen.

Sollen wir ihn zurückbringen, ruft Winfried Selbach von den Fahrradständern her, wo sie Stani eingekeilt haben. Es ist fünf Uhr und schon schummerig.

Also bringt ihn her. Ich sehe natürlich auf den ersten Blick, daß er sich in keinem guten Zustand befindet: Spricht kein Wort, kotzt auch nicht, uriniert nicht, riecht nur etwas verstopft und liegt wie ein Stein auf der Pritsche.

Warum sagst du nichts? frage ich.

Kannst du nicht sprechen?

Er nickt mit dem Kopf. Doch.

Sie stehen vor dem Fenster, um zu sehen, was ich mit dem Stani mache, und ich gebe zu, daß ich etwas ärgerlich bin. Der Puls ist weich, rasch, reichlich nachgiebig, Bauchdecke weich und knotig, Puls ist flau. Patient unruhig. Ich sage: Große Sprünge machen und dann wie ein Toter auf der Pritsche, da kann ich wirklich ärgerlich werden. Er ist aber unruhig, und redet dummes Zeug: Laßt mich mal zu Stuhle gehn, da hab ich noch'n Stuhlgang stehn, oder so etwas. Ich sage: Stani, was redest du für dummes Zeug, mach mich nicht ärgerlich. Puls ist beschleunigt, butterweich, lau. Bauchdecke hart, merkwürdig spitz, sonst alles in Ordnung. Ich habe noch einmal von der Medizin gegeben, sulphures flores, na, Stani!

Er sagt jetzt gar nichts, ist merkwürdig nachgiebig, Puls fadenförmig, sonst aber eigentlich ganz in Ordnung. Man kann sich ja täuschen. Am Anfang seiner Laufbahn neigt der Arzt zu unberechtigter Sicherheit, die sehr bald einer berechtigten Unsicherheit weicht. Aber eigentlich finde ich Stani gar nicht so übel, bißchen spannungslos vielleicht, bißchen verstopft.

Um halb sieben kommt die Zeit, wenn alle Kinder nach oben müssen – zwischen zwei Brandmauern steht die beleuchtete Küchenfront, elf Fenster übereinander – und ich hoffe, daß mein Patient bis dahin einigermaßen auf den Beinen ist. Winfried Selbach wird zum Abendessen gerufen.

Danach Rigi Weber, wir haben noch Zeit: Puls nicht sehr klein, Bauchdecke nachgiebig, nicht weich, Herz befriedigend. Kulle Karpsow und Heino Burke werden gerufen. Da ich selbst. Ich komme. Mamma schreit: Kommst du jetzt! Anscheinend hat sie mich nicht gehört: Werde gleich kommen, habe im Augenblick noch alle Hände voll zu tun. Dolli Heiden und Plünnen Deckermann werden abgerufen. Nach kurzer Zeit Karlchen Spenzer. Es gehen Walter Kloose, und Gido Raps, danach noch Berte Kloose, und ausgerechnet jetzt kippt mir doch mein Patient weg.

Ich weiß nicht. Ich sehe mir gerade seinen Bauch an, der ganz regelmäßig arbeitet, und alles ist in Ordnung, plötzlich sackt er mir weg, ich denke, na langsam, und rede noch mit ihm: Jetzt geht's uns aber besser, was Stani! und will dem Jungen von der Pritsche helfen, weil wir gleich zum Abendessen müssen, da – was soll ich sagen – klappt er mir doch einfach zusammen. Das habe ich allerdings nicht erwartet.

Ganz farblos.

Ganz weiß. Bauch kahnförmig. Puls überhaupt nicht mehr. Ich rufe: Jetzt aber schnell! Das sieht ja aus, als ob er mir abrutschen will. Einen Aderlaß schnell, rufe ich, und jeder greift zu, bindet sich 'ne Schürze vor, holt 'nen Eimer Wasser, der eine hält den Arm, der andere drückt das Bein nach unten, damit das Blut abfließen kann – nein, leider habe ich mich da gründlich geirrt, denn wie ich mich umdrehe, ist die ganze Bande schon verschwunden, muß ausgerechnet in diesem Augenblick nach oben, weil das Abendessen fertig ist.

Und ich.

Stehe da mit meinem Aderlaß. Bin gezwungen, ganz allein vorzugehen: in die blaue Vene einzutauchen, die immer wieder wegrollt, die man sachgerecht packen muß. Wenn niemand assistiert, wenn das Licht schlecht ist und die Verhältnisse ungünstig in der Waschküche, und draußen ruft Mamma zum Essen, da eröffne ich ganz allein sachgerecht das Gefäß in der Tiefe der Ellenbogenbeuge. Was da herausfließt.

Ich bin kein Held. Aber was sich da in den Tagen der Krankheit alles angesammelt hat. Und bricht sich endlich Bahn, das reine Stockblut, der reine schwarze Stockfluß, Donnerwetter. Und der Patient sofort in besserer Verfassung, schlägt die Augen auf und lächelt. Ich sage: Na also Stani, fühlen wir uns jetzt besser? Ja.

Er hat ganz sicherlich ja gesagt.

Es ist dunkel, vor dem Fenster steht eine graue Röhre, mir reicht aber das Küchenlicht von gegenüber, um festzustellen, daß der Junge wieder regelmäßig arbeitet, wieder kräftig wie eine Faust, soviel kann ich versichern, und Mamma, die von oben herunterruft und mit dem Abendessen dazwischenkommt, versichere ich: Wir kommen sofort, will allerdings nicht beschwören, ob sie mich gehört hat, da ich im Augenblick alles Menschenmögliche tue. Um mir hinterher keine Vorwürfe zu machen. Ich gebe Kampfer, Brechweinstein, Rizinus, Terpentin, alles. Verabfolge Wickel, Umschläge, kalte Tücher und glaube nicht, daß etwas unversucht geblieben ist. Massage? Habe ich gegeben. Künstliche Atmung, alles.

Auch eine Flasche Herzgold aus der Apotheke.

Gegen neun stirbt mein Patient. Er hat ausgearbeitet, sein Herz steht still, da ist nun nichts mehr zu wollen. Die verschiedenen Organe sterben in einer bestimmten, ziemlich regelmäßigen Reihenfolge ab, von unten schreitet die Kälte aufwärts, das Auge matt, die eingesunkene Schläfe (nach Hypokrates ein letzter Schluchzer). Ein Jüngling mit gesenkter Fackel.

Aber ich kann versichern, daß *alles* aber auch *alles Menschenmögliche* getan wurde. Der Junge war ja nur ein Strich. Ich vermute:

Das Herz.

Amputationen

Ich arbeite auf Station V. Sitze hier im Korbsessel neben der Tür, wo eine Nachtlampe brennt. Meine Aufgaben sind vorläufig noch bescheiden, den Puls zählen, die zehn Grundarten des Pulses (die ich als zehn Verse memoriere), die Harnmenge, die gebräuchlichen Trübungen und Niederschläge, die zehn Grundarten des Harnes. Chefarzt Dr. Beutler, der manchmal nachts zu einer unerwarteten Visite kommt, scherzt lauthals: Kollege, ist die Wasserleitung versorgt? Er ist dann gut aufgelegt und erinnert sich an die Zeit, als er selbst einmal die Enten (die Urinflaschen) geschwenkt hat. Und ich führe ihn zu der eingeklemmten Hernie, oder zu dem Blasenstein am Fenster. Ich führe gelegentlich schon kleinere Eingriffe aus, punktiere unter Aufsicht am Krankenbett einen Aszites – das ist Bauchwassersucht – und entleere über zwei Liter Wasser, nicht achtend, daß mir ein Teil in den Schoß fließt. Oder ich ziehe gelegentlich Zähne, operiere Furunkel und Phlegmonen mit der Stichinzision, zum Beispiel erinnere ich mich an ein Kind, das der Pfleger eingeklemmt zwischen den Knien hält, man sieht nichts, das Kind schreit und strampelt, und man ist gezwungen mehr oder weniger blind vorzugehen. Heutzutage werden Eingriffe, ich meine auch größere im Brust- und Bauchraum immer wieder mit erstaunlicher Perfektion ausgeführt, sogar Schädeloperationen, man denke an Hirnblutungen, Verschluß eines Gefäßes oder eines ganzes Astes, und man kann oft nur Bewunderung dafür aufbringen. Aber manchmal, wenn ich hier nachts in meinem Sessel sitze – in meiner gelben Kammer, die das Nachtlicht um mich baut, und der übrige Saal ist im Dunkeln –, bin ich nicht so sicher, was richtiger wäre: zu substituieren statt zu exstirpieren, oder hinzuzufügen statt abzuschneiden, dumme Gedanken eines jungen Mediziners – aber sind sie das?

Nehmen wir den Patienten mit dem Geschwür am Mittelfinger. Da kommt der Chirurg und schneidet ihm den Mittelfinger ab, in der Meinung, vier Finger wären genug, um einen Löffel zu halten. Dann schneidet er auch noch den Ringfinger weg und den kleinen Finger, und schließlich stellt er fest, daß der Zeigefinger auch noch weg muß. Was macht er? Er macht dem Patienten zum Schluß einen Löffel, den er sich an den Daumen stecken kann – das soll nur ein Beispiel sein, meinetwegen handelt es sich um ein anderes Gerät, aber was ist das? Ein Gerät. Ich will damit sagen, daß die Funktion einer Hand gleichzeitig mit der Form verloren geht, oder anders herum, wenn sie nicht wie eine Hand *aussieht*, ist sie keine mehr. Da lese ich nachts in meinem Sessel, inmitten dieser unterdrückt stöhnenden Laute das Werk von Domenico Nono. Der Mann hat vor hundertfünfzig Jahren gelebt und alle erdenklichen Ersatzglieder aus Holz, Metall und Kautschuk entwickelt, Arme, Beine, Füße, Hände, aber auch Gesäßhälften, Schulterblätter, Hüftkämme und vieles mehr, wie er sie während seiner Tätigkeit als Feldchirurg benötigte – er war Venetianer –, sehr naturgetreue, sehr schöne Körperteile. Nur hat sich Nono meiner Ansicht nach die Sache zu leicht gemacht, ich meine: Sie sollen nicht *nur* schön sein. Dabei gebe ich zu, selbst einige ganz hübsche Zeichnungen angefertigt zu haben; als etwa im April dem Patienten Beckler wegen eines Kankroids (Hautkrebs) der vordere Teil der Nase ausgeschnitten werden sollte, habe ich mich hingesetzt, um ein Wachsmodell zu machen. Jawohl, der Patient läuft jetzt damit herum. Nicht mit dem Wachsmodell, aber einer in Silber gegossenen Prothese, die im knorpeligen Anteil verankert ist, so einfach ist das.

Da wundert sich selbst der Chefarzt: Lieber junger Freund, lieber junger Freund, sagt er und schüttelt leicht ungläubig den Kopf, er fragt: Wie alt sind Sie denn, meint wohl, wann ich mein Staatsexamen gemacht habe. Aber am Freitag zur Chefvisite um elf geht es streng nach der Reihenfolge, voran Beutler, dann die Oberärzte, die Stationsärzte, die Assistenten und die zweiten Assistenten und die dritten Assistenten, die Tür geht auf, hereintreten die Ärzte, welche die ganze Breite einnehmen, die Schwestern laufen, die Oberschwester rast mit dem Stationsbuch herbei, die Patienten liegen steif in den Betten. Ich ganz hinten an der Wand. – Aber nachts, wenn er allein kommt, wenn etwa ein schwieriger Fall auf Station liegt ...

Fragt er mich etwa nach dem Patienten Budschinski, der mit seinem Bein auf Station V liegt. Nun, ich habe heute nacht bei einer kurzen Untersuchung eine Verfärbung unterhalb des Knies entdeckt, Fußpulse sind auch nicht tastbar, ich sage: Zeigen Sie mal ihr Bein vor, Sie müssen doch Schmerzen haben. Er behauptet, nein. Kein Respons, und der Chefarzt erscheint mir auch reichlich optimistisch, lieber Mann, sagt er in seiner dröhnenden Art – obwohl er sich schon Mühe gibt, leise zu sprechen – da haben wir ja ein bildschönes Bein, die Gipshülse haben wir auch schon entfernt, nun geht's bald wieder zu Muttern, wie? Jawohl Herr Chefarzt, strahlt der Mann.

Da habe ich aber Bedenken.

Dr. Beutler in seiner abwesenden Art (stimmt mich auch oft bedenklich) tätschelt das Bein: Das ist ja glatt wie ein Kinderpopo, eine Schönheit geradezu.

Ich habe es rasiert, sage ich: Für alle Fälle.

Der Chefarzt stutzt, dann sagt er: Mensch, haben Sie hübsche Zehen, und das Knie, haben Sie mal gesehen, daß Sie zwei Grübchen haben, nicht? Dann schauen Sie mal her. Nun, ich erlaube mir auch einen Blick, weniger auf die Grübchen als auf gewisse Anzeichen, alles in Ordnung? Nun, darüber habe ich meine eigene Ansicht, auf jeden Fall gebe ich dem Patienten gegen die Schmerzen etwas M., das ich mit Hilfe einer Bleistiftlampe in das Stationsbuch eintrage. Und wenn der Chefarzt nachher gegen halb zwölf noch einmal durchkommt, lasse ich ihn gegenzeichnen.

Hat er Fieber? fragt der Chefarzt.

Nein, sagt der Patient.

Ich sage: Er hat etwas Fieber.

Schmerzen?

Nein.

Na ja, sage ich, um halb zehn habe ich M. gegeben.

Der Chefarzt drückt das Bein.

Es tut nicht weh, sagt der Patient.

Das Bein ist dunkel, sage ich und leuchte mit der Taschenlampe, es zeichnet sich hier (ich zeige) eine Verfärbung ab, die Haut ist auffällig glatt, gespannt. Heben Sie mal das Bein, sage ich zu dem Patienten, ah ah, das unsägliche Ding. Riecht auch komisch, ich weiß nicht, riecht irgendwie… jedenfalls ist das kein gutes Zeichen. Der Chefarzt betrachtet den dunklen Molkereihof, dann geht er weiter.

Ich frage: Es wird doch nicht… Dr. Beutler tief in Gedanken: Was? Ob das eine Gangrän ist, frage ich leise.

Was, nein.

Nein?

Er sieht mich an, als ob er mich zum ersten Mal bemerke, geht zum Patienten Budschinski und betastet das Bein. Riecht doch gasig, sage ich – mein Gott, ich kann es nicht beschwören, es kommt mir aber wirklich vor, als ob es gasig röche. So? Der Chefarzt fühlt genau nach, der Patient stöhnt.

Ob es noch Zeit bis morgen früh hat?

Budschinski kommt am Morgen gleich als erster an die Reihe. Ich habe ihn auf die fahrbare Liege geladen und sage: Kein Grund zur Panik, Herr Budschinski, ohne uns geht's nicht los. Das soll ein kleiner Spaß sein, der im Augenblick nicht recht ankommt, der Patient stöhnt und hebt das Bein hoch, ich sage: Legen Sie es wieder hin, im Grunde beweist es nur, wie recht ich hatte.

Das Bein, sagt er mühsam.

Ich habe heute morgen eine kleine Zeichnung angefertigt, die ganz hübsch geworden ist, ich sage: Nun beruhigen Sie sich, ich werde Ihnen Ihr Bein mal zeigen.

Ah ah, wird es geschnitten?

Ich sage: Das ist nicht sicher.

Da hebt er den Kopf und schreit: Der Chefarzt wird schneiden. Der Chefarzt, sage ich ruhig, wird wissen, was er zu tun hat. Der Raum ist grün gestrichen, der Steinfußboden hat in der Mitte eine Rinne, die unter dem Operationstisch beginnt und zur Tür läuft, von der Decke hängt an einem Kabel die Operationslampe. Ich sage zu dem Patienten: Legen Sie sich einstweilen hin, es wird noch eine Weile dauern, inzwischen werde ich das Bein mit Waschalkohol säubern und mit Jod einpinseln. Der Patient liegt auf dem Gummituch, sein Bein auf einem Holzblock, man hört in diesem Raum sozusagen jeden Pup, das Schaben des Kinns an der Gummidecke, das Klopfen des Herzens. Die Gaslampe. Wenn der Chefarzt Dr. Beutler erscheint, beginnt er, sich unverzüglich an einem der Waschbecken neben der Tür zu waschen, die Schwester stellt die Tische auf, ich schnüre unterdessen das Bein hoch an der Leiste im inneren Schenkeldreieck ab, damit Blutleere im betreffenden Bereich gewährleistet ist.

Aber nicht zu fest, mahnt der Chirurg.

Nein, sage ich ruhig, fest aber nicht zu fest.

Die Anordnung für den Eingriff ist etwa folgende: Patient wird auf den Rücken gelagert, ein Holzklotz stützt die Kniekehle. Rechts (rechtes Bein) steht der Chefarzt, die Schwester gibt am Kopfende Narkose, ich selbst am Fußende halte das Bein mit beiden Händen fest. Das Tuch, durch dessen vierecke Öffnung das Bein gesteckt wird, wird danach über den Körper des Patienten gespannt, so daß nur noch das von mir niedergehaltene Bein freiliegt. Beutler legt den Hautschnitt, der sich dank meiner Blutleere sauber darstellt, ein weiterer Schnitt legt die Faszie bloß, wobei das Messer in Schreibfederhaltung geführt wird. Das große Lappenmesser faßt der Chirurg mit der ganzen Faust und führt einen umgreifenden glatten Zirkelschnitt um das ganze Bein – so wie man einen Laib Brot anschneidet –, ich hatte nicht gedacht, daß es so *im ganzen* gemacht wird.

Aber eigentlich ganz einleuchtend.

Beutler sagt: Halten Sie das Bein gerade.

Ich halte es ganz gerade, sage ich ruhig.

Das Knochenhautmesser legt eine ringförmige Zone für die Bogensäge frei, welche im letzten Drittel von der Drahtsäge abgelöst wird, danach gibt es noch etwas Arbeit, Glattfeilen des Knochenstumpfes, ein paar Korrekturen, Versorgung des Lappens etc. Ich stehe noch immer am Fußende und halte das Bein mit beiden Händen fest, es ist glatt, gut geformt, hell, der Fuß ist gelblich, die Nägel sind etwas eingewachsen und halte das Bein noch eine Weile.

Das Bein ist frei.

Bis ich merke, niemand hält das Bein außer mir, und das Bein ist schwer. Oh ja, es hat ein großes Gewicht, so daß ich einige Kraft benötige, um es in seiner bisherigen Lage zu fixieren, das Knie, die Wade, den Fuß in der richtigen Position mit der Großzehe immer oben. Und ich kann das Bein ja nicht einfach wegstellen, vielleicht in einen Eimer oder wohin? *Das* meine ich, der Chirurg hat seine Arbeit getan, abgeschnitten und fertig, und nun? Was weiter? Ich weiß, daß amputierte Gliedmaßen beerdigt werden müssen, aber der Patient wird ja nicht mitbeerdigt – der wacht nachher in seinem Bett auf und schreit: Das Bein!

Wo ist mein Bein!

Was soll ich darauf antworten.

Soll ich sagen: Fort?

Aber wenn ich nun sage, ich habe es dem Patienten zurückgebracht, ich komme mit einem Paket unter dem Arm: Hier ist dein Bein!

Und dennoch sind kaum drei Monate vergangen, als ich eines Nachmittags mit einem Paket unter dem Arm durch die Gerstenhofstraße gehe. Rechts über die ganze Länge erstreckt sich ein Bretterzaun, links eine Reihe völlig gleicher Häuser. Ein Zug pfeift, Rauch hängt in der Luft. Eine Horde schreiender Kinder, ein Lastwagen vor einer Hofeinfahrt.

Ich bin noch nie in dieser Gegend gewesen und finde mich schwer zurecht. Der Mann mit dem Hund und dem Handwagen unterstreicht das soziale Milieu, der Drahtzaun, Eingang zu einer Kohlenhandlung, der Bahnübergang mit einem Stück Gemüsegarten. Danach ein Mietshaus. Ich steige mit meinem Paket die Treppe hoch, die Toiletten sind hier auf halber Höhe. Ich betrete die Wohnung durch die Küche. Der Wasserhahn. Die Küchenmöbel. Das Zimmer, häßlich mit einem Satz gelblicher Möbel ausgestattet, die Frau weiß nicht, was sie zu mir sagen soll. Vatter! Ach Vatter.

Und es dauert lange, bis sich Vatter aus dem Nebenzimmer hervorbewegt, und dann kennt er mich gar nicht, er steht da am Fenster, die Sonne wärmt sein linkes Bein, das rechte einen Schritt vor, noch einen Schritt, vor, noch einen Schritt, dann bleibt er stehen: Sie! Allerdings, ich sage: Laufen Sie mal ein Stück, das sieht ja grauenhaft aus, was hat man Ihnen denn da verpaßt? Mann, das Knie steht durch die Hose, wenn Sie laufen. Ein Trauerspiel, merken Sie das nicht selbst, Budschinski? Der Mann geht noch ein Stück, und das Knie steht viereckig durch.

Hören Sie auf, sage ich.

Das kann man ja nicht mit ansehen. Herr Budschinski!

187

rufe ich, wollen Sie vielleicht ihr ganzes Leben so herumlaufen, als Krüppel! Wollen Sie unbedingt ein *Krüppel* sein! Da lacht er schrecklich und schnallt sein Bein ab, um es mir auf den Kopf zu schlagen, die Frau schreit, die Vase fällt zu Boden, die Schale, die häßliche Prothese fällt, die Frau wimmert, Budschinski: Sie! Sie! – Ja Ja. So, sage ich, nachdem wir uns nun alle beruhigt haben, stelle ich die Frage, wollen Sie ewig als Krüppel herumlaufen, nein? Gottseidank, dann sind wir ja einen großen Schritt weiter, dann darf ich vielleicht mal zu Worte kommen – wenn man mich nicht gleich wieder zu erschlagen versucht: Es war einmal ein kleiner Assistenzarzt, der wohnte in einer Kammer unterm Dach, so erzähle ich die Geschichte. Eines Tages brachte er ein Bein mit, das einem Patienten gehörte oder gehört hatte, und da es sehr kalt war, ein strenger Januar – morgens waren die Handtücher gefroren und die Spatzen am Fenster hatten Rauchwolken vor den Schnäbeln –, bewahrte er das Bein in seinem Waschbecken auf; da lag nun das Bein vierzehn Jahre (Tage) und währenddessen dachte der Assistenzarzt tief nach.

Und worüber?

Das werden wir gleich sehen. Eines Tages brachte er eine Tüte Gips und einen Klumpen Wachs auf seine Kammer, in der es noch immer sehr kalt war, und nahm das Bein, das er vorher gut eingeölt hatte, um einen Gipsabdruck zu machen. Jawohl, eine vordere und eine hintere Hälfte mit einer Naht an der Seite wie bei einer Hose. Und dann bereitete er über dem Spiritusbrenner ein (ganz bestimmtes) Gemisch zu, und nach zwei Stunden – so lange braucht der Gips, um hart zu werden – goß er das Gemisch von vier Teilen weißem Gummi, drei Teilen Terpentin, etwas Baumöl und Schweinefett, sowie einem Zusatz von Mennige in die Hülse und – – voilà: Ich öffne das Pakte, das ich mitgebracht habe (!).

Mein Bein, sagte Budschinski.

Allerdings, bestätige ich. Das heißt es ist's und es ist's nicht, ich habe ein paar Korrekturen vorgenommen, zum Beispiel das Knie ist nicht mehr ganz so fett und nach klassischem Vorbild höher angesetzt. Ja, mein Lieber, lache ich, das hätten Sie sich wohl nicht träumen lassen, daß Sie nochmal ein klassisches Bein kriegen.

Ach ja, lächelt Budschinski.

Seine Frau greift es an, es gefällt ihr wohl.

Sehen Sie, sage ich.

Budschinski lächelt seine Frau an.

Und dann hält er sich das Bein vor und versucht, damit zu laufen, ja langsam! rufe ich, schön ist es ja, aber wissen wir denn auch, wie es funktioniert, nein, das wissen wir nicht. Deshalb werden wir uns wohl oder übel den Rest der Geschichte anhören müssen: Eines Tages dachte der kleine Assistenzarzt in seiner Kammer tief nach, denn so *natürlich* das Bein aussah, fehlte ihm doch noch etwas Wichtiges, aber was? Das konnte ihm niemand sagen, obwohl das Bein seine eigene Sprache zu sprechen schien, und oftmals nachts, wenn draußen Mond und Wolken abwechselten, schien es geradewegs ins Zimmer hineinzuwandern, so natürlich, hier bin ich! Es sagte: Hier bin ich, und eines Tages fiel es ihm wie Schuppen von den Augen, Herrgott, rief er aus, das Bein braucht ein Kniegelenk, eines, das durch einen Griff in die Tasche ausgelöst wird, des Rätsels Lösung. Einen Mechanismus aus Gummi, welcher dem Fuß (dem Gummivorfuß) beim Abrollen eine *natürliche* Hebung gestattet, sowohl nach oben als auch nach vorn zum Sprunggelenk, und dann schlug er sich an den Kopf. Ein Sprunggelenk.

Davon gibt es ja bekanntlich zwei, ein oberes und ein unteres. Das obere wird durch ein zur Längsrichtung des Fußes quergestelltes Prisma gebildet, welches mit der Basis an den Unterschenkel geschraubt, mit der Kante in einer auf den Fuß geschraubten Stahlrinne steht: Stellen Sie sich bitte die Schneide einer Waage vor. Das untere Sprunggelenk dagegen ist umgekehrt gebaut, nämlich längs zur Fußrichtung, ein längsgestelltes Prisma in einer Längsrinne.

Ja, sagt Budschinski.

Der Trichter (welcher den Stumpf aufnimmt) ist mit Katzenfell gepolstert, so daß beim Gehen eine Art Elektrizität entsteht, ein »Gefühl«, Budschinski.

Ja, sagt er.

Als ob ein Strom von Leben hin und herfließt, vom Stumpf in die Prothese und umgekehrt, als ob ein neues Bein wächst. Die Frau schlägt die Hände über dem Kopf zusammen. Und dann geht Budschinski, ja ja, er geht, läuft mit mächtigen Schritten davon. Ich sage: Vergessen Sie nicht, das Kniegelenk zu lösen!

Ja, sagt er.

... durch einen Griff in die Tasche. Aber anscheinend hat er es doch nicht richtig gelöst – – ich werde noch eine Verbesserung finden, aber eines Tages, das verspreche ich, wird er wieder laufen können.

Aber eines haben sie uns voraus, sie operieren mit beängsti-
gender Geschwindigkeit, und dafür will ich zwei Fälle anführen. Ich wohne in S. Provolo und benötige bis zur Klinik
fünfzehn Minuten, das hängt aber davon ab, wie ich mich
zurechtfinde. Brücken gibt es allein vierhundert, davon eine
aus einem einzigen Marmorbogen von achtundzwanzig
Metern Spannweite mit Verkaufsständen, Cafés, Bars, und
es heißt, wer in Papadopoli oder S. Provolo verlorengeht, ist
unweigerlich zwischen vier und fünf hier wiederzufinden.
Ich habe mich heute etwas verspätet und bin eine Schleife
über S. Marino gelaufen, trotzdem schaffe ich es gerade
noch bis fünf, als ich heftig am Arm gepackt werde. Ich
denke: Ein Dieb, ein Bettler, oder was einem plötzlich durch
den Kopf schießt, Pordenones Flucht in die Lagune. Es ist
aber nur Kollege Gognole, der hier auf mich gewartet hat,
und sich im Zustand heftiger Erregung befindet. Gut, daß er
mich gefunden habe, keucht er, er habe soeben einen ungewöhnlich interessanten Fall übernommen, eine Patientin,
Carla B., die sich zur Zeit in einer Privatpraxis in der Viale
Strugo befinde: Das Mädchen sei vierzehn Jahre alt, un-
schuldig, und bis zu ihrem letzten Geburtstag nicht auffällig
gewesen, sollte jetzt zum ersten Mal menstruieren und
habe, berichtet er, statt der Menses ein männliches Glied gezeigt, das bis dato innerlich verborgen gewesen sei.

Ein merkwürdiger Fall (den wir auf der Stelle untersuchen wollen).

Lieber Kollege, sage ich, Sie beschreiben mir einen Zwitter, eine medizinische Seltenheit – bedauernswerte Wesen
nichtsdestoweniger, und ich stutze, sollte ein solcher Fall
tatsächlich vorliegen, das wäre außergewöhnlich. Wir haben inzwischen einen dreieckigen Platz erreicht, der un-

glaublich schmutzig und so dunkel ist, daß er selbst am Tage beleuchtet werden muß. Auf einem von einer Messinghand getragenen Glasglobus lese ich: Obstretico-ginologo, und beglückwünsche mich im stillen zu der Gelegenheit, einem Kollegen von der anderen Fachrichtung auf die Finger zu sehen. Man hat eine gewisse Vorstellung, die angenehme Stimme, volles Haar, gute Figur. Die Sprechstundenhilfe ist stark geschminkt, das Ordinationszimmer dunkelrot tapeziert, ein gewisser liebenswürdiger Luxus wird vorausgesetzt – den ich mir noch dazu ins Italienische übersteigert denke.

Nun, in diesem Punkt habe ich mich geirrt, wir betreten ein dürftig möbliertes Zimmer, sehr hoch, dunkel, bis auf einen Dreifuß neben der Tür mit einer Schüssel mit Desinfektionsmittel, leer. Und der Doktor Gianni Paggio entspricht auch nicht meinen Erwartungen, ein dicklicher kahler Herr, der uns eine auffallend feuchte Hand reicht. Das Mädchen sitzt schon im Stuhl, wenigstens nehme ich an, daß es sich um die Patientin handelt, um derentwillen wir hergebeten wurden. Sie ist vollständig nackt, über die Schultern hängen zwei dicke Zöpfe, die Situation erscheint mir, wie soll ich sagen, irgendwie unerlaubt.

Vielleicht bin ich voreingenommen.

Wir werden bedeutet, die Hände in die Schüssel zu tauchen, ich erinnere mich, eine lauwarme, stechend riechende Flüssigkeit. Ich frage: Ist das Kind darauf vorbereitet?

Welches Kind.

Sie ist kein Kind mehr, sagt der Kollege vorsichtig.

Davon bin ich überzeugt, nach dem, was hier zu sehen ist, offenbar arbeiten die Drüsen nicht genügend. Oder zu stark. Ist das Mädchen, frage ich, in letzter Zeit so stark geworden? Sie hat, wie ich sehe, Brüste wie Gurken und die Schenkel sind die einer erwachsenen Frau, ich sage: Jetzt geh mal ein paar Schritt, anscheinend geniert sie sich gar nicht, das Gesäß ist stark ausgeprägt, das Fleisch bläulichrosa, nicht kindlich. Lieber Herr Kollege Paggio, sage ich, überzeugt, daß sich der Fall als bloßer Überwuchs herausstellen wird, der Patientin ist eben *alles* ein wenig zu stark ausgewachsen.

Der Patientin?

Ja, sage ich, sie soll sich wieder auf den Stuhl setzen.

Die Patientin? zögert Dr. Gianni Paggio. Wissen wir denn, fragt er vorsichtig, ob es sich um eine Patientin handelt?

Ich erkläre: Herr Kollege, deshalb sind wir ja gekommen, sie oder er, oder *es* soll sich eben auf den Stuhl setzen, denn das wird sich ja durch die Untersuchung herausstellen. Der Kollege hat seine Hände in das Desinfektionsmittel getaucht und nimmt dem Mädchen die Beine auseinander, wie ich bemerke, mit geübtem Griff. Das Mädchen hebt selbsttätig das Gesäß, Dr. Gianni Paggio öffnet mit Daumen und Zeigefinger …

Danke, sage ich, das mache ich schon selbst. Das Scheidengewölbe ist für meinen eingeführten Finger eben noch erreichbar, entspricht nach Umfang und Ausdehnung dem gebräuchlichen Maß: Die Scheide ist genügend lang und weit, desgleichen sind die Lageverhältnisse von Schambein, Schoßfuge und Sitzbeinknochen, die Situation, wie man sagt, als normal anzusehen. Desgleichen kann bei dieser oder jener Körperhaltung, dieser oder jener Ruhelage oder Beinstellung (grob gemessen von der Daumenbeuge bis zur Fingerspitze) keine Anomalie festgestellt werden. Ich sage: Heb mal das rechte Bein, und das linke Bein, jetzt beide zugleich, na also, es handelt sich um ein gesundes weibliches Organ. Bei dieser Gelegenheit fällt mir übrigens auf, wie leicht sich der Eingang (Introitus) gestaltet, ich frage: Sie haben die Frau wohl oft untersucht.

Dr. Gianni Paggio zögert.

Also, das geht mich nichts an, ich untersuche jetzt die Klitoris (den Kitzler, der allerdings reichlich groß geraten ist), was haben wir denn da, was ist das da für ein Ding? Ein etwa halbdaumengroßes Gebilde von mäßig fester Konsistenz, es ist beweglich, tatsächlich nicht gerade sehr, aber es läßt sich herumschnappeln. Ich sage: Sie haben recht, es sieht wie ein Penis aus, nur nicht so groß.

Im Augenblick nicht, erwidert Dr. Paggio.

Ich versuche das Glied herauszuziehen.

Dr. Paggio etwas ungeduldig: Sie müssen es richtig machen, sehen Sie, mit dem Daumen hier unten streichen, streichen, sehen Sie …

Danke, Herr Kollege, sage ich, das mache ich schon selbst.

Mir passen seine Methoden weniger, immerhin vergrößert sich das Organ dabei auf gut Zeigefingerlänge, es ist hart, scheint aus zwei Schwellkörpern zu bestehen, die durchaus der Anatomie eines männlichen Penis entsprechen. Ich bin aufs höchste erstaunt, zu alledem glaube ich in der Tiefe auch noch zwei Hoden zu tasten. Das ist erstaunlich, sage ich, zumal diese möglicherweise noch Gelegenheit haben, in einen Hodensack hinabzuwandern (ich spiele hier auf den verborgenen Hoden junger Männer an.) Betrachtet man die relativ feste Muskulatur der Dammgegend und den Haaransatz auf der Mittellinie, hat man ein fast normales männliches Organ vor sich. Der Patient mag vielleicht die Funktion des Wasserlassens nicht so praktisch betreiben können, hahaha.

Na, sage ich, der junge Mann weiß schon, was ich meine. (Er versteht ja Spaß.)

Deshalb werden wir jetzt, sage ich – weil ich sehe, daß Dr. Paggio zögert – den jungen Mann selbst befragen, wem er sich zugehörig fühlt. Junger Freund, sage ich, Sie haben verstanden, daß die ganze Angelegenheit etwas mit Ihrem … hmm … nun zögere ich selber, Ihrem was? Geschlecht zu tun hat, wollen wir es mal so ausdrücken. In diesem Augenblick muß ich wohl die Methode – anders kann ich es mir nicht erklären – genügend lange betrieben haben, denn es stellt sich ein kleiner Samenerguß ein, oder wenigstens zuckt das Organ zwei oder dreimal und zeigt im Anschluß eine geringe Menge Flüssigkeit. Inwieweit es sich hier um Samen handelt, läßt sich nicht feststellen – man weiß nicht, ob er Kinder gezeugt hat, immerhin weiß man, daß er bartlos geblieben ist.

Also doch.

Ich frage: Möchten Sie lieber, daß meine Kollegen das Zimmer verlassen, da wir jetzt zu einem mehr oder weniger heiklen Thema kommen, nicht? Halten Sie es nicht für notwendig? Also gut, sage ich, da wir frei darüber sprechen wollen: Es handelt sich also um das Gefühl, das Sie empfinden; ist es so, daß Sie lieber eine männliche oder weibliche, wie soll ich sagen – – ich dachte, daß mir vielleicht einer meiner Kollegen zu Hilfe käme? Der Patient oder die Patientin (wie man es nimmt) ist unter meiner Fragestellung regelrecht erstarrt. Ist es so, frage ich, daß Sie selbst vielleicht das Organ – ich meine das versteifte penisartige Gebilde – in eine weibliche Scheide einführen möchten? Nicht? Oder ist es etwa so, daß Sie umgekehrt ein solches Gebilde möglicherweise in die eigene – hmm – Scheide eingeführt haben möchten. Jetzt scheine ich das arme Wesen gänzlich verwirrt zu haben, denn es schaut hernieder, das Herz klopft, die schweren Zöpfe, und diese Art von Scheu vor dem *eigenen* Geschlecht scheint mir doch wieder sehr mädchenhaft zu sein.

Ich sage: Mädchen, wenn du dich vor diesen Herren schämst, brauchst du mir jetzt keine Antwort zu geben. Immerhin empfinde ich die Zartheit und offensichtlich auch Hilflosigkeit des Geschöpfs als vielleicht den bezeichnendsten Ausdruck seines Wesens, meine Herren, sage ich …

Und da sagt dieses Wesen, man kann den Dialekt im Deutschen gar nicht wiedergeben: Wenn ich könnte, würde ich lieber'n Mädchen …

Ja! Weiter! Lieber ein Mädchen ...

F ..., sagt dieses Geschöpf (figa una ragazza), und mit einer Stimme! Also das war ein rauher Baß, so wahr mir Gott helfe, meine Herren, sage ich, klarer läßt es sich wohl nicht mehr ausdrücken.

Jedenfalls, rufe ich aus, ist damit der Operationsmodus entschieden: Eine Penisplastik, vom ärztlichen Standpunkt unbedingt die glücklichere Lösung, wir werden einen *Mann* machen; ein Eingriff in die Natur? Ja, aber ein glücklicher. Dazu sind die verschiedensten Methoden angegeben worden, u. a. Domenico Nonos »Reposition krummgeschossener oder zum Teil abgehauener männlicher Glieder« (bei Kriegsverletzungen), es sind Halterungen angegeben worden, Druckblasen, Prothesen in aufgerichtetem Zustand etc. Am glücklichsten erscheint mir die Methode von Courvoisier, und darf – im Einverständnis mit den anderen Herren – kurz den Operationsgang anführen. In Hochstimmung: Die linke Hand wird an der Innenseite des linken Oberschenkels in aufgekehrter Stellung fixiert, der Zeigefinger an der Basis mit dem zu verlängernden Glied vernäht, dem ganzen erlaubt man vierzehn Tage in dieser Stellung zu verheilen. Dann wird der Zeigefinger von der linken Hand abgetrennt. Sie sagen, der Finger ist zu dünn. Richtig, er wird seinerseits mit der Breitseite an der Innenseite des rechten Oberschenkels vernäht, von welchem ihm – nachdem er angewachsen ist – ein breiter Lappen aufgepflanzt wird. Meine Herren, diese Methode wurde bereits von D. Nono angegeben, ein unerhört kühner Eingriff unter den damaligen Bedingungen, keine Narkose, keine Antiseptika, das flatternde Sanitätszelt, Hornstöße, die den Feind ankündigen.

Meine Herren, rufe ich aus, ich ersuche Sie, sich streng nach dem Plan zu richten; es werden die einzelnen Zeitabschnitte notiert, die Lage des Dauergipses wird mit dem Jodstift durch schraffierte Felder auf der Innenseite des rechten und des linken Beines und der linken Hand markiert. Ersuche ferner, schon heute das Aufnahmedatum zu bestimmen.

Heute – nachdem ich zwei Tage in Turin war – frage ich Gognole bei der Visite: Was macht denn unsere Patientin Carla B.

Die habe er entlassen, erklärt er.

Ich falle aus allen Wolken: *Was* haben Sie?

Er habe, erklärt er, nach einiger Überlegung – das Ding doch noch abgeschnitten.

Aber München. Das gar nicht mehr so sehr leuchtet, eher etwas bösartig unter seinen Kuppeln sitzt. Bei Regen im Englischen Garten, wenn das bayerische Wasser von den grünen Bäumen tropft, oder bei Sonnenschein in dieser ungeheuerlich klaren Föhnluft mit den geradezu beängstigenden Fernblicken auf hundert Kilometer entfernt liegende blaue Bergspitzen. Überhaupt dieses ganze beängstigende Karussell in Weiß und Blau der an sich gemütlichen, dennoch völlig unverständlichen Leute in weißblauen Rautenmustern, die ununterbrochen Maßkrüge aus den Fenstern halten, und wie sie sprechen, völlig unverständlich dröhnend aus riesigen Hälsen. Welch ein Sprung.

Aber ich hatte es ja so haben wollen. Zuerst Hamburg, wo ich direkt aus einem roten Tropenhimmel in einem ausgesprochenen Niesel landete. Backsteinhäuser, zu hoch und wieder nicht hoch genug, Hamburg hatte ich mir auch anders vorgestellt, in der allerersten Stunde begriff ich nicht einmal, mein Gott, wie überhaupt in diesem Klima Menschen leben. In Regenmänteln vielleicht. Auf dem Hauptbahnhof, den ich mit einem Taxi erreichte, geriet ich in einen solchen Schüttelfrost, daß ich glaubte, ein Fieber, eine Viruserkrankung eingeschleppt zu haben, na ja, eines dieser Klischees, deren man glaubt sich schuldig zu sein: Der Indienreisende, der im August in Hamburg friert, und auf der Bahnhofsmission auch dementsprechend Mitleid erregt. Ich wohnte in einem Hotel in der Nähe des Bahnhofs, kaufte mir in den nächsten Tagen einen viel zu schweren Wagen, mit dem ich dann die regennasse Straße nach Sylt fuhr, wo ich vor dem grauen Meer saß und mir ununterbrochen sagte: Welch ein Sprung hierher, und wem kann ich das erzählen.

Keinem einzigen. Die Leute wären zur Tagesordnung übergegangen, während ich im Withüs saß und meinen nordfriesischen Tee trank, aus Indien, so? Ja, man glaubte mir nicht einmal, daß ich aus Berlin kam, die Leute kamen aus Düsseldorf, aus Bochum, sie waren hier selber fremd, und ich sah auch nicht aus wie jemand Besonderes, und braun waren sie selber. So fuhr ich meinen zu schweren Wagen mit meinem Gepäck über Kassel, Frankfurt, Stuttgart nach München, und war es nun die zufällige Wetterlage, die Kaltfront und das Tief im Norden bei Zustrom warmer Mittelmeerluft für den süddeutschen Raum, jedenfalls erinnere ich mich an die Nacht in Stuttgart, als ich im Wagen unter einem dichten Sommergebüsch lag, die warme Nacht und ein fernes Gewitter vor dem Autofenster, daß ich zum ersten Mal wieder richtig schlief. Und daß ich mich schon fast zu Hause fühlte, als ich am nächsten Tag in dieses München einfuhr, als ich über die dick eingewachsenen Plätze mit den Springbrunnen kam, dreiundachtzig, glaube ich, sind es, und durch die leuchtend dunkelgelben Straßen, an den Kirchen vorbei in leuchtendem mächtig dunklem Eidottergelb (zweihundertzwanzig). Und als es auch noch gerade an diesem Tage schön heiß war und der Asphalt kochte, und ich in einer verchromten Kolonnadenbar ein eiskaltes Kokoszitron trank, rief ich aus: Mein Gott, es ist wenigstens eine gewisse Art Indien, eine Weile könnte man es aushalten.

Eines jedoch stimmt, ich habe mich nur schwer wieder zurechtgefunden. Zum Beispiel München: Das hat nur an vier Tagen im Jahr dunkelgelbe Straßen und Springbrunnen, im übrigen ist es ein über fast hundert Kilometer ausgedehntes Schnellverkehrsnetz, das sich von einer aufgegebenen Dorflandschaft im Norden bis zu harten Freizeitzentren am Alpenrand erstreckt. So sieht das nämlich aus. Eine auf der Karte senkrecht verlaufende achtspurige Hauptachse, die zwei Autobahnringe durchschneidet, den mittleren und den äußeren Ring, wobei der mittlere sechzehnspurige der mörderischste ist. Es gibt noch einen inneren, sogenannten Altstadtring, der gemütlicher scheint, aber auch nur, weil er sich gewissen Straßenverläufen aus früherer Zeit anpaßt, immerhin hat auch er genügend brutale Durchbrüche, und außerdem verläuft er meistenteils in Tunneln. Von der dunkelgelb gekachelten U-Bahn gar nicht zu reden, sie ist ab sieben Uhr abends nicht mehr benutzbar. Und die Altstadt selber, großer Gott, eine Zitadelle der Gemütlichkeit, ab sieben Uhr abends beherrschen stämmige junge Mobster das Feld, die einem aus lauter Gemütlichkeit den Schädel einschlagen. Wer einmal nachts auf den Nokkernberg gefahren ist, der sich mitten in München erhebt und über dem ein beleuchteter Fesselballon in Form eines zwanzig mal vierzig Meter großen Bierseidels schwebt, und wer das riesige Bierlokal auf der Spitze des Berges einmal betreten hat, wird den Laut nie vergessen. Es gibt nichts auf der Welt, das ihm gleicht, dem Geschrei von dreitausend Menschen, die mit schwarzem Starkbier auf den Bänken festgeklebt sind. Man sagt, wenn sie alle gemeinsam aufstehen, hebt sich das gesamte Mobiliar um einen dreiviertel Meter, und das gleicht einem Erdrutsch, wenn sie wieder Platz nehmen. Ich habe es gehört. Es gibt sogar Musikstücke, welche dieses Phänomen des gleichzeitigen Aufstehens und Platznehmens ausnutzen, auch das habe ich gehört. Trotzdem. Wenn an warmen Sommerabenden die zweihundert Türme schwarz vor den apfelsinenfarbenen Alpen stehen. Und sich durch eine Luftspiegelung auch noch das abendliche Verona über die Alpen hereinspiegelt – an vier Tagen im Jahr sind sogar die Glocken zu hören –, wenn an den vier Tagen München an allen vier Ecken durch eine überirdische Beleuchtung brennt, dann gibt es sogar Straßen, die wie früher aussehen.

Ich habe zehn Jahre gebraucht, um mich daran zu gewöhnen, der Anfang war am schwierigsten, oder ich selber war schwierig. Ich gebe zu, ich war etwas verwildert. Wie anders läßt sich sonst der Konflikt erklären, den ich vom ersten Tag an mit Oberarzt Foige hatte, den Mann traf sicherlich keine Schuld.

Man sieht mich an diesem Vormittag vor zehn Jahren vor der Pförtnerloge in der Eichholzstraße. Anders als in Berlin ist die Nervenklinik in München ein klerikal anmutender, wenn auch nicht weniger strenger Gebäudekomplex mit hohen Fensterfronten und grünen Zwiebeltürmen. Innen fühlt man sich in ein Stift oder ein Wiesenkloster versetzt, von den Korridoren geht der Blick in stille Höfe, die jeweils nach den entsprechenden Figuren etwa des hl. Johann oder der hl. Kreszenzia, welche auf dem Rasen stehen, benannt sind. Sicherlich heilsam für die Kranken. Und ich gebe zu, daß der Anblick eines Sonnenfingers, der an der Dachkuppel entlang auf das Haupt eines Heiligen fällt, um dort eine Weile zu ruhen, mich friedlich stimmt, auch innerlich. Lächeln, nein, die Schwesternhauben, die hier mit weißen Schwingen durch die Gänge segeln, sind gar nicht komisch, sondern liebenswert. Sie schlagen tatsächlich ein wenig mit den Flügeln, die lieben Schwestern, die ich schätzen und achten, sogar lieben gelernt habe, die Uraria zum Beispiel.

Aber chronologisch: Ich trete an einem Vormittag vor zehn Jahren vor den Oberarzt Foige, dem kaum ein Vorwurf zu machen ist, daß ich ihm nicht gefiel, er mir allerdings auch nicht. Ich nehme an, daß er einfach befremdet war, und wenn ich versuche, unsere erste Begegnung zu rekonstruieren, so deshalb, weil ich mir vorstellen könnte, daß ich heute an seiner Stelle ähnlich empfände. Ein etwas spärlicher Mann mit dünnen Lippen und einem sachlichen Gesichtsausdruck, außerdem war er kleiner als ich. Zunächst wollte er wissen, an welcher Klinik ich zuletzt gearbeitet hatte, also in Ostberlin. Bei Leonhardt? Der war ihm kein Begriff. Ein Schüler von Kleist, erklärte ich ihm sachlich, da ich ja sozusagen fast selbst aus der Kleistschen Schule stammte, von dem die Anekdote geht, daß er die Schizophrenie durch das Heben der Hand diagnostizierte. Der Kleist? fragte Oberarzt Foige interessiert, nein, der Leonhardt, entgegnete ich, woraufhin er mich sachlich anblickte – das ganze ereignete sich in diesem mit alten Emaillemöbeln ausgestatteten Oberarztzimmer –, und ich merkte schon, daß ich es auf die Dauer kaum durchhalten würde. Da hat er also, fragte er leicht mißtrauisch, hat der Leonhardt zur Diagnose die Hand gehoben? Nein, der Patient, entgegnete ich. Und hier hat er wohl begonnen, mich genauer zu betrachten, aber wie, frage ich, hätte ich den Sachverhalt besser erklären sollen, da ich ihn erstens nicht für wichtig hielt und zweitens keine Anekdoten erzählen kann (der Patient hatte die Hand gehoben, und Leonhardt hatte daraufhin Kleist gegenüber eine Schizophrenie diagnostiziert, zum Donnerwetter), ich hätte eben nicht davon anfangen sollen.

Also gut, nach einem Schweigen sagte er: Danach sind Sie nach München gegangen. Nein, entgegnete ich, danach bin ich nach Afghanistan gegangen. Schweigen. Dann sind Sie also, sagte er sorgfältig, nach Afghanistan gegangen, und von dort sind Sie hierhergekommen. Schweigen. Nicht ganz, sagte ich, vorher war ich noch in Indien und von *dort* bin ich hierhergekommen. Wir saßen hier in diesem Oberarztzimmer, in *seinem* Oberarztzimmer, und es war völlig klar, daß er sich das nicht bieten ließ. Sie werden verstehen, sagte ich, daß ich etwas verwildert bin, und ich bitte dafür um Entschuldigung. Gut. Nach einer Weile fragte er: Sind Sie neurologisch interessiert? Ich hatte mich gerade auf sein Schädeldach konzentriert, um seine Gedanken zu lesen, und antwortete: Nein, eigentlich nicht. Mehr psychiatrisch? Ja, aber als ich merkte, daß es ihm nicht sehr gefiel, sagte ich: Eigentlich beides, psychiatrisch *und* neurologisch.

Oder eher.

Vielleicht doch eher neurologisch?

Aber anscheinend hatte ich mich eine Spur zu sehr konzentriert oder zu sehr auf diesen Oberarzt – so wie Konzentration »auf« etwas gleichzeitig Konzentration »in sich« darstellt, der geübte Leser wird bereits den Mechanismus erraten –, also im Endeffekt hatte ich den Mann, ohne es zu wollen, plötzlich verkleinert. Diesen Oberarzt, nanu, dachte ich, passiert mir das jetzt unter der Hand. Gerade fragte er mich: Haben Sie veröffentlicht?

Nicht direkt.

Und was verstehen Sie darunter?

Ich habe nicht direkt veröffentlicht, nicht, was Sie darunter verstehen.

Sicherlich hätte er genügend Grund gehabt, meine Bewerbung abzulehnen oder mich gar nicht erst zum Vorschlag zu bringen, aber daß er es dennoch tat? Vielleicht hatte der Mann seine eigene Methode und empfand mich von vornherein als zu klein, oder hat mich mit seiner Methode seinerseits verkleinert. Weiß ich das?

Jedenfalls wurde ich Stationsarzt der Station IV b und bekam diese wundervolle Stationsschwester Uraria, diese stämmige Person, die wie das heilige Donnerwetter auf der Station herumkommandierte, so daß mir gar nicht mehr viel zu sagen übrigblieb, ich meine, sie hatte mir bereits das Gröbste abgenommen. Ach München, ach Uraria: Sie konnte so ruhig und so unermeßlich laut aus ihrem Kropf heraus reden, und so ungeheuer katholisch, das werde ich nie vergessen. Und so gütig. Mir gab sie immer einen Klaps, wenn ich zur Visite sollte. Das hieß aber nicht, daß sie keinen Respekt vor mir hatte, im Gegenteil, als Arzt wurde ich von ihr absolut respektiert, und sie hatte größtes Vertrauen in meine Fähigkeiten, sogar ihre eigene Person betreffend. Einmal hatte sie sich im Kreuz verhoben oder jedenfalls Rückenschmerzen; nun ist es mit den Nonnenschwestern sehr schwierig, sie lassen sich auf keinen Fall ärztlich untersuchen und wenn, allenfalls durch eine Ärztin, wobei auch in diesem Fall noch Schwierigkeiten bestehen. Deshalb war ich sehr vorsichtig und sagte: Da haben Sie sich also im Kreuz verhoben, verflucht nochmal, oder haben Sie sich die Nieren erkältet? Ich will Ihnen ja nicht zu nahe treten, Schwester Uraria, aber Sie sollten mich mal drücken lassen, ich meine durch das Kleid (oder die Ordenstracht) hindurch, damit ich die Nierenlage beurteilen kann.

Was, Doktor, rief Sie, Sie sollten mal gründlich drücken, hier, genau an dieser Stelle, au! Jetzt ziehe ich mal das Kleid aus.

Ja, sagte ich vorsichtig, wenn sich das machen ließe, wäre es natürlich besser.

Ach was, Doktor, rief sie, dummes Zeug. – Das Ordenskleid war aus feinem Tuch, wie ich feststellte, schön und schwer, anscheinend für die Ewigkeit gemacht, und das Unterzeug der Schwester Uraria war nicht weniger solide; vor allem im Schnitt ganz und gar ungewöhnlich, wie eine große, weiße Körperhaube aus bestem Leinen, praktisch ja, aber sehr mittelalterlich. Um nicht neugierig zu erscheinen, trat ich vors Fenster. Draußen schlug die Uhr elf, und als ich mich wieder umwandte, hatte sie die Haube ausgezogen und stand im Hemd da. Ei der Donner, rief ich, das reicht schon, Schwester Uraria, bemühen Sie sich nicht weiter.

Sie aber rief: Dummes Zeug, Sie wollen mich doch untersuchen. Und ritsch ratsch, was soll ich sagen, hat sie sich das Hemd über den Kopf gezogen und steht da, wie Gott sie schuf, unsere Schwester Uraria, und ein feines Weibsbild dazu. Fünfzig? Ja meinetwegen, fünfzig mag sie gewesen sein und stämmig von der vielen Arbeit, aber gut imstand, das darf ich hier versichern, ganz stolz war ich auf sie. Mag da nun ein langer Konservierungsprozeß schuld gewesen sein, ich will hier nicht protzen – aber wie meine Uraria eines Morgens springlebendig aus dem Hemd gehüpft ist, das darf ich laut sagen: Ein tolles Weibl, ein katholisches.

Im übrigen hatte man mir die schwierigste Station, die IV b aufgehängt. Hier lagen die Depressionen, die Selbstmörder, die alten schwierigen Fälle, und hier wurde ausgiebig geschockt. Mit großer Selbstverständlichkeit und ohne Widerrede. Hinter dem Mittelsaal gab es eine Kammer, eine Art Veranda, deren Glasfenster jedoch auf einen dunklen Korridor mündeten. Ich weiß nicht, ob dort früher einmal ein Garten zugemauert worden war, jedenfalls ein unheimlicher Ort mit künstlicher Beleuchtung und mit nichts als einem Tischchen für die Gummikeile und einem Schaltpult für die Hochspannungsströme, etwa in der Größenordnung von 2-3000 Volt, ausgestattet. Ströme, darf ich einfügen, die einen Menschen mit Sicherheit töten würden, wenn sie nicht extrem kurz, das heißt nur Bruchteile von Sekunden wirkten – und die Kunst des Schockers bestand darin, den Zeitraum so zu bemessen, daß ein Krampfanfall ausgelöst, jedoch kein gröberer Schaden gesetzt wurde. Ein ziemlich heroisches Unterfangen. Das wohl durch die lange Tradition gerechtfertigt wurde. Meinen größten Respekt und zugleich Mißtrauen verdient jedoch der Mann, der *erstmals* solche unerhörten Ströme durch das Gehirn eines Kranken gejagt hat. Ein experimentierfreudiger Herr, nehme ich an, Gottseidank verliert sich seine Spur im Neunzehnten Jahrhundert, für das wir ja keine Verantwortung mehr übernehmen. Aber hier stand ich nun in der zweiten Hälfte des Zwanzigsten mit den Elektroden in der Hand, eine in der rechten und eine in der linken, um sie dann mit Salzlösung angefeuchtet an die Schläfen des Kranken zu pressen. Eine rechts und eine links. Denselben Kranken, denen im Dunkel des Neunzehnten mein Vorgänger die Elektroden angepreßt hat, aber was wußte ich denn: Daß bei zweiacht und

Strich siebenvier der re. schwarze Knopf gedrückt wird, und daß bei jedem Schock eine leise Zerstörung des Gehirns eintritt, also viel mehr wußte ich auch nicht. Der Patient nimmt für einige Zeit Abstand von seinem Leiden, man nennt das: Ruhigstellen. Auf längere Zeit aber tritt eine allmähliche Verblödung ein. Man nennt das: Zusammenschocken.

Die dreiundfünfzigjährige, ziemlich zusammengeschockte Patientin (zweiundvierzig Schocks) machte einen unbeteiligten Eindruck, die Affektlage war indifferent, Denkstörungen formaler und inhaltlicher Art waren nicht festzustellen, dagegen aber deutliche Defektzeichen im Sinne einer weitgehenden Versandung. So etwa. Wie ein faules Flußbett am Ende des Laufs. Körperlich und geistig: ausradiert. Ich schreibe: Vorgealterte, ziemlich ausradierte Patientin (Zweiundvierzig Schocks), Affektleben versandet, Antriebskräfte gleich null, Denkvorgänge zähflüssig, Elektroschockdefekt. Und bekomme den Bericht gleich wieder von Oberarzt Foige zurück, so könne ich mich nicht ausdrücken, das bedeute, Ursache mit Wirkung verwechseln, lieber Herr Kollege, schreibt er, wir haben hier eine mäßig abgebaute Patientin (dreiundfünfzig Jahre) in altersentsprechender Verfassung, ohne Denkstörungen, Affektlage ist der Situation angepaßt, Mimik und Gestik matt, Gebärden deutlich, Impulse vorhanden, Defekt nicht sicher erkennbar und wenn, dann nur im Sinne ruhigen Verhaltens. Und durchaus im Sinne einer Defektheilung.

So schreibt man das.

Hier stehe ich mit meinen Bakelitelektroden, draußen vor der Glastür die Reihe der (fahrbaren) Betten mit den sich zu Tode ängstigenden Patienten; sie werden morgens bei der Visite ausgesucht, indem die Schwester hinter dem betreffenden Namen heimlich den Blitz ($\frac{1}{2}$) notiert – dann wiederum hätten sie sich allerdings sowieso zu Tode geängstigt. Herr Doktor. Nein. Herr Doktor. Nein. Werde ich geschockt. Nein. Ich werde aber doch geschockt, Herr Doktor. Nein, Sie kriegen nur eine Bestrahlung.

Und dann wird der Patient in seinem Bett hereingeschoben, angeschnallt wird er nicht, da er sich sonst die Knochen brechen würde, immerhin kommt es vor, daß durch die Gewalt der Muskelanspannung Spontanbrüche auftreten, hauptsächlich an den Armen durch Beugekontraktur, aber auch Verrenkungen an Knie- und Kiefergelenken, deshalb ist es Aufgabe des Hilfspersonals, im Augenblick des Krampfes mit vollem Gewicht Widerstand zu leisten. Das heißt, am besten legen sie sich vollends auf den Patienten oder die Patientin. Man sagt: Lieber Herr (oder liebe Frau), jetzt beißen Sie mal ganz fest auf diesen Gummikeil, nur um zu sehen, wie fest Sie das können, und die Teller hier legen wir auch nur versuchsweise an die Schläfen. Und dann drücken wir die zuvor nach Körpergewicht und sonstiger Verfassung fix und fertig eingestellte Automatik und sagen: Nur zur Probe. Und Ploff!

Wir wissen, daß der Patient im selben Augenblick das Bewußtsein verliert und gar nicht merkt, daß er getroffen ist, das wissen wir. Woher. Weil er es sagt. Aber kennen wir den Schmerz, den die Hirnzellen erleiden, einen solchen Schmerz, daß sie sich weigern, ihn zum Bewußtsein durchzulassen. Und daß sie Schaden erleiden, wissen wir mit Bestimmtheit, also sagen wir: Na, Frau Burkmayer, heute wieder gut beieinander? Jetzt machen wir noch eine kleine Kurzwelle und – Ploff!

Es ist die Axt vor den Kopf: Das Tier krampft sich zusammen, steht aber noch, furchtbare lange drei Sekunden, in unserem Fall liegt es im Bett. Dann kommt der Schrei, den die Patienten draußen hören und vor dem sie am meisten Angst haben. Dann erst kommen die Zuckungen, aus dem Krampf heraus, immer heftiger, daß das Bett klappert Stoß und Stoß, immer furchtbarer, und das Hilfspersonal liegt auf Armen und Beinen, das Gesicht ist blau, die Augen verdreht, die Kinnbacken krampfen, und hätte unser Patient keinen Gummikeil, jetzt hätte er keine Zunge mehr – er hätte sie sich glatt abgebissen. Wie oft genug geschehen, und auch noch heruntergeschluckt. Nein, sage ich, das kann ich nicht auf die Dauer, ich bin jetzt seit drei Monaten auf der Station und ich kann nicht Tag für Tag die schweren Fälle schocken. Lieber Herr Kollege, sagt der Oberarzt Foige, irgendeiner muß es ja machen, und dann haben Sie ja noch die Schwester Uraria.

Das stimmt.

Ohne sie hätte ich es nicht geschafft. Um neun Uhr begannen wir mit der Visite im Mittelsaal, dann kamen die beiden Seitenräume und danach die sieben Kammern, insgesamt fast fünfzig Betten – zwanzig plus fünfzehn plus vierzehn –, und jedes Bett eine Tragödie für sich, jedes Bett vollkommene Vernichtung, in vollkommener und endgültiger Vernichtung lagen sie da und lauerten auf mich. Um sich zu barmen. Und sich zu klammern. Und mich zu bestürmen, sie noch einmal, noch ein letztes Mal zu begnadigen. Doch noch wenigstens einmal im Leben. Das Unrecht von ihnen zu nehmen. Denn sie seien ja. Schuldig, schuldig. Und bekennen sich. Und barmen sich. Und klammern sich.

Und wenn ich stehenbleibe, klammerten sie sich vier Stunden lang an mich und danach nochmals vier Stunden, und das an jedem einzelnen Bett. Im großen Saal. In den zwei Seitensälen. In den sieben einzelnen Kammern. Ich darf sagen, wenn ich gegen Mittag meine Visite fertig hatte und alle gesehen und gesprochen und die entsprechenden Anweisungen gegeben hatte. War ich fertig. Aber vollkommen und endgültig, und das mußte ich dem Oberarzt Foige leider sagen. Am Nachmittag kamen dann die Neuaufnahmen und um sechs nochmal die Visite, und das kann ich nicht. Auf die Dauer. Das schaffe ich nicht, sagte ich.

Also gut, sagte der Oberarzt eines Tages zu mir, er habe da einen neuen, jüngeren Kollegen, der dazu gerne bereit sei, ich könne dann auf Station IIIb kommen, wenn es sich denn nicht anders machen ließe. Dort seien die jüngeren, frischeren Fälle, die noch nicht hoffnungslosen und behandlungsfähigen, und hier könne ich ja mein Heil versuchen. Insgeheim dachte er natürlich, daß ich sowieso nicht für diesen Beruf geeignet sei, und im Grunde begann ich selber daran zu zweifeln.

Die sieben Schönheiten
des Weibes

Aber eines Tages werde ich selber reich sein, ich werde ein großes Haus besitzen und einen Garten und einen Bootssteg am See, ich werde den ganzen See besitzen, und den Wald, der den See umgibt, und dann werde ich ein großes, schönes, reiches Mädchen heiraten. Dann mußt du dich aber anstrengen, sagt Mamma.

Bei uns im Haus wohnt der Onkel Aaron, ein alter Mann, der im Parterre seinen Laden hat. Im Fenster liegen Schmuckstücke, Gegenstände aus Silber und Elfenbein, alte Bücher, Fächer, Schals. Wenn man hereinkommt, ist der Laden schmal und dunkel, läuft tief unter dem Haus hindurch, wo sich ein zweites Fenster befindet, das ist aber schon die Gerberstraße, und hier hängen alte Anzüge, getragene Pelze, Hüte. Mamma sagt oft: Paßt auf, der alte Onkel Aaron ist ein reicher Mann, wenn er einmal stirbt, wird er euch bestimmt etwas hinterlassen. Deshalb seid nett zu eurem Onkel, freundlich und besucht ihn von Zeit zu Zeit, sagt sie. Aber wenn wir durchs Fenster blicken, steht er drinnen und schwenkt die Arme: Husch, fort, ihr Teufel, entsetzt betreten wir den Laden, verbeugen uns, seine blaßblauen Augen sind durch die Brille vergrößert, das Entsetzen nimmt zu. Anfassen dürfen wir nichts. Da ist ein Vogel, der Körner pickt und ein Liedchen singt, und eine Uhr ganz aus Eisen, wie ein Kirchturm. Und was ist das? Da wird er böse und scheucht uns weg, das ist nichts für kleine Kinder! Ich habe es gesehen: Die sieben Schönheiten des Weibes.

Einmal komme ich in den Laden, als er gerade hinten mit einem Kunden beschäftigt ist, ich sehe mich etwas um und denke, was ist denn das? Ein komisches Buch, auf der ersten Seite sind eine Menge Frauen abgebildet und jede hat etwas Besonderes, entweder sind die Brüste besonders dick oder die Waden oder die Hüften. Die eine ist brünett, die andere rothaarig, schön frisiert sind sie alle: Die sieben Schönheiten des Weibes, ich denke, das muß ich in der Schule zeigen, das wird die Jungen interessieren, und reiße eine Seite vorsichtig heraus, so daß der Onkel nichts merkt. Fidi Fieber grinst blöde, der versteht natürlich nichts davon, Kolbow versteht auch nichts davon, ich gebe das Blatt meinem Vordermann Holtbusen, der es neben sich liegenläßt, und als ich ihn ins Kreuz stoße, gibt er das Blatt nach vorn weiter; es geht bis zur ersten Reihe, dann geht es über den Gang und von dort wieder aufwärts bis zu Felgenhauer.

In der Pause erklärt Felgenhauer, er wolle es kaufen.

Das ist leider nicht möglich, sage ich, das Blatt heißt »die sieben Schönheiten«, gezeichnet von – ich schaue nach – von Barthelmi Poggio, und gehört zu einem größeren Werk.

Er bietet fünfzig Pfennig.

Ich sage: Was sollen mir fünfzig Pfennig.

Oder sechzig.

Ich sage: Das mindeste wäre eine Mark, darunter kann ich es nicht machen. Am nächsten Tag gehe ich noch einmal zu Onkel Aaron, als er gerade hinten beschäftigt ist, das Blatt heißt »Diana und ihr Gefolge, von Satyrn überrascht«, etwas massiv und füllig, eben Geschmackssache. Über diese Dinge kann man streiten, sage ich, schließlich kann ich nicht das ganze Buch mitnehmen. Felgenhauer zahlt für das Blatt eine Mark, außerdem kann ich aber noch zwei weitere anbieten, »die Freuden des Lebens« und »junge Frau bei der Morgentoilette«, die ich in der Pause herumgehen lasse, auf die, sage ich zu Felgenhauer, legst du wohl keinen Wert mehr. Doch? Na, hoffentlich kannst du sie auch bezahlen, sage ich, gebe im übrigen die Freuden für eine Mark ab, die junge Frau muß aber einsfünfzig bringen. Die Lateinstunde kommt; es brennt wegen des trüben Wetters Licht, die Scheiben sind beschlagen, vorn liest Ali Bamberg den Livius, den er so sehr liebt – – ob er etwas gemerkt hat? Ich glaube nein.

Nächste Woche bringe ich eine Serie aus dem Klosterleben, »der Mönch in der Nonnenrolle«, »Reichtum bringt fleischliche Wünsche« und »die Pfaffenhure«, das sind keine großen Schlager und gehen insgesamt für zwei Mark an Fidi Fieber (der eben keine Ahnung hat). Winfried Selbach sagt, *er* hätte die Serie nicht gekauft, das hat ja auch keiner verlangt, entgegne ich, deshalb kannst du aber trotzdem den Mund halten, sage ich, du möchtest mir wohl das Geschäft verderben! Dafür bringe ich am nächsten Tag eine scharfe Sache, »die freiwillige Enthüllerin ihrer Schande«, und weiß Gott, sie enthüllt nicht zu knapp (nicht wenig), wie man sieht.

Zwei Mark, ruft Felgenhauer. Ja, langsam, ehe ich *das* durchgebe, darf ich darauf aufmerksam machen, daß das Blatt drei Mark kostet, es ist auf Pappe gezogen und lackiert – ich benütze eine Weinflasche als Druckwalze. Und während Ali Bamberg den rhythmischen Livius liest – als ginge er auf der Straße –, verfolgt die Klasse das Blatt. Wie es wandert. In der Pause finden sich dann die Interessenten ein, Sorke, Bodechtl und Fichte, also, ich stecke das Blatt erst einmal weg, ich bin ein bißchen mißtrauisch (der eine schielt, der andere hat Plattfüße, der dritte ist taub).

Ich frage: Habt ihr denn überhaupt soviel Geld – denn das sollte mich wundern?

Sie stottern: Ja.

Ich biete *fünf* Mark, sagt Winfried Selbach.

– – –

Ach nee. Plötzlich ist Winfried Selbach zur Stelle und bietet fünf Mark. Nanuuu, wundere ich mich, Winfried? Sie? Also offen gestanden, von Ihnen habe ich das am allerwenigsten erwartet, Winfried Selbach, sage ich, mit dir geht es abwärts. Aber das ist natürlich nur Spaß, mehr ein Versöhnungsvorschlag, Selbach, altes Haus. Da haben wir seit langer Zeit wieder einmal zusammengesessen, ein regnerischer Nachmittag, draußen die graugrünen Kegel der Straßenlaternen, hier drinnen brennt schon Licht. Hast du denn noch mehr, fragt er. Klar, sage ich.

An einem dieser Tage betritt ein junger Mensch mit einem Buch unter dem Arm Aarons Laden in der Schmiedestraße, das Buch hat eine bestimmte Größe und Dicke und eine bestimmte Farbe. Was soll ich damit, fragt Aaron. Es ist ein Buch über Fische. Über Fische? Aber ja, ein Fischbuch, der junge Mensch möchte fünf Mark dafür haben. Fünf Mark röchelt Aaron kurzsichtig, das sei viel zuviel, inzwischen ist aber hinten von der Gerberstraße ein Kunde eingetreten, der etwas kaufen will. Einen Mantel oder einen Hut, und nachher ist der junge Mensch noch nicht fort. Bist du noch nicht fort! schnaubt der Geschäftsmann und schielt kurzsichtig über seine Brille, habe ich dir nicht gesagt, daß ich dein Buch nicht kaufen will! Dann ist es ja gut, dann nehme ich das Buch, das ich hierhergelegt habe (hier etwa), wieder mit und verlasse den Laden.

Unnötig zu sagen, wer der junge Mensch gewesen ist. Ich habe mir zu Hause ein gutes Versteck ausgedacht, das Mamma nicht finden kann, im Lokus oben auf der Wasserspülung. Und künftighin bringe ich eine gute Auswahl, auf Pappe gezogen und lackiert, ich bringe nacheinander »Treiben in einem Frauenhaus« in vier Partien, den »lüsternen Schäfer«, das »Mädchen im Pelz« von Jan Hermessen, wohl eine Version der »Venus im Pelz« und noch einige andere mehr, bis zum Ende des Jahres – nun ich habe gewußt, daß es nicht ewig weitergeht, und insgesamt habe ich auch genügend verdient – als ich, eines Tages auf die Wasserspülung schaue, ist das Buch fort. Verschwunden. Mamma hat das Buch entdeckt.

Ein großer Verlust?

Geschäftlich gesehen, ja. Vor allem vor Mamma ist mir die Sache peinlich, ich weiß nicht, wie andere es empfinden würden, aber ik schäme mik sehr, ik schäme mik sehr, je länger je mehr, vom Grunde meines Herzens (S. 52 Pater Gerard in der Zelle der Jungfrau Ladière).

Wer also beschreibt mein Erstaunen, als ich eines Morgens in die Klasse komme – es ist Monate später –, und jemand macht dort Ausverkauf: Die ganze Bande ist versammelt, jeder drängt sich vor, und zehn, zwanzig Blätter sind wahllos auf dem Fensterbrett ausgebreitet, ich denke: Nanu.

Die kenne ich doch.

Ich denke, ich werde verrückt.

Wem gehören denn die Blätter, frage ich entgeistert.

Mir.

– – –

Beffchen? Nanu, sage ich, und ich hätte schwören mögen, es seien meine. Tja, sagt Beffchen, wie man sich täuschen kann. Und da hat er wieder recht, man lernt nie aus, und besonders nicht, wenn es sich um den eigenen Bruder handelt, ich frage interessiert: Wo hast du die denn her?

Gekauft.

So? gekauft, ach? Das ist ja ein hochinteressantes Blatt, sage ich, »sieben Weiber kämpfen um eine Hose«, was soll denn das kosten?

Das kostet eine Mark.

Ach? Eine Mark? Ich stelle mich furchtbar dumm, und was ist denn das, ein satyrisches Blatt »der im Schrank entdeckte Liebhaber«, das ist ja auch interessant. Kolbow, der schon eine Mark in der Hand hält, um das Blatt zu kaufen, fragt mich, was ich davon halte. Aber sehr viel, antworte ich, wenigstens, wenn man Wert auf Liebhaber legt – von der Braut ist allerdings wenig zu sehen. Genauer gesagt, gar nichts, die Frage ist, ob du sie trotzdem kaufen willst, das solltest du mal überlegen.

Das gibt es nicht, ruft Beffchen.

Aber, aber, beruhige ich ihn, das ist doch seine Sache. Vielleicht möchte er lieber das »Porträt einer Baßgeigenkünstlerin mit einer Brust«, das ist doch auch was Feines, so eine Baßgeigenkünstlerin, besonders der Baß, dafür gibt man gern mal 'ne Mark aus.

Beffchen ärgerlich: Aber mit einer entblößten Brust. Ich erwidere: Eben! Wo ist denn die andere? Vielleicht fehlt sie. –

Nun wird Beffchen doch ärgerlich und will mich wegstoßen, in der Hand hält er einen »eisernen Keuschheitsgürtel« (Abb. nach Original im Museum Cluny, Paris), mit Gitter und Schloß und allem Zubehör. Ach Beffchen, rufe ich aus, was willst du denn damit, den kannst du doch gar nicht gebrauchen. Alles lacht. Ich sage: Du bist mir doch in Ehren hold / Du freust mich mehr als alles Gold, erneutes Gelächter, da fängt Beffchen an zu flennen. Aber Beffchen, rufe ich, du wirst doch nicht in Konkurs gehen.

Nein, sagt er wütend.

Wenn er aber mit dem »Abbild einer schönen und wohlgestalteten Dame« (16. Jhdt.) kommt, rufe ich: Ah, ah, ah, seht doch, schön und breit, fast quadratisch, und die Brust scheint wirklich sehr wohlgestaltet, ein richtiges Milchsofa. Darüber sind alle erschrocken, das könnte ja eure Großmutter sein, sage ich, oder »Loth und seine Töchter« (Ausschweifungen), nun seht doch, wenn das Ausschweifungen sein sollen, bedanke ich mich vielmals, diese Töchter könnten ja …

Was? fragt Beffchen.

Eure Großmütter sein.

Da schreit er: Willst du alles miesmachen! Steht da in seinem blauen Anzug und will sich aufregen, spuckt und kratzt, hauen kann er ja nicht gut. Tja, Beffchen, sage ich, tut mir leid, Kritik muß sein. Es ist ja nicht *alles* schlecht, zum Beispiel gebe ich zu, daß die »Stickerin« wirklich sehr »tief über ihre Arbeit gebeugt« ist, also wirklich, dafür kannst du glatt fünfzig Pfennig verlangen, erkläre ich. Dagegen erscheine mir auf den »Ehestandsfreuden« der Ehemann nicht genügend bei der Sache und zerstöre meines Erachtens die Bildwirkung, daraufhin bietet Felgenhauer für die ganze Sammlung fünf Mark.

Betrachten wir einmal, fahre ich fort, die »Frau, von der Liebe durchs Leben gepeitscht«, na ja, das ist auf den ersten Blick ein ganz gutes Thema, aber was fällt uns auf, schauen wir einmal genauer hin.

Beffchen schaut wie verrückt.

Ich sage: Du gibst dir nicht genügend Mühe. Was siehst du? Nichts.

Eben! erwidere ich, man kann nichts sehen, entweder ist das Bein im Wege oder ein Tuch oder ein Apfel oder sonst etwas, man *sieht eben nichts!* Alle lachen, aber danach will Felgenhauer keine fünf Mark mehr geben, und er hat recht, sage ich, das kann man wirklich nicht verlangen. Denn so, erkläre ich Beffchen, ergeht es dem, der seinen eigenen Bruder bestiehlt, hör mal, sage ich, das wirst du doch wohl nicht bestreiten. Beffchen flennt. Hoffentlich, sage ich, wird dir das eine Lehre sein – und nun will *ich* dir mal zeigen, wie man so etwas macht.

Es ist Nacht. Die Wände sind dick und feucht, etwas abgebröckelt. Das Bett aufgerissen, die schöne Gequälte – die weiß Gott wie in diese Umgebung gelangt ist –, kniet in reizvoller Stellung und sucht nach dem Tier. Und zwar an der Stelle, wo es sich – das ist das Reizvolle – allem Anschein nach verkrochen hat. Dazu am Fenster der Bewohner von nebenan, halb von der Gardine verdeckt, vielleicht der Maler selbst, Jean Jacques Russel mit seiner Flohjagd (bei Kerzenlicht). Oder: Die Schöne ist vom Pferd gefallen, das heißt, sie hängt noch mit einem Fuß im Steigbügel, und die beiden neben ihr reitenden Herren können sich gar nicht fassen. Die Herren sind bestürzt. Sie tragen schwarze

Fräcke und gelbe Zylinder und reiten auf Füchsen in einer glatten englischen Landschaft mit einzelnen Bäumen: Nanettes Verhängnis – sie stößt undeutliche Laute aus, da ihr der Rock über den Kopf geschlagen ist, und die beiden Herren versichern einander später gegenseitig, sie hätten ihre Schönheit gesehen.

Hand aufs Herz, wer hätte dafür kein Interesse, ich meine, für eine genaue und eingehende Betrachtung (wenn sie aus bestimmten Gründen geschieht), ich meine – – die *Jungfernprobe!* Ach, da könnte man eine Stecknadel fallen hören. Auch scheint die Probe sehr angebracht zu sein, denn sie beseitigt, nach dem Gesicht des Prüfers zu urteilen, noch lange nicht die letzten Zweifel. Andererseits graust sich die Dame wohl vor gar nichts, hält eigenhändig die Kerze, als wollte sie sagen, geschenktem Gaul schaut man nicht ins Maul. Insbesondere keinem so wohlgebauten. Und die Dame deutet selbst mit einem auf den Beschauer gerichteten Blick das Ungehörige des Vorgangs an. Allerhand, oder ist es etwa *Trauer* um die verlorene Jungfernschaft, the irreparable loss, und handelt es sich vielmehr um die Wiederherstellung, la réconstruction de la pucelage, zum Beweis, daß der Verlust etwa doch nicht irreparabel gewesen sei?

Stille. Und dann bricht es los, gerade, daß man sich noch zu seinem Platz retten kann. Ah, ah, meine Herren, rufe ich, bitte einer nach dem anderen. Und nur Interessenten. Die Flohjagd geht an Felgenhauer, an Joachim Thaler der Sturz, an Fidi Fieber die gefährlichen Scherze für sieben Mark, weiß der Himmel, woher er das Geld hat. Es gehen weiterhin an verschiedene Käufer: Der unermüdliche Liebhaber, Frau im Badekostüm, Raub der Sabinerinnen, zärtliche Überraschung, les amants surpris oder der mißbrauchte Schlaf. Und ein sehr galantes Blatt: Die Entstehung der Milchstraße, und die kauft Beffchen selbst. Für drei Mark.

Und der kleine Dussel ist am Ende ganz glücklich mit seinem Blatt.

Jette

Im Oktober bin ich wieder unterwegs, und wahrscheinlich werde ich den ganzen Monat wegbleiben. Schreib mir mal, Beffchen, schlage ich vor, damit ich weiß, wie es zu Hause geht, was die Examina machen u. s. w. Jetzt kann er wieder aufatmen, nachdem er den Laden vom Halse hat und die Schulden auch, alles in Ordnung? Beffchen?

Meine Adresse in Amsterdam, wenn noch irgend etwas sein sollte: Gruyersteen bei Soetken, der mich freundlicherweise für die Dauer meines Aufenthalts eingeladen hat. Ein geräumiges Haus, vier Stockwerke, typisch für die niederländische Bauweise, unten die Halle, die über zwei Stockwerke reicht, dunkelbraunes Holz, kleiner Brunnen in der Mitte. Hier sitze ich mit dem Hausherrn im Rauchzimmer und blicke über die Gartenmauer hinweg auf die Steinfassade des Stadthauses, aus dem sich ein mit einer vergoldeten Schlange gekrönter Turm erhebt. Es geht uns gut, wie man sieht. Wir trinken hellbraunes, ganz anständiges Bier aus langen Gläsern, dazu essen wir zwei oder drei Pommelje, das sind mit Schafs- und Gänsefleisch gefüllte Mägen, eine hiesige Spezialität. Bei uns gibt es die ja auch, erkläre ich Herrn Soetken, Speck und Blut in Saumägen in einer Tunke aus Essig und Silphium. Was, sagt Soetken, kenne ich ja gar nicht, Jette! ruft er, Jette!

Dieses Mädchen, diese Tochter Jette, die hätte ich fast unterschlagen. Wenn wir abends in der gekachelten Eßstube sitzen, haut Soetken plötzlich auf den Tisch, dann kommt sie aus der Küche gelaufen mit ihren Töpfen und Pfannen und bringt einen geräucherten Schinken auf dem Brett und frische Gurken. Dazu für jeden ein Gläschen Schnaps. Das Mädchen hat kleine Hände und Füße, die Schultern sind nicht breit, eher schmal, der Rücken ist schmal, wieso hat sie aber dann? Sagen Sie es nicht. Nein, der Abend ist schon vorgeschritten, die Uhr schlägt zwölf, und immer noch bringt sie ab und zu eine Kleinigkeit aus der Küche. Das Mädchen hat, wie soll ich sagen …

Lieber nicht!

— — —

Wenn sie aber so schlank ist, ruft Soetken aus, wieso hat sie dann solche ungeheuren Felsen, wie kommt denn das? Das haben *Sie* gesagt, Soetken, stelle ich fest, nicht ich. — Meist wird es dann zwei oder drei, so daß ich erst am späten Vormittag wieder aufwache, wenn das Mädchen mit einem ergiebigen Frühstück zur Stelle ist. Es gibt meterlange Braunschweiger, Mortadella di Bologna, Trientiner und Eierkuchen mit Safran und Fenchel (auch eine Spezialität), mit anderen Worten, man ist hier ganz gut aufgehoben, sogar sehr gut, sie kocht — nun, deutsch kann man nicht sagen und französisch auch nicht, sie kocht eben holländisch. Morgens bringt sie das Frühstück ans Bett, und Brägen, der solange im Hotel wohnt, will es kaum glauben: Die Tochter? Was machst du denn mit der Tochter? Einmal habe ich ihn zum Essen mitgenommen, und dann hatte er nichts Besseres zu tun, als ihr andauernd in den Ausschnitt zu gucken, der alte Kerl.

Mein Gastgeber zum Beispiel bevorzugt französische Küche. Warum? Wegen der Saucen und Zwischengerichte. Die englische Küche sei auch nicht die schlechteste, sagt er, wenigstens würde das Fleisch natur zubereitet, dagegen die deutsche Küche, fährt mein Gastgeber fort — täte ihm leid —, aber es dominiere die Suppe aus Wasser, Bier oder Milch, Fleisch werde ausgekocht und oft mit unedlen Teilen, Kaldaunen oder Fleck serviert, Pardon! entschuldigt sich mein Gastgeber, das hätte er vielleicht nicht sagen sollen. Ich sage: Das macht doch nichts, wir nennen das Schöpsbutten oder Bröschen.

Aber vielleicht hätte er es wirklich für sich behalten sollen, denn gerade heute abend, als wir in das kleine Speisekabinett überwechseln, gibt es – – also man nennt das hier spaßhaft »Kjoekkenmoeddinger« und das ist es auch, tut mir leid. Nämlich Milz in einer Rolle von Sauerbrotteig gebacken, doch, sehr lecker, eigenartig im Geschmack, möchte ich sagen, mein Gastgeber beobachtet mich. Schmeckt es nicht? Doch, doch, selbstverständlich, man ißt hier eben anders als bei uns. Ich sage: Sicherlich ist es hervorragend, gar kein Zweifel, es fehlt nur am Appetit. Gerade heute.

Verstehe ich nicht, sagt Soetken.

Eine kleine Meinungsverschiedenheit bezüglich des Essens, nicht wahr, aber am nächsten Tag ist er krank, erscheint nicht zum Frühstück, und das verstehe *ich* nun wieder nicht. Ich frage: Hoffentlich ist es nichts Ernstes? Nein, heißt es, nur etwas Magendrücken, aber als ich ihn gegen Mittag in seinem Schlafkabinett besuche, liegt er noch immer fest. Welch ein Anblick, die Seeländer haben die Deiche durchstochen, das Wasser steigt, und die Spanier werden aus ihren Quartieren vertrieben. Die Bettdecke: Auf bleichgelbem Grund Rosenblätter und schwarze Nagelköpfe, darunter Soetken seufzend, ein schrecklicher Anblick, ich rufe: Was machen wir denn für Geschichten! Der Tuchhändler hebt eine feuchte Hand von der Bettdecke, o Gott, offen gestanden habe ich das fast vorausgesehen, ich selbst habe ja von dem Zeug nichts gegessen.

Daran kann es nicht liegen, behauptet er.

Woran denn.

Er stöhnt laut und hält sich den Leib. Ich wollte ja nichts sagen, fahre ich fort, aber das war sicherlich keine gute Idee. Er hält meine Hand fest. Nachher kommt Jette und baut einen Krankentisch über dem Bett auf, sie bringt – was bringt sie jetzt? Eine Haferschleimsuppe für ihren Vater, aber dazu kann man ja nicht gerade guten Appetit wünschen, ich sage: Jetzt schlucken Sie erst mal runter, das bekommt Ihnen sicherlich gut. Er deutet mit dem Löffel nach unten: Wissen Sie, daß ich ein Kochbuch von Philipp 1. habe. Ich sage bestimmt: An solche Sachen dürfen Sie jetzt nicht denken, essen Sie lieber Ihren Haferschleim.

Er löffelt sich den Mund voll, und dann schluckt er.

Gut?

Er löffelt weiter, dann hält er inne: Ich habe ein Kochbuch des Papstes, er deutet mit dem Löffel nach unten, der heilige Mann war ein Feinschmecker, sage ich Ihnen, eines Tages konnte er sich nicht mehr enthalten, ein eigenes Kochbuch zu schreiben (1570), wie heißt er denn, er blickt in seinen Haferschleimbrei. Dort steht es bestimmt nicht, sage ich, und wenn Sie nicht bald aufessen, muß ich die Jette rufen, die wird mit Ihnen schimpfen. Er nickt.

Er hat mein volles Verständnis, sagt er nachdenklich, dann fällt es ihm ein, Papst Pius V. Und wissen Sie, worauf er am meisten Wert legte. Nein? auf seinen Ruhm als Erfinder feiner Konfitüre.

Sie sollen hier aber, sage ich, keine Konfitüre erfinden.

Ich weiß, sagt er und löffelt weiter, nachdenklich, Condé erfand seine berühmte, nach ihm benannte Bohnensuppe und sein Minister Colbert die vortreffliche Sauce Colbert. Béchamel erfand die Béchamelsauce, löffelt aber bereits mit größerem Appetit. Wenn man bedenkt, daß ein mißlungenes Ragout Vatel, den Leibkoch des Königs, zum Selbstmord trieb, ach, ruft er mit vollem Munde, welche Zivilisation!

Montier, der Leibkoch Ludwigs XV. , studierte Medizin und Chemie, eigens um seine Kunst zu vervollkommnen. Und der Prinz von Soubise erwarb durch seine Hammelkoteletts mehr Ruhm in seinem Leben als durch seine Feldherrntaten, und was soll ich sagen, jetzt haut er herzhaft in seinen Haferflockenbrei ein, wer Truthahn à la Régence oder pains à la Orléans ißt, denkt milder über seinen Regenten, ich habe mich wirklich über ihn gefreut. Ein Beispiel: Die Boleyn aß zum Frühstück ein Pfund Speck und trank eine Kanne Bier (die Hofdamen erhielten Pökelfleisch und eine halbe Kanne Bier), und als der Teller leer ist, blickt er hinein und klagt: Das ist mir, glaube ich, nicht bekommen.

Ich sage: Soetken, das ist sicherlich nur Einbildung.

Der arme Soetken. Während er im Bett liegt, führe ich seine Tochter vor der Stadt spazieren. Wo es flach ist, wo die Kanäle ins Land hinausziehen. Es ist lustig mit Jette zu gehen, sie springt und hüpft auf den erhöhten Wegen, über Knüppeldämme, wo sich zwei Kanäle treffen. Dies sind unsere glücklichsten Tage, eine schöne Erinnerung, über uns steht die braune rauchende Herbstluft (über Amsterdam). Wie sie lacht. Ich erzähle ihr die Geschichte von den Philosophen Chi und Mi und ihrer Kröte Lo, da lacht sie so sehr, daß ein Knopf an der Bluse springt im Wäldchen Bobisdael, das eigentlich nur eine Ansammlung von zwei oder drei Dutzend Erlen ist, daran denke ich zurück.

Ein Herbsttag, wie er gar nicht schöner sein kann, klarsichtig, Felder und Gräben bis fernhin zur Stadt. Jette, sage ich, Kind, ich liebe dich, sie hört aber gar nicht darauf hin, ist vom Laufen noch ganz atemlos und jetzt – weil sie so heftig gesprungen – bekommt sie einen Aufschluck. Du mußt die Nase zuhalten, rate ich ihr, aber anscheinend hilft das nichts, schadet allerdings auch nicht viel, denn was sich nun ereignet, ist wohl der schönste Hickeschlick, der jemals stattgefunden hat. Hoho. Ein Ruck, ein Stoß, ein seliges Strampeln, ein weißes Lämmchen hüpft heraus, da ist ihr doch der Knopf gesprungen. Ich rufe: Festhalten, Jette, aber so große Hände hat kein Mensch, um das alles festzuhalten. Soviel.

Und soll ich sie nun heiraten?

Wenn man alles zusammenrechnet, ja, aber sehen Sie, ich *will* gar nicht rechnen, ich sitze hier in der Küche bei Jette, und das genügt mir. Ein angenehmer Aufenthalt, ganz mit braunen Mettlacher Fliesen ausgelegt, und da sitze ich nun und schaue, was sie alles macht und tut, die niedliche Köchin. Was für Kräuter sie auf dem Holzbrettchen hackt, wie sie einwiegt und schneidet und in ein Töpfchen gibt, Liebstöckel, ein bißchen Salbei, Melisse und Beifuß, Butter formt, hartgekochte Eier schält, wie sie Knochen auslöst, dünstet und spült. Das ist aufregend: Wie sie durchseiht, raspelt, reibt, aufsetzt, bindet und gedeckt kochen läßt.

Ich rufe: Vorsicht Jette, aufgepaßt, eines Tages werde ich dich noch selber verspeisen – und das ist gar nicht so ausgeschlossen, ich nenne das Liebe. Vom Estragon ein Zweiglein, vom Thymian ein Blättlein, Senf für Wallungen und Herzklopfen. Und ich kann mir nicht helfen, ich finde sogar die grüne Schürze, die sie umgebunden hat, so furchtbar aufregend, regelrecht körperlich, meine ich. Eine Orgie? Fast könnte man es so nennen, wenn sie ruft: Es ist aufgetragen, mijn Heer, wenn sie mit der Schüssel kommt und die gefüllten Tauben hinstellt, strahlend vor Freude, daß es mir so gut schmeckt: Es ist angerichtet, bitte zu Tisch, guten Appetit, das niedliche Frauenzimmer. Der Tisch steht unter einem Backsteinbogen, Sitzgelegenheit für vier Personen gleich neben dem Herd, wo die Speisen brühheiß serviert werden. Händewaschen, Platz nehmen, fertig. Jette bringt den großen Braten. Zunge in einer Nußsoße, Kopenhagener Torte, Welfenpudding (Eierrahm und Rumgelee). Vorweg ein in Weißwein gekochtes Huhn.

Das lasse ich mir gefallen.

Zwischendurch – wenn ich sie erwische – drücke ich ihr noch einen auf die Backe, daß sie kreischt und das Kotelett knallt auf dem Herd. Es heißt ja, daß die Liebe durch den Magen geht.

Hoho! und Jette?

Jetzt geh auf deinen Teller, lacht sie.

Und was soll ich da, rufe ich, wenn mir gerade *das* am besten schmeckt. Jiiih, kreischt sie, und ist gerade gut durch, gerade wie sie sein soll.

Ja, dieser Mann, lacht sie.

Ja, Frau Gänseklein, rufe ich, Frau Pumpernickel, nun lassen Sie mich mal abbeißen, hier kommt ein fröhlicher Kostgänger (einer der ganz großen Appetit hat). Der Herr Brot.

Ach, lacht sie.

Aber schließlich warum nicht? Jedermann hat sein kleines Hühnchen, sein Täubchen, Schnepfchen, sein kleines Schnäuzchen, also muß wohl etwas daran sein, und man kann nur den armen Herrn Soetken bedauern, der immer noch festlag.

Und als im Frühling die Hochzeit stattfand, waren an die hundertfünfzig Gäste geladen, alles Holländer. Immer mehr kamen, das ganze Haus war voll, ich hätte nie geglaubt, soviel Freunde zu haben. Die Braut strahlend, Kußhände zuwerfend, der Brautvater ans Glas klopfend. Und als immer mehr kamen und einige schon wieder zur Tür hinausgedrängt wurden, weil beim besten Willen kein Platz mehr im Haus war, und als sie fragten: Warum ist es denn hier so eng?

Und alle die Braut ansahen, als sei sie daran schuld.

Da ging sie hin, um ihre Brüste aus dem Fenster zu hängen.

Da sei plötzlich Platz im Haus gewesen.

Die Automate

Aus dem Nachlaß des Domenico Nono.

3. September 1863.

Heute morgen habe ich sie fortgeschafft, sie wog bald soviel wie ich selber. Hätte ich sie vor die Tür werfen sollen, wo das Wasser seicht ist, der Untergrund hell? Ich hätte sie tagelang vor Augen gehabt, Silvetta ohne Haare: Ich zeige dir, was du willst, ich bin dir zu Gefallen, wie auf einem Schauteller (damit meinte Nono wahrscheinlich die Stelle unterhalb der Terrasse).

Jetzt liegt sie hinten, wo der Mauerschatten auf die See fällt. Ich bin nicht unglücklich, ich bin nicht einmal einsam. Mein Vater war sehr groß und stark und liebte große starke Frauen mit geräuschvollem Atem; ich dagegen liebe sie stumm, ohne Laut, entgegen Brentis* Vorstellung, der sie am liebsten mit Fragen der Philosophie oder der Ethik ausgestattet hätte – nebenbei, es dürfte nicht schwerfallen, zwei oder drei einfache Sätze zu erfinden. Ich habe ihn gefragt: Wollen Sie vielleicht bestimmen, worüber ich mich in meinem eigenen Bett zu unterhalten habe. Vielleicht will er das, er antwortete: Sehen Sie sich die Hüften an, sie sind so zart, daß man den Blutstrom zu sehen glaubt, die Hüften sind warm, fühlen Sie! Genau 36,5 Grad. Na und, fragte ich zurück, soll das einen besonderen Vorzug darstellen? Meinen Sie, 35 Grad wäre für mich unannehmbar?

Erstaunen.

Wenn Sie nichts dagegen haben, sagte ich, liebe ich gerade kältere Temperaturen, das kühle Gewicht der Gesäß-

---

* Guido Brenti, Florenz 1818-88 (wahrscheinlich ist dieser gemeint), Kunstarm Brentis, dessen Ellenbogengelenk eine irreguläre Kugel bildete, so daß Flexion und Extension, aber auch Pro- und Supination möglich war.

backen auf dem Gartenstuhl, und als ich ihr hineinkniff, sagte sie laut und deutlich: »Vielen Dank«, einer der Späße Brentis. Früher ließ ich fremde Mäntel herumhängen, in der Garderohe standen Schuhe, Stiefel, Schirme, ich ließ Schmutzspuren oft nicht beseitigen – die Spuren der Menschen, in übertragenem Sinn, aber die Menschen selbst? Oder haben diejenigen recht, die mich für einen Monomanen halten. Heute morgen – leichte helle Luft wehte über meinem Haus – wurde sie von zwei Männern im Boot gebracht. Ich hätte eine Abend- oder Nachtstunde bevorzugt, und war gar nicht auf direkte Ansprache vorbereitet. Wir bringen die Silvetta, sagte einer der Männer unnötig laut, wollen Sie unterschreiben. Das will ich (doch ihr sollt mir nicht davonkommen), die beiden sollten später erzählen, ich hätte mich rein zu Tode geschämt: Das war gar kein richtiger Mann, erzählten sie, das war einer, der aussah, als wollte er jeden Augenblick umsinken.

In Wirklichkeit aber sagte ich rauh: Schafft sie hinauf. Ins Schlafzimmer? Ja, wohin denn sonst.

Die Männer kommen mit aufgekrempelten Ärmeln zurück, sprangen ins Boot und ruderten los. Ruderten geradewegs in die Strudel hinein, die ich dort draußen angelegt habe (je zwei Stahlträger im Wasser). Und durch den verwandelten Morgen stieg ich die Treppe hinauf zur Halle, wo seit geraumer Zeit die Quelle, die ich in schönem Bogen habe hindurchlegen lassen, stillsteht; man gräbt sie mir ab. Das Schaufelrad, an dem sonst flink die Zwerge Don und Pedro arbeiten, taucht nur zuweilen klaap klaap ins Wasser. Und klaaap (eine Quelle des Unbehagens).

Wie soll ich unsere erste Begegnung beschreiben, aus Furcht, ich könnte mich (wie eine Fahne) verraten. Ich ging ins Schlafzimmer und oohh, da saß sie auf dem Sofa, Silvetta. Ihre durchscheinenden Nasenflügel, die knorpeligen Ohren und die dünnblauen Adern an der linken Schläfe; sie saß etwas seitlich gedreht und blickte an mir vorbei in die linke hintere Ecke des Zimmers. Ich trat vor sie hin und berührte ihre Hand, die in einem weißen Zwirnhandschuh steckte – Achtung, ich tippte sie nur an, und Silvetta griff sofort zu.

Achtung.

Es ist erstaunlich, wie das Lächerliche oft mit dem Grauen einhergeht; ich denke an den mechanischen Ehemann, den ich in Paris gesehen habe, grausig, aber wohl für jeden, mit Ausnahme der Witwe, auch lächerlich genug. Silvettas Händedruck erschreckte mich etwas – ich legte meine Hand voll hinein, damit sie besser zufassen konnte – sie schloß die Augen und sagte:

»Ich zeige dir, was du willst. Ich bin dir zu Gefallen.«

Oho. Wenn sie wenigstens gesagt hätte: Machen Sie was Sie wollen, ich merke sowieso nichts. Die Frisur war auch nicht gut, eine aufgeplusterte blonde Mähne, nicht geschickt. Oder das Parfüm. Für meinen Geschmack *zuviel* Maiglöckchen oder Chypre, was weiß ich, zuwenig Haut, man hätte in diesem Fall ruhig etwas Buttersäure untermischen sollen. Aber die Augen waren schön. Sie blickten blau und empfindungslos, wie zwei tiefe Wasserlöcher, und ich stellte mich vor diese Augen hin und sagte: Wie unendlich dumm und schön, und als ob der Druck der Schallwelle sie erreicht hätte, sagte sie:

»Ich liebe dich. Ich fühle ganz wie du.«

Na gut, sagte ich, dann zeig mir, wie sehr du mich liebst.

»Ich zeige dir, was du willst. Ich bin dir zu Gefallen.«

Logik des Weibes, ich bemerkte, daß sie ein Kittelkleid trug, das sich vorn knöpfen ließ, an den Füßen steckten feine rote Schuhe. – – Jetzt lobe ich mein Schlafzimmer, man stelle sich Silvetta in einem dieser pianofarbenen, oder sprechen wir es aus, sargfarbenen Betten vor, man stelle sich die Nacht vor, Schatten auf den Wangen, ein Polster stützt das Haupt. So aber, im wattierten Rosenbett lag sie gar nicht spitzig und blaß, sondern sehr lieblich. Atmete?

Ja, die Brust hob und senkte sich in regelmäßigen Abständen, und wenn man das Ohr zwischen die beiden federnden Gipfel legte (oho), konnte man im Inneren des Brustkorbes hören: »Ich fühle genau wie du«. Die Hüften entsprachen meinem Geschmack, schön rund, sie gaben nach und gaben auch wieder nicht nach, rochen auch gut. Die Knie erwiesen sich als angenehm gepolstert. Ich versuchte, Silvetta auf die Seite zu drehen, sie sagte: »Ich zeige dir, was du willst, ich bin dir zu Gefallen.« Anscheinend vertrug sie aber die seitliche Lage nicht, denn obwohl ich ihr linkes (unteres) Bein als Stütze nach hinten zog, rutschte sie mir doch immer wieder in die Rückenlage. Was, was, dachte ich, drehte sie am Ende ganz auf den Bauch und setzte mich *nachdenklich* auf ihr *gut* gefülltes Hinterteil. In dieser Lage gab sie ein glucksendes Geräusch von sich, ein Unterton (Achtung!) etwas metallisch, drahtig, dann knackte es irgendwo in ihrem Kopf – – Silvetta sagte klar vernehmlich ins Kopfkissen hinein: »Ich liebe dich.«

Nun sind wir offensichtlich soweit, dachte ich, die Schuhe hatte ich ihr nicht ausziehen können, die Handschuhe auch nicht, anscheinend waren sie festgeklebt. Ich stellte mich aufrecht hin – das Zimmer dunkelblau vom Widerschein des Wassers –, hopste im Stehen auf der Matratze, und Silvetta hopste ein wenig mit. Auch ein Problem, wenn sie eigenmächtig arbeiten: Sie wissen nie, wann sie aufhören sollen, es fehlt eben das Gefühl. Ahh, sagte ich, was ist das, ein Dampfschiff? Wie? Kein Respons. Ich drückte ihr mal kräftig auf den Bauch, um sie anzuhalten, das Gefühl in der Hand: Kalbfleisch, so etwa. Meiner Ansicht nach liegt das Problem hauptsächlich darin, daß der Mann ein anderes Reizerlebnis hat als die Frau, bei dieser ist die Kurve flacher, stetiger, weniger dramatisch – beim Mann dagegen steigt sie plötzlich an und fällt ebenso plötzlich ab; dann ist jede Mühe vergebens, aber anscheinend hat darauf noch niemand eine Antwort gefunden, doch: »Ich fühle genau wie du.« Eben nicht!

Ich mochte zwei oder drei Stunden geschlafen haben, als sie meinen Arm ergriff – ich hatte soeben heftig geträumt –, Sie kennen das: Jemand, der einen so hoch am Oberarm packt, daß man sich nicht wehren kann. Soeben bediente ich mich (im Traum) mit Panama-Kanalzone, blaue Helvetia, Goya zwei Pesetas, da …

»Ich zeige dir, was du willst.«

Ja, mitten in der Nacht. Noch nicht ganz verblaßt, entwandt sie mir bei dieser günstigen Gelegenheit das Briefmarkenalbum, und ich kann versichern, ihr Griff war nicht von schlechten Eltern! Und noch etwas, indem ich mich von der Dame mit Handkantenschlag befreite, bemerkte ich – soeben aufgewacht –, daß unten bei ihr auch nicht alles in Ordnung war: Die Beine. Nanu. Sie bewegten sich langsam auf und ab. Und jedesmal, wenn ein Bein in der Hüfte gebeugt war, ertönte ein schnarrendes Geräusch, rachrach, nun bin ich gegen Geräusche sehr empfindlich, zum Beispiel bei Fahrrädern. Ich empfinde in gewisser Weise selbst den Schmerz der Materie, das ist meine Natur. Ich versuchte herauszufinden, wo sich der Fehler verbarg, und legte mein Ohr an die betreffende Stelle, wobei mir jedoch, immer wenn ich glaubte, etwas Genaueres festgestellt zu haben, die auf- und absteigenden Schenkel ins Gesicht fuhren. Wie zwei Pferdebeine. Einmal (als ich besonders genau hinhorchte) hätten sie mir beinahe die Ohren abgeklemmt, ich habe schließlich mein ganzes Gewicht auf die Beine gelegt, aber statt dessen,ück ück, begann Silvetta den Leib zu drehen, eine entsetzliche Sache, Silvetta mit dem weißen bewegten Bauch als ob ein entsetzlicher Krampf sie erschütterte,ück, ück, öck. –

Der Morgen erhob sich in einem Spalt über dem Horizont, und durch das Fenster, das tief herabreicht, sah ich die spitzen Felseninseln, die den Himmel hielten, sonst war alles noch schwarz. Einige Male versuchte ich, sie durch Schläge auf die Hinterbacken zu beruhigen, was habe ich nicht alles versucht, ich drehte sie wieder auf den Bauch, ich dachte, irgend etwas muß doch helfen, vielleicht eine Lage-änderung. Und Silvetta in Bauchlage – in der krümeligen grauen Dämmerung –, unbeirrt die Schenkel hebend, begann durch das Bett zu *kriechen,* o Schreck, stemmte die Sitzfläche hoch, bohrte den Kopf ins Laken und schließlich, als sie die obere Bettwand erreichte, rammte sie unbeirrt Ruck um Ruck den Kopf gegen das Holz. Meine Silvetta. Strampelte das ganze Bettzeug unter sich fort.

Plötzlich sagte sie:

»Ich zeige dir, was du willst. Ich bin dir zu Gefallen.«

O du Liebe, Gute, schrie ich außer mir, was ist das für eine entsetzliche Sache, die du mir da antust.

»... ich fühle wie du«, antwortete sie.

Ich griff mir an den Kopf,

denn sowie das letzte Wort ausgesprochen war, ertönte ein Knacks, oder genauer: Das »du« war nur ein »d«. Und wer beschreibt mein Entsetzen – es wurde hell im Zimmer, der Himmel hob sich –, nach dem Knacks wurde sie schneller! Schneller, sieh doch nur, wir waren immer schnell gewesen, aber jetzt sind wir schneller geworden, wir fürchten uns.

Die Sonne fiel hart und weiß auf die Haut, so daß die Poren Schatten warfen. So habe ich es *nicht* gewollt. Ich habe Silvetta aus dem Bett gezogen und die Hand als Leitschiene angelegt, sie galoppierte aber auf der Stelle – es ist Polyolenfußboden –, schabte mit den Schuhspitzen vergeblich im Glatten, ich nahm sie in der Körpermitte hoch, in ihrer schlanken Taille, während sie solide Schläge gegen meine Beine führte. Durchs Schlafzimmer trug ich sie mühelos, aber im Herrenzimmer erlahmte ich, und in der Halle fiel sie mir aus der Hand, kroch überraschend schnell ins Wasser zu Füßen der Sitzgruppe (der Bach ohne rechte Bewegung), verlor dort aber ihr Haar, das wie eine messingfarbene Quelle zum Abfluß schwebte – später fand man einen harten Knoten im Pumpwerk. Schließlich war ich total durchnäßt, der Bachgrund gehörig aufgewühlt, alles in Unordnung, Wasserfarne, Sagittaria, Trichogonum. Silvetta selbst so schlüpfrig, daß ich sie noch zwei- oder dreimal auf der Treppe verlor, und noch etwas: Hatte Brenti mir nicht versichert, es seien 36,5 Grad? Nun, es wurden durchaus mehr. Silvetta erhitzte sich mit der Zeit so stark, daß sie regelrecht zu dampfen begann. Als ob ein ungeheures Fieber sich in ihrem Körper ausbreitete.

Ich will mich kurz fassen, ich war am Ende meiner Kräfte. Die Treppe zog ich sie rückwärts hinauf, und noch im Fenster machte sie Schwierigkeiten, stellte sich quer, ruderte in Bauchlage auf dem Fensterbrett, so daß sie nicht hindurchpaßte. Erst hochkant – Silvetta mit aufgerichtetem Oberkörper – gelang es. Sie fiel aber nicht ins Wasser, sondern blieb im Gebüsch hängen, wo sie mir noch vier, fünf Takte lang mit den Beinen zuwinkte. Dann stand sie still und sagte: »... zu Gefallen.« Es war inzwischen fast neun Uhr vormittags geworden. Die Sonne stand schon über dem Sosophos und verlieh ihm ein glänzendes Haupt.

Als die beiden Mechaniker endlich ankamen, wußte ich gleich, daß von ihnen nicht viel zu erwarten war. Sie ruderten ums Haus herum und beobachteten Silvetta in den Büschen. Wenig hilfsbereit.

Sie hätten sie ja nicht runterzuwerfen brauchen, sagte der eine.

So!

Und wo haben Sie denn die Haare gelassen?

– – –

Doch ich will nicht ungerecht sein. Noch am gleichen Nachmittag brachten sie mir als Ersatz Leila ins Haus. Am Spätnachmittag, als die violetten Schatten für einen Empfang günstig waren.

Leila kann nette glucksende Laute von sich geben »tüt« und »pfüt«. Sie sagt: »Deine Leila mit der schwanweißen Kehle«, zuweilen glaube ich auch ein Knabbern im Innern zu hören, »mit den grünstrotzigen Apfelbrüstchen, der Bauch wollenweich wie gefallener Schnee bis hinab zum Schoßbein, prallig ist Leila und fein untersetzt«, eine Glocke!

Aber das tönt nicht etwa aus starrem Gesicht, oh nein, wenn sie sagt »... dein weißes Hühnchen...« wackelt der Unterkiefer ganz natürlich, und das gefällt mir viel besser, das öffnet mein Herz.

Das goldene Auge

Es war ein staubgraues Feld. Und es war groß, denke ich. Futter gab es. Wasser auch, und die Nacht war lang und warm, und der Morgen knallte mit der Tür auf uns herunter. Wie wir da saßen. Einen schlechten Charakter hatten wir wohl alle miteinander, leicht gereizt, immerfort mit einem Bein in Streitverhältnissen, die solange ich denken konnte von einem Ende des Feldes zum anderen schwelten. Und das Feld war groß, sehr groß bis zu den fernen Wänden und bis zu der Hecke mit dem Draht, wo schon manch einer verschwunden war.

Das große Feld und dann das kleine Feld. Eines Tages wurde ich mit einem anderen jungen Kerl, meinem Bruder, in einen Korb gesteckt und zu einem viel kleineren Feld gebracht, wo ein älteres Paar wohnte. Was einer Vollidiotie gleichkam, denn die einzige Dame war schon wirklich bejahrt und konnte uns beiden jungen Kerlen kaum genügen, praktisch haben wir immer abwechselnd auf ihr gesessen. Jedenfalls hatte sie schon nach einer Woche keine Federn mehr, ganz kahl war sie da, und schön hat das nicht ausgesehen, aber stärker als der Tod, sagten wir uns, gemeint war die Natur, die uns jungen Kerlen genügend zu schaffen machte. Und ob es der Dame gefallen hat, sicherlich, ganz süchtig ist sie gewesen, ganz verludert, konnte kaum noch krächzen vor lauter Frühling, und hat schon gleich morgens das Sofa gemacht. Frecker, mein Bruder hat immer gesagt: Geh, Gisa, mach das Sofa (seine Erfindung, er meinte damit die breite Gebärde, mit der sie uns morgens beim Aufstehen begrüßte), und sie machte das Sofa unverdrossen bis zum gehtnichtmehr und dann gleich nochmal, bis wir den Verdacht hatten, daß sie schon aus anderen Gründen nicht mehr hochkam, genauer gesagt, daß sie schließlich in der bewußten Stellung verknöcherte.

Was noch? Den Alten habe ich vergessen, den hatten wir von Anfang an zusammengescheucht und verbissen, Bruder Frecker machte das genial. Er hatte eine besonders blaurote Art zu kollern und sich aufzupumpen und geradezu fürchterliche Blasen am Hals zu zeigen, daß es eine wahre Pracht war. Er verstand es, sich buchstäblich zu verdoppeln, und die Laute, die er von sich gab, Truttrutkoch gorogooro Tracktrutgock, waren geradezu fürchterlich. Ich kollerte dann noch ein bißchen mit, und gemeinsam haben wir den alten Herrn so verängstigt, daß er für den Rest seiner Tage nur noch ein paar hagere Kreise in der Entfernung zog, wenn wir uns über Madam hermachten. Das mag sich alles ein bißchen brutal anhören, schlug sich aber in reiner Gesundheit nieder; wir wurden groß und stark und hatten starkes Fleisch.

Bis dann anscheinend der Fehler bemerkt worden war, denn wie im Traum flatterten uns eines Tages zwei wunderschöne Hennen zu, zwei blütenweiße Fräulein, ganz neu und gar nicht abgetakelt und voller Gefieder. Und wie im Traum machten wir eine wunderschöne und blütenweiße Doppelhochzeit, mit Liebe hatte das nicht viel zu tun, denn die beiden waren bei aller Unschuld ganz angespitzte kleine Luderchen. Andererseits wird man bemerken, daß wir sehr wohl eine höhere Ordnung akzeptierten, denn wie sollten die neuen Damen sonst zu uns gelangt sein? Leben und Tod, unbegreifliches Leben und unbegreiflicher Tod, daran glaubten wir.

Doch vorher wollten wir schnell noch einmal aufleben, noch einmal in der Sonne die jungen Damen besteigen, jeder seine eigene und danach womöglich noch die andere. Und so recht prall und kitzelig war das Leben, blaurot und bis zum Platzen aufgepumpt. Die kleine Untat mit Madam war schon vergessen, und wohl nicht so schwer zu nehmen, sie selber lief allerdings, da sie nun nicht mehr gefragt war, in fortwährendem Trab durch die Gegend in einer Art Erschöpfungslauf. Sie mußte, nehme ich an, irgendwie verrückt geworden sein, entweder durch die wochenlange Beanspruchung oder durch den plötzlichen Fortfall derselben, kahl und durchgedreht. Und verrückt wie eine Krähe, selbst der alte Herr wollte nichts mehr von ihr wissen. Allerdings, als sie dann in einer Kiste ein Ei bebrütete, als das Küken endlich herauskam und einen Nachmittag lang piepste, mußte sie sich in der Nacht draufsetzen. Das Küken war dann nur noch ein dünnes trockenes Blatt. Und wir? grämten wir uns etwa um den zerdrückten Nachwuchs, überhaupt nicht, sondern rannten erstarkt hinter unseren Fräulein her, und das hatte etwas mit Hitze und Schnelligkeit zu tun, mit Liebe weniger.

Wie hätte ich sie sonst finden sollen, da ich mich doch kaum selbst fand und mich von meinem Bruder Frecker höchstens dadurch unterschied, wenn es bei mir statt bei ihm kitzelte: Das war dann ich! Aber Liebe – – – einer Stimme Laut, wie mühsam zu mir ringend – –

Und doch.

Es kommt der Tag, da zwei Hände zupacken. Unerwartet von oben und von hinten her, so daß man frei mit den Beinen rudert – sie machen das sehr geschickt. Man motzt natürlich und rollt mit den Augen und macht »guckgoggog gock«, aber man hegt da wenig Hoffnung und im Prinzip ist der Widerstand gleich null und zwar seit Generationen. O ja, neben dem Wissen um den Querschnitt, gibt es noch das Wissen um den Längsschnitt, die lange Generationsreihe von Truthähnen und Truthahnahnen, die alle von hinten oben gepackt wurden und denen das Motzen auch nichts genützt hat. Ernstlich schreit sowieso niemand, da er nicht daran glaubt, gleichzeitig aber tief eingeboren weiß, daß es doch soweit ist, daß er nun *den Hals umgedreht kriegt*.

So wird das Geschrei jedesmal das letzte sein und der

Kampf jedesmal der Todeskampf, aber eines Tages werden die Hände wirklich zupacken – unerwartet von oben her –, und dann Gockgoockgurhch, der Blick von oben auf das schwärzlichgraue Feld, wo die Gefährten erschreckt durcheinanderlaufen. Hochgehoben und in den Sack gesteckt. Und dann das Rütteln im Käfig, die lange unfaßbare Reise durch ein noch viel größeres Feld, bewegt vom Hämmern und vom Knallen, und die lange durstige Reise, die Angst vor den hochbeinigen Kampftruthähnen, die gleich mir bereits allen Kot von sich gegeben haben und sich vor lauter Angst gegenseitig tothacken.

An einem trüben Tag und in einer Pfütze, in der sie den Käfig abgestellt haben, kommt das, was wir ja immer erwartet haben, an den Füßen zusammengebunden und an eine Stange gesteckt zu werden. Ich erinnere mich: Rechts ist eine schwarze Wand mit Öffnungen, in die sie die Stangen stecken, und links stehen etwas entfernt die Käfige in den Pfützen, die ich verkehrt herum sehe, die schwarz glänzen und auf denen Dinge schwimmen, Sachen, ich weiß nicht was, und ich will es nicht wissen. Und geradeaus ist der schwarze Giebel mit dem Tor darüber, durch das sie die Stangen tragen, vorne beginnend, eine nach der anderen. Was ich höre, ist der Wind am frühen Morgen – und ein Schumuschumu ja ein Schumuschumu, ich weiß nicht, was es ist.

Doch – ich weiß es.

– – –

Grüne Blätter, Gräser? Gras? Hat es nie gegeben, nur ein bißchen an der Zaunecke, aber das Wasser war gut. Das letzte Wasser war sehr gut gewesen, ich denke: Es war erstaunlich gut. Ein Hauch von Ruß und Rauch und Kühle und ein entferntes Pfeifen, ja, ja, das nächste Mal wird es vielleicht besser ausgehen. Hier kämpft niemand mehr, in der Kühle sind sie alle ruhig geworden, sie rechnen sich aus, wie lange sie gelebt haben, ich selber habe lange gelebt. Ich habe, rechne ich aus, zwei Sommer, drei Sommer und zwei Winter – – drei Winter, rechne ich aus, und das erscheint mir eine ganze Menge, eine große, lange, schöne Menge Sommer und Winter, die ich da zusammengebracht hatte ...

Und dann traf mich der goldene Blitz.

Wirklich im allerletzten Augenblick. Und eigentlich gleichzeitig mit diesem entsetzlichen Rahrahrahrah traf er mich, mit diesem heiseren, röchelnden, erschöpften Schreien – ich konnte es kaum hören, weil es so erschöpft und ausgeleiert war, als ob sie sich schon vor Stunden die Kehle herausgeschrieen hatten, und weiter hinten im Tor hingen an einer Stange drei vier Kreaturen, verkehrt herum, also richtig herum. Wer sie waren, ließ sich vor Blut und Schleim nicht mehr feststellen, Truthähne wahrscheinlich, einer gab nur noch Blasen von sich, die anderen pumpten noch, röhrten heiser, arbeiteten sich das Blut heraus, das über eine Rinne im Steinboden floß. Und ganz vorne – habt ihr euch das so gedacht? – hing sie, um sich mit der gleichen ernsten und sehr müden Stimme das Leben aus dem Leibe zu schreien, hing dort (richtig herum), blickte mich mit ihren roten gefolterten Augen an, an denen ich sie erkannte. Ich werde dich immer erkennen.

Immer?

Ja, jedesmal.

Auch als Henne?

Auch als Henne. Auch als rotes gefoltertes Fleisch, das sie hier hingehängt hatten: Vielleicht das nächste Mal, vielleicht ein besseres Mal.

Das Sternenschiff wartet.

Ja fast wäre es nicht mehr passiert, fast wäre ich ohne ihn – den Blitz – davongekommen. Und nun doch noch. Oh, ich habe sofort begriffen und alles sofort erkannt, als ich dort in das goldene Auge flog: Die warmen gemeinsamen Sandplätze und die gemeinsamen Körner, die Sonne am Tag und den lustigen lebendigen goldenen Nachwuchs, den wir nun nicht mehr haben würden. Oh, ich habe sie gesehen! Die Farbe auf den Spitzen ihrer Federn, ihre helle Brust mittags in der Wärme und ihre purpurne Brust abends im Schatten. Ein gutes langes Leben lang. Das es nun nicht mehr geben würde, natürlich nicht, was habe ich gesagt: Da bist du ja.

Da bist du ja, sagte ich, als sie an ihrer Stange zu dem anderen Fleisch getragen wurde. Und sie? Hat sie mich erkannt? Jedenfalls hat sie mich längere Zeit, während sie fortgetragen wurde, mit ihrem seitlichen Auge angeblickt.

Vielleicht – wie will ich das wissen – habe ich auch ein goldenes Auge gehabt.

Kleine Tode

Das Duell

Mittwochs finden sich immer eine Menge Besucher im Clodt-Jürgens-Bau ein, die Leute wissen nicht Bescheid, laufen in den Gängen herum oder hängen sich an die Ordonnanzen, es geht zu wie auf dem Bahnhof. Ich denke, an einem bestimmten Mittwoch stehe ich unten in der Halle im Erdgeschoß, wo einigermaßen Betrieb herrscht, und sehe weiter hinten einen mir unbekannten Offizier mit Zehlendorf verhandeln; hat aber offenbar kein Glück – Zehlendorf ist mein Adjutant –, schiebt schließlich ab, wenigstens sehe ich ihn nachher nicht mehr. Dann sehe ich ihn plötzlich auf der Treppe und denke: Jetzt ist es passiert.

Zehlendorf macht sich von der Treppe aus bemerkbar, winkt mir zu, Mensch, Sie sehen doch, ich bin jetzt nicht zu sprechen, ich winke ab. Und dann kommt er doch noch durch die Halle geschossen. Ich zische: was gibt's denn, Zehlendorf?

Order vom General, Sie möchten sofort heraufkommen.

Jetzt ist es passiert, denke ich, Schlamassel wie?

Zu Befehl, nein.

Ich sage: Nun mal raus mit der Sprache, wer war denn der Mann – – na, mit dem Sie so lange geredet haben, Menschenskind, Zehlendorf ist manchmal etwas langsam. Niemand, Herr Oberst, sagt er erstaunt, ich verstehe aber »Niemann«, muß mich wohl verhört haben, ist trotzdem ein schlechtes Omen. Und weiß Gott, als wir uns der Tür zum Vorzimmer nähern – es ist etwa sechs Uhr, kein Mensch in der Nähe, die Gänge schon etwas dämmrig –, höre ich meinen Namen rufen, etwa wie: Das ist doch iiiihhh …

Ich habe mich oft gefragt, wie es zu diesem entsetzlichen Vorfall kommen konnte. Zehlendorf drückt die Klinke, die Tür ist verschlossen, nanu Zehlendorf, sage ich noch, was soll denn das heißen, was schleppen Sie mich denn hier herauf, plötzlich kommt dieser Krach aus dem Innern des Raumes.

Reden Sie doch!

Da – eine dumpfe Erschütterung, gleich darauf ein höllischer Krach, eine zweite Erschütterung. Ich springe zur Tür, die sehr massiv ist, General, öffnen Sie! Ich rufe: Herr General, was ist denn los! Zehlendorf: Um Himmels willen, unter der Tür kommt Staub durch die Ritze.

Ich werfe mich gegen die Tür. Zweimal. Dann mit Zehlendorf zusammen, wir brechen durch, folgendes Bild: Der General steht vor einem umgestürzten Schrank, in der Sofaecke Louise mit verschränkten Armen. Staub, Splitter. Eine entsetzliche Situation. Ich eile zum General, den ich in solcher Verfassung noch nicht erlebt habe, die Halsbinde ist ihm herabgerutscht, Rock und Hemd stehen weit offen, darunter sieht man eine Art Leibchen, ein graues Leinenkorsett, das ebenfalls offensteht.

Ich rufe: Haben Sie sich verletzt, mein General.

Der stiert mich aber wie ein wütender Bulle an, anders kann ich es gar nicht bezeichnen: Was haben Sie hier zu suchen! Ich verstehe nicht. Ich frage, brüllt der General, was Sie in meinem Zimmer zu suchen haben, und tritt mir entgegen – so habe ich ihn noch nie gesehen, eisengrau und rot, die Adern treten hervor, die Hand schwenkt einen Brief: Können Sie lesen! Da! Da! schreit er und zeigt mit dem Finger auf gewisse Stellen, dann schlägt er mir den Brief ins Gesicht, oder trifft wenigstens meine linke Halsseite, ich denke, jetzt ist alles zu Ende. General!

Das werde ich nie vergessen. Die Sessel mit den weißen Hirschlederbezügen, Louise in einem Hauskleid, sie steht seitlich, die Hände gefaltet, unter einem riesigen Ölgemälde, Graf Fahlberg-St. Etiènne, dessen Kriegergesicht in zerhacktem Gleichmut auf die Szene herabblickt. Wa-wa-, sage ich, was heißt das?

Ich habe Ihnen eine geklebt, sagt der General, wenn Sie das zur Kenntnis nehmen wollen.

Louise schreit in der Ecke auf.

Ich sage laut: Zehlendorf, Sie sind Zeuge, daß der General mich geohrfeigt hat.

Eine heruntergehauen, sagt der General, und Sie können gleich noch eine haben. Er liest vor: Meine *geliebte* Louise, so darf ich Dich doch nennen, so *darf ich Dich doch nennen!* Was! Es verträgt sich nicht mit meinen Dienstpflichten, das kann man wohl sagen! aber verzeih mir, dieser Dienst ist tausendmal …

Hier schreit Louise in der Ecke auf.

Denkst Du an den wilden Wein… der General blickt hoch, aber es steht tatsächlich auf dem Papier:

Sitzbänke und Vögel …

Was heißt das?

Ich sage: Das – das ist Poesie.

Das will ich nicht wissen, brüllt der General, ich will wissen, was das heißt! Vögel! – Er liest weiter:

Wenn ich Dich ans andere Ufer trage …

Was?

Wenn ich Dich ans andere Ufer trage – eine entsetzliche Sache, was soll ich tun – Du erinnerst Dich: Wo der Wald zum Weiher, die Wiese zum Wasser wird, das soll natürlich heißen: Dort wo der Teich beginnt, Du erinnerst Dich an die Stelle, wo ich gerade sage: Nehme ich Dein Gesicht in meine Hände… das allerschönste… das aller*dümmste,* sagt der General, das aller*albernste* Gesudel, sagt er, das ich je gelesen habe, und haut mir das Papier ins Gesicht – ich springe zurück, fasse den Säbelgriff und rufe: Dafür werden Sie mir Genugtuung geben, General.

Ach was, schreit er, gar nichts werde ich Ihnen geben.

Wollen Sie kneifen?

Das ist ja wohl die aller*größte* Unverschämtheit, schreit er, Zehlendorf!

Zehlendorf ist *mein* Adjutant, sage ich fest.

Zehlendorf, schreit er, Sie sind immer noch mir unterstellt, haben Sie verstanden, schließen Sie die Tür. Was? Na, dann stell'nse 'n Schrank dagegen. *Ich fordere den Herrn da!*

Das geht nicht, erkläre ich, ich habe Sie bereits gefordert.

Der General zieht die Waffe (meines Erachtens unmöglich).

Zehlendorf, sage ich bestimmt, Sie wissen, daß es nicht geht.

Zehlendorf zögert und sagt: In diesem Falle käme vielleicht ein Duell »auf der Stelle« in Frage, wenn beide Seiten einverstanden sind.

Ich bin aber nicht einverstanden.

Wollen Sie kneifen? fragt der General.

Das nicht, aber ich nehme für mich das Recht (zu kontrahieren) in Anspruch.

Hier kontrahiere ich, ruft der General.

Zehlendorf denkt nach: Es wäre ein Rencontre möglich, falls Attacke von seiten des Generals als Provokant erfolgt und falls der Provokant (damit meint er mich) sich auf den Kampf einläßt. Eine unmögliche Situation. Das Gebäude wird um diese Zeit schon mehr oder weniger verlassen sein, die Fenster sind dunkel, hier oben brennt noch Licht. Der General in Hemdsärmeln in der rechten Fensterecke, ich vor der Tür. Louise totenblaß auf der Bank, Zehlendorf in der Mitte zwischen beiden Parteien. Nach der Regel hätte eine förmliche Verabredung bezüglich einer bestimmten Waffe, eines bestimmten Zeitraumes und bestimmten Ortes getroffen werden müssen; so wie die Dinge liegen, sind die Bedingungen *nicht* erfüllt, es handelt sich um *kein* Duell (v. Below).

Der General mit der Waffe in der Hand: Sie Lump!

Er hält auf drei Schritt Distanz den Degen vor. Das Parkett ist fest, nicht rutschig, etwas abgetreten zur Tür hin, die Beleuchtung... Ich betone hier ausdrücklich, daß ich nicht primär gekontert habe, als ich mich zur Tür wende, die linke Schulter zum General, haut er mir mit der flachen Klinge vor den Leib.

General! rufe ich, hüten Sie sich!

Und ich betone weiterhin, daß ich nie die Absicht hatte, den Mann zu verletzen, was soll ich sagen, der Mann hat mich gezwungen. Er hat sich in Vorlage gestellt, rechten Fuß nach außen, Hand auf dem Rücken, zieht zwei Hiebe durch, die ich zweimal mit der halben Stärke pariere. Was tun? Der Mann ist nicht bei Sinnen, fällt aus und sticht mir in den rechten Ärmel, danach sind wir engagiert (die Klingen berühren sich längsseits), der General kreiselt. Ich sage, ich habe Sie gewarnt, ich warte. Mir dient als Waffe der sogenannte Rencontredegen, den ich ständig trage, er ist zum Hieb wie zum Stoß gleicherweise brauchbar und besitzt ein leicht gebogenes, einseitig geschliffenes Blatt mit lang ausgezogener Spitze. Der General bevorzugt einen Degen mit Handkorb, der zwar besseren Gelenkschutz bieten soll, meines Erachtens aber zu schwer in der Hand liegt, wie sich gleich zeigen wird. Ich sage, das ist eine gefährliche Sache, in die Sie sich da eingelassen haben, Achtung, mein General, ich stringiere, durch Stringieren schlägt man die feindliche Waffe beiseite, um in die so entstandene Blöße nachzustoßen; in diesem Fall schlage ich dem General den Degen einfach aus der Hand.

Hoppla.

Louise schreit in der Ecke auf, Zehlendorf sofort mit dem schweren Säbel dazwischen. Der General steht verdutzt da, ja, mein Lieber, rühmlich oder unrühmlich, der Kampf ist beendet, tut mir leid. Und Zehlendorf – ich denke, was macht denn Zehlendorf, der hebt den Degen auf und reicht ihn dem General zurück. Ich rufe: Der Kampf ist beendet.

Zehlendorf: Der Provokant ist nicht einverstanden.

Was heißt Provokant, rufe ich, ich hätte ihn ja abstechen können, wäre er damit vielleicht einverstanden gewesen, Ihr Provokant?

Er greift sofort an und gibt mir rechts und links zwei Traversen, die ich gerade eben parieren kann. Ich denke: Nanu, ist das derselbe Mann, hoho, jetzt geht er aber ran, ich meine, es schadet nichts, sich ein wenig lustig über seinen Gegner zu machen; wir werden sehen, ob das gut ist. Wir wechseln fünf oder sechs schnelle Hiebe, deren Lage ich nicht genau erinnere, dann stellt er mich plötzlich unten rechts und stößt die Reprise nach – das ist der gefürchtete Nachstoß – und verletzt mich an der Schläfe, glaube ich. Nun sind diese Klingen so scharf geschliffen, daß man selbst größere Verletzungen an Arm oder Bein oft nicht verspürt, und da kommt es vor, daß ein Mensch, ohne es zu merken, mit durchtrenntem Körperteil weiterficht. Als daher meine linke Schulter naß wird, fühle ich – während ich ein Innenhoch des Generals pariere – mit der Hand nach. Man versteht, wenn der Gegner von innen schlägt, muß man von außen parieren; und zwar orientiert man sich von einem Punkt der rechten Schulter aus:

Innenhoch – Außenhoch

Innentief – Außentief

An der Klinge wiederum unterscheidet man ganze und halbe Stärke, halbe und ganze Schwäche (vom Griff bis zur Spitze gerechnet). Mit der Schwäche versucht man den Gegner zu treffen, mit der Stärke dagegen pariert man den Stoß. Wenn ich also ein Innenhoch des Generals (das von mir aus gesehen ein Außenhoch ist) von innen tief pariere, dabei weit nach rechts herüberziehe, gebe ich mir eine Blöße innen oben – – – nee, außen oben. In welche der General einen Fouché schlagen kann. Und genau das geschieht: Der General verletzt meine linke Hand, glücklicherweise handelt es sich um einen Kürzer, nicht aber um einen Durchzieher, der mir die Hand glatt vom Gelenk getrennt hätte. Ich fouchiere meinerseits. Nun muß man sich eine derartige Schlagfolge in rasantem Tempo vorstellen. Unmittelbar folgen zwei seitlich geführte Hiebe und ein Auftreffer von seiten des Generals. Meine ganze linke Schulterpartie ist naß, das obere Körperviertel (innen). Außerdem bemerke ich, daß der General mehrfach zu Terzen ansetzt: Das sind ziemlich waghalsige Schläge über den eigenen Kopf hinweg, die man nur riskiert, wenn man sich des Gegners sicher ist, das heißt, wenn er geschwächt ist.

Ich bin geschwächt. Ich fühle mich plötzlich müde, und zwar irrt meine Aufmerksamkeit in geradezu gefährlicher Weise ab, ein alarmierendes Zeichen. Der Graf Fahlberg-St. Etiènne trägt ein Wams aus dunkelviolettem Atlas mit grüner Borte, die ich ganz genau erkennen kann, die geschlitzten Rollärmel lassen ein reiches Spitzenunterzeug sehen, und die Hand liegt auf der straff gepolsterten Oberschenkelnaht. Die ich auch genau erkenne, während mein General in rascher Folge drei bis vier präzise Hiebe gegen mich führt, ich bin müde. Ich habe auch viel Blut verloren. Wieviel? Drei bis vier Liter. Die ich wohl pariere, aber mit der Rückhand, jedesmal ein Stückchen weiter zurück, bis ich am Ende ganz an der Wand stehe.

Hier ist der Augenblick gekommen. – Ich denke ganz ruhig, hier kann er mich abstechen. Er sticht zu und durchbohrt mein Hemd unter der Achsel. Weiter zurücktreten kann ich nun nicht mehr, weil ich mit dem Rücken schon die Wand berühre. Louise schreit in der Ecke. Geradeaus der lederne, mit Eisenknöpfen genoppte Graf Fahlberg-St. Etiènne, daneben eine goldgepreßte Ledertür, offenbar in einen Nebenraum führend.

Ich denke: Da kommst du noch raus. Verstehst du, mußt nur gut von der Wand abkommen, wo dich der General mit dem Degen festhält. Aber dann zieht er den Degen etwas zurück, und so wie er ihn jetzt hält, würde ich ihm glatt hineinlaufen, und als er den Degen genügend zurückgezogen hat... das geht gar nicht sehr schnell... führt er den finalen Stoß ...

Graf Fahlberg-St. Etiènne ist an der gedeckten Tafel dargestellt, der prostet mir in aller Ruhe zu, ißt einen Ring Blutwurst mit süßem Brei, in der Mitte sind Eier und Äpfel aufgehäuft. Ganz gemütlich, denke ich. Louise ist still, steht wie eine Puppe in der Ecke, ihr hübsches üppiges Gesicht weiß, etwas pummelig. Sie hält eine Hand am Hals, daran erkenne ich sie, auch an ihrer Stimme. Zehlendorf, der mit einer steifen Gebärde im Raum steht, hat wohl ursprünglich nicht mit einem solchen Ausgang gerechnet. Ich bin aber noch nicht...

Ich bin aber noch nicht tot. Ich stringiere, fahre bis zum Korb hinauf, laviere, das ist ein Manöver, bei welchem der Degen des Kontrahenten festgestellt wird, dann stoße ich ihn (mit einem Ruck) von mir.

Das Tempo ist sehr schnell geworden, rasante Sentenzen: Moulinez-Charge-Moulinez-Quaire usw. in äußerst schneller Folge. Ich habe nicht damit begonnen, ich habe überhaupt nicht die Absicht gehabt, mich darauf einzulassen. Nach dem Militärstrafgesetzbuch wird derjenige, der einen Vorgesetzten oder einen im Dienstrang Höheren fordert, mit Dienstentlassung bestraft. Im schlimmeren Falle – wenn es sich um ein formal nicht einwandfreies Duell handelt – mit Freiheitsstrafen etc., zudem war der Mann herzkrank, soweit bekannt, hatte er im Juli dieses Jahres bereits einen Schwächeanfall erlitten. Ein Fehler beim Reinigen der Waffe etc., ein Unglücksfall.

Ich glaube, daß es sich nie mit Sicherheit wird entscheiden lassen. Ich bin jetzt ganz ruhig. Ich stehe in Auslage wie auf dem Fechtboden, wie ein Hahn, kühn, scharf, unter den Augen Louises, da habt ihr mich! Ich rufe noch, indem ich den blanken Degen zum Gruße hebe: Nehmen Sie sich in acht General (Gardez mon Général)! Sein Hemd ist aufgegangen und läßt das Leibchen sehen, das regelrecht auf Ösen gebunden ist, wie ein Schnürschuh.

Und dann traversiere ich.

Eine Hand auf dem Rücken, mit der anderen den Degen führend, versetze ich mich auf den Fechtboden. Drei Schritt zurück, lasse ich den General herankommen, dann traversiere ich, führe aber daraufhin – die Beine überkreuz setzend – die Ligade aus, einmal, zweimal und jedesmal zum Nachteil des Generals, der entschieden zu langsam pariert. Dann führe ich einen Trompéstoß aus sowie einen Doublé und Kroisierstoß – und daraufhin die schwierige Reversligade. Achtung.

Die schwierige Reversligade.

Unter den Augen Louises, die aber wohl doch nicht ganz folgen können, nicht der sehr schnellen Folge der Tempi, auf die es hier ankommt, und nicht der Präzision, mit welcher diese ausgeführt werden. Ich sage auch noch: Hoppla! und stoße gleich nach (als ob es nötig gewesen wäre). Und stoße auch gleich durch …

Das kommt unerwartet, als ob man durch eine Rauchwolke stößt, nichts, das sich in den Weg stellt, nicht mal das Leibchen. Das besteht aus einem grauen Drillichstoff und ist so stramm geschnürt, daß ich – ploff – glatt durchfahre. Danach brauche ich den Degen gar nicht herauszuziehen, denn er fällt gleich rückwärts um (der General), und da ich den Griff festhalte, zieht er sich von selber heraus. Genauso leicht.

O Gott. Jetzt hat er sich.

Der General liegt inzwischen auf dem Rücken und rührt sich nicht mehr, blutet gar nicht, ich sage: Ich habe überhaupt nicht… und nähere mich Louise, die das Ganze mitansehen mußte, ganz steif ist sie. Ich sage: Das ist ja entsetzlich, Zehlendorf hat sich schon um sie bemüht, aber ich glaube, daß es *meine* Aufgabe ist, mich jetzt um sie zu kümmern. Da schreit sie:

Rühr mich nicht an!

Ich gehe zu ihr hin. Aber sie ist ganz steif und reißt die Augen auf, schreit:

Du hast ihn umgebracht!

– – –

Du hast (ich habe ihn) …

Ach, Afghanistan

Mit dreizehn erfuhr ich es zum ersten Mal, in Velten bei Berlin, auf Besuch bei Verwandten. Eine an sich belanglose Situation: Ich saß in dem Eßzimmer, wo selten jemand hinkam und wo der Plattenspieler stand, hatte gerade die Tanzplatte »noche de Biarritz« gespielt, das Zimmer roch nach Zigarettenrauch vom Vorabend, und draußen vor der halbgeschlossenen Markise konnte man – konnte man natürlich nicht, dazu war es zu weit entfernt – den S-Bahnzug nach Berlin rollen hören. Im Sommer, wenn die Chausseebäume vor den Markisen dunkelgrün sind und die sommerlichen Motorradfahrer Sehnsucht erwecken, wonach? Nach Berlin. Und dann wiederum, Sehnsucht, aus Berlin im Sommer rauszukommen; das widerspricht sich nicht, wenn man Berlin kennt. Ich verwende hier ein wenig Sentimentalität, um die an sich belanglose Situation zu kennzeichnen. Saß also neben dem Plattenspieler im Sessel und sah in das dunkelgrüne Licht nach draußen. Es war zwei Uhr. Heiß, ruhig. Im ersten Kriegsjahr. Im Jahr zuvor hatte ich noch mit meiner Mutter in der Imperator-Diele in der Friedrichstraße einer Negerkapelle zugehört, sie spielten die Donkeyserenade mit diesen Klappstöcken – schon wieder abgeschweift. Aber so ungefähr: Heiß, ruhig, mit diesen Klappstöcken, ich überlege, ob ich baden gehen soll, auch keine Lust, ich sehe mich in diesem ruhigen graugrünen Wasser untertauchen, ich tauche nämlich nicht gerne, weil es mir in die Nase schlägt, und im Augen-blick hier im Sessel kann ich mir die graugrüne Wasser-wand ganz leicht vor Mund und Nase vorstellen, einen Zentimeter vor meiner eigenen Luftröhre, also ganz dicht vor dem Ertrinken. Und da fällt mir zum ersten Mal ein, daß ich ja *lebe,* ganz deutlich hier im Sessel lebe ich plötzlich und bin zutiefst erschrocken, wie denn das überhaupt möglich ist.

Denn es ist ja nicht möglich.

Das war genau der Augenblick, in dem ich abgerutscht bin, ein Motorradfahrer draußen hat mich gleich wieder zurückgeholt, indem er mich so deutlich an die Sehnsucht erinnerte, und ich konnte auch gleich darauf nicht mehr begreifen, wo oder wie ich mich soeben befunden hatte, völlig unklar, aber bei allen späteren kurzen Erlebnissen – deren nächstes erst nach Jahren wieder auftrat – erinnerte ich mich an das lange Eßzimmer in Velten, an die graugrünen Wasser, die mich einschalteten, und an den Motorradfahrer, der mich wieder ausschaltete. Letzteres wird auch noch wichtig sein, insgesamt ein kleiner, kurzer Tod, und ich würde liebend gern damit als Arbeitsbegriff arbeiten, klänge er nicht zu dramatisch. Ich weiß aber, daß ich mich vorübergehend jenseitig gefühlt hatte, nicht eigentlich tot, aber auch nicht lebend, etwa so, als ob ich mich an einem Ort befände, von dem aus gesehen beides wiederum bloß Einbildung wäre. Eine unkindliche Perspektive. Und das Ganze mit der Angst verbunden, nicht wieder zurückzukommen, logischerweise sogar, denn ist man ohne sein Zutun hinaus, was soll man tun, um wieder zurückzukommen? Dazu darf ich hier schon einmal bemerken, daß genügend Fälle bekannt sind, die *nicht* wieder zurückgekommen sind und heute unter gewissen Diagnosen die Heilanstalten bewohnen. Und was nun auch noch das »Zutun« anlangt, wir Abendländer sind auf diesem Gebiet von jeher schwer von Begriff, wir sagen: Tod, oder wir sagen: Ich werde einmal sterben, und horchen daraufhin, und es bedeutet gar nichts. Wir sagen: So gewiß wie das Schwein im Schlachthof werde ich sterben, ganz sicher, es ist schon alles vorbereitet, oder wie das Huhn auf dem Hühnerhof. Löst das etwas aus? Allenfalls eine Leere im Hirn, keine Angst, gar nichts. Und dann eines Tages in dem langen Zimmer in Velten dösen wir vor uns hin, und die Gedanken laufen einfach herum, und da ist es geschehen, da sind sie darauf gestoßen. Ich will hier kein Wort über »Techniken« verlieren, denn mit Dreizehn gibt es keine Techniken, es fehlte noch der Zeitraum, welcher in dem Eckzimmer in Velten begann und ungefähr dort endete, wo ich in Berlin in der Charité in einem überwachsenen Innenhof der Nervenklinik einen Brief in Händen hielt, den mir Freund Vieweg ausgerechnet aus Afghanistan schrieb. Der Hundling, dachte ich damals anerkennend, hat er es wieder geschafft! Dazwischen lagen aber siebzehn Jahre.

Ach, Afghanistan, in meinen Träumen liegt es immer im Regen, die spitzen schwarzen Berge und die ausgesägten Grate der Kakaowüste, die wir jeden Monat einmal durchfahren, um zum Brückenjob nach Shindan zu gelangen. In meinen Träumen heißt der Regen: Gefühl. Obwohl es in Afghanistan nie geregnet hat, soweit ich mich erinnere, höchstens im Winter, und dann ist es unheimlich still im Land, beides, still und unheimlich, ohne einen Menschen auf hundert Kilometer. Wenn man einen Schritt geht, hört man seine eigene Schuhsohle laut auf dem Sand, man steht und hört – gar nichts. Das Heben des Brustkorbes, oder ein fernes Rieseln. Nein, es verändert sich nichts, am Morgen steht der »Elephantsback« im Fenster, und ich warte, am Mittag steht er dort und am Abend, und ich warte, während die Zeit vorbeigeht und sich nichts ereignet. Nur fünfmal der Tee, der von Sher Mamat gebracht wird. Sher Mamat heißt: der liebe Mohamed, der sich auch nie verändert, er ist Moslem, er befolgt die Regeln, er fastet einen Monat lang, mittags wäscht er sich mit Sand, wie sie es alle hier tun. Aus Unverstand? Aber ich weiß nicht, ob man es so nehmen soll, vielleicht tun sie das eine und meinen etwas anderes. Sie sagen: Papier ist heilig, und in den Abort werfen sie kleine

Steine. Ich habe gesehen, wie ein Heiliger sich mitten auf der Straße nach Kandahar niederließ, um dort sein Leben lang zu bleiben, und warum, weil er erkannte, daß es der einzig mögliche Platz war. Und das verstehen sie, also bauen sie die Straße im Bogen um ihn herum, denn ein Heiliger, der Stimmen hört und mit Steinen wirft, wird sehr geachtet, und man weiß dort, was das ist, ein Heiliger. Dafür gibt es unzählige Beispiele. Meiner Ansicht nach ist es aber das Land selbst, die spitzen schwarzen Berge sind schuld, die es in dieser Form eigentlich gar nicht gibt, ich habe sie einmal von oben gesehen: Wie ein Beispiel der Sache selbst.

Es gab da ganz in der Nähe des Hospitals eine Schlucht, leicht mit dem Auto erreichbar. Nach Überqueren eines winzigen Passes und Durchfahren eines winzigen Plateaus, dessen Randgipfel von Ferne wie tausend Meter aussahen, dann auf fünfzig zusammenschrumpften, somit aber eine größere Reise vortäuschend, gelangte man auf einen Sandstrich, dessen Ende trichterförmig in eine Schlucht mündete, um sich danach wieder auszuweiten. Wie eine Schüssel. Und dies war die Stelle, genau in der Mitte, wie soll ich es erklären, es war eigentlich nichts Besonderes, nur eine kleine Sandfläche, wo man sich hinlegen konnte, aber es war eine schöne Sandfläche, und die Luft war dort wie das eigene Blut, ungefähr von derselben Temperatur, so daß der Unterschied zwischen draußen und drinnen – zwischen dem, was vor und hinter der Haut liegt, aufgehoben ist. So daß man was sieht?

Genau an der Stelle sieht man, daß man selber auf der Sandfläche sitzt und niemand anders, und man sieht plötzlich den Vogel nebenan, wunderschön golden mit schwarzweiß gestreiftem Schwanz – die Afghanen haben für solche Vögel besondere Namen, dieser heißt der Bote Salomos. Und der sitzt und schaut mit absoluter Aufmerksamkeit gerade mich an. Ich sage: Ja, du Äffchen, was schaust du denn, aber vielleicht hat er sich genauso wie ich gefürchtet, vor der Stille, vor sich selbst vielleicht – ich weiß nicht, ob Vögel das können –, vor dem Gedanken, daß es ihn hier an dieser Stelle vielleicht wirklich gäbe.

Mamat Khan, mein Chauffeur, hat mir einmal erklärt, wie sich das in diesem Lande verhält; es war auf der üblichen Tour nach Shindan, in der Nähe von Farah. Ich sehe den armen Kerl noch heute vor mir, nicht unintelligent, ein kleiner zäher Pushtu, der vor Jahren, sofern er nicht log, einen Mann in Peshawar umgebracht hatte. Ich brauchte ihn zur Ablösung während der langen Fahrten oder auch, wenn wir stecken blieben – man muß sich nicht vorstellen, daß es hier Straßen gibt, meist sind es überhaupt nur Radspuren, die je nach Jahreszeit mal hier und mal dort verlaufen, ab und zu mal eine alte gemauerte Brücke, die wiederum fehlen kann, dann bedeuten drei Steine auf der Straße, daß nach zehn Metern die Straße abbricht (schwierig bei Dunkelheit, aber dann wiederum fährt hier niemand Auto), so daß man unten durch das Flußbett fahren muß, das sowieso ausgetrocknet ist. Also ich bin kein besonderer Autofahrer, aber der große Jeep mit Vierradantrieb und acht Gängen, vier Kraftgängen unterhalb des ersten, wissen Sie, was das bedeutet! Obwohl mir Autos sonst nicht viel sagen, aber mit dem Vierradantrieb *und* dem Kraftgang fahre ich praktisch eine senkrechte Wand hoch. Mamat Khan – das heißt: Fürst Mohamed – glaubte mir solche Dinge aufs Wort, er hatte sowieso eine unbeirrbar hohe Meinung von mir. Einmal habe ich ihn während der Fahrt geschlagen, weil er in ein Loch fuhr und ich mit einem Vogel, einem Quekkus, den ich in den Händen hielt, mit dem Kopf gegen das Autodach stieß, daraufhin, anstatt mich zu töten, hatte er eine noch größere Meinung von mir – die andere Alternative. Also auf einer solchen Fahrt nach Shindan, auf der halben Strecke war es, als wir wie üblich an dieser Stelle Mittagspause einlegten. Wir hatten Hühnersandwich für ihn und Schinken für mich, dazu Eistee und Ingwerbier in Eisbehältern. Zum

Essen saßen wir auf einem Teppich, den ich zuvor in Dschidscha gekauft hatte, also sehr farbenprächtig auf dem dunkelroten Teppich auf der braunen Sandfläche, die hier eine besondere tonige Farbe hat, saßen wir zur Mittagspause, und gerade dachte ich: Wenn man hier schreit, hört einen kein Mensch, man könnte glatt umgebracht werden. Und man selbst, sagte ich, hört auch keinen Widerhall, überhaupt keinen, so daß man wie in einem Sack ruft, oder wie im eigenen Kopf. Das ist es, man ruft hier im eigenen Kopf.

Ich gehe ein paar Schritte von dem Teppich fort, und der Sandboden staubt etwas tonfarben. Und dann, sage ich und strecke die Hand aus, ist hier der Horizont ganz nahe, man meint, die Hand darauflegen zu können, weil nichts dazwischen liegt, bis zur Krümmung, verstehst du das.

Mamat Khan nickt, der alte Dussel.

Die Stille, sage ich, die absolute Stille weicht dich auf, und die absolute Sicherheit, daß dich nichts bedroht, denn eine einzige Drehung um dich selbst zeigt dir, daß nichts, aber auch gar nichts da ist, auf mindestens zwanzig Kilometer, nichts, was dich bedrohen könnte. Also!

Wie kommt es aber, frage ich in dieser sonnenbeschienenen Tonwüste, daß sie mir schattig erscheint. Mamat Khan blickt hoch. Die Tonwüste, sage ich, wie kommt es. Sie erscheint mir, obwohl ich sie bis zum äußersten Rand überblicken kann, dennoch nicht geheuer.

Nein, Mamat Khan blickt dann um sich: Das darfst du nicht sagen.

Warum nicht, frage ich.

Weil sie dann kommen.

Wer kommt?

Er zeigt auf eine Stelle, wo der Boden besonders glatt ist und rötlich tonfarben schimmert: Sie kommen von unten, sie stecken die Hand durch.

Und ich habe es ihm auf Anhieb geglaubt, im Grunde

hatte ich mir schon selbst überlegt, wo sie in einem Land wie diesem sein könnten, war nur nicht darauf gekommen. Hier?

Ja, sagte er, wenn ein Mann zu Fuß geht, fassen sie ihm durch den Sand ans Bein. Einleuchtend, dachte ich, das ist der Grund, weshalb man reitet, oder im übertragenen Sinne: Weshalb ich mich immer im Auto sicher fühle. Ja, sicher bis auf eines, hat man mir erklärt, fahren Sie nie einen Kameltreiber tot, Schuld oder nicht Schuld, aus *dem* Gefängnis kommen Sie nicht mehr heraus.

Chah-i-anjirs. Man stelle sich einen ganz und gar aus Lehm gebauten Ort vor. Gelbe, in der Sonne gebackene Lehmquader bilden Mauern, Tore, Hauswände, die Dächer halbkugelig, damit sie nicht einfallen, ganze Lehmburgen mit Innenhöfen von Lehmsäulen umstanden, und die Reichen haben innen Lehmteiche, die das Haus kühlen. Am Abend sitzen sie auf ihren dunkelroten und schwarzen Teppichen auf den gebackenen Lehmterrassen, und die ganz Reichen haben Weiden und Bambus in den Höfen zu ihrer privaten abendlichen Kühlung. Dazu essen sie diese kleinen, brombeerartigen weißen Früchte, die etwas nach rohen Eiern riechen und angeblich die Potenz steigern. Und dazu geht der Blick hinaus auf die Sandwüste, mit ihren Dünen nach allen Seiten dahinrollend und auf hundert Kilometer von keinem Licht unterbrochen, bis Farah oder Kandahar. So stellt man es sich vor, und erstaunlicherweise ist es genauso. Auch daß im Frühling zu einer bestimmten Zeit die Wüste mit millimetergroßen Blüten bedeckt ist, hellblau und rosa. Und daß die kleinen Jungen an der Straße stehen und für eine kleine Münze das Hemd hochheben. In Chah-i-anjirs, das heißt Brunnen der Feigen, war es noch genauso zu meiner Zeit.

Mein Hospital hatte dreißig Betten, einen Behandlungsraum, einen Operationsraum, einen Verbandsraum, Röntgenraum und eine Apotheke. Draußen war ein großer Hof, wo die Verwandten schlafen konnten, oder die Patienten, die am Abend ankamen, um am Morgen behandelt zu werden. So war es. Am Morgen brachte Sher Mamat den Tee und die Desertcooler fingen an zu laufen, während in der Welt die Heizanlagen in Gang kamen, da dehnte ich mich, warf die Fuchsdecke ab und dachte: Welch ein schöner neuer Tag in Afghanistan und welch ein guter Tee, den mir Sher Mamat gebracht hat. Die gute Luft, die durch den Schacht strömt. Das Wasser, das über die Matten läuft, damit die Luft kühl wird, während ich hier beim Tee sitze und die Komikhefte lese, die mein Vorgänger hinterlassen hat. Dazu trage ich zum Frühstück einen leichten Afghanenmantel, es gibt geeiste Melone und kleine Würstchen. Und wenn ich in meinem Mantel vors Portal trete, um zu sehen, was sich über Nacht an Patienten angesammelt hat, sitzen sie da alle. Voller Vertrauen. Und ich sage: Was wollt ihr von mir, ich kann euch nicht helfen, ich kann nicht mal einen Blinddarm anständig operieren. Da freut sich die ganze Bande und denkt, ich habe eine Ansprache gehalten. Einer hebt seinen Arm, und ich sehe schon von weitem, daß er eine riesige Kandaharbeule hat, oder Aleppobeule, wie man dort sagt. Ja, du Unglückswurm, sage ich, lauter dreckige Tücher, *lauter dreckige Tücher.* Chobasti, ruft er, das heißt: Ob es mir gut gehe. Der Schlingel. Mir schon, trotzdem werde ich eine ganz brauchbare Medizin für ihn haben: Gelbes Atebrinpulver, ich weiß nicht, ob es allgemein hilft, aber ich habe damit ganz gute Erfahrungen gemacht. Den Säugling haben sie in ein Tuch gewickelt, das kenne ich schon, es ist immer dasselbe Tuch und wird im Ort nur benutzt, wenn sie mit dem Säugling zu mir kommen, nachdem ich einmal nasse Windeln jemandem um die Ohren geschlagen habe. Auch wenn mehrere kommen, ist es immer dasselbe Tuch. Ich glaube, sie halten mich für absonderlich. Den meisten fehlt überhaupt gar nichts, sie sind nur maris ast (very weak) oder sie wollen überhaupt nur stark werden, palavan, zum Gruß wünschen sie sich dann gegenseitig, daß sie nicht müde werden mögen. Ich habe deshalb, um meine Apotheke zu schonen, selbst Medizin gemacht: In riesigen Glasballons eine rote gallebittere mit Chinin und *roter* Tinte und eine blaue mit Chinin und *blauer* Tinte, letztere noch mit Kohle, so daß sie fast schwarz ist. Omar, mein Oberpfleger, weiß Bescheid: Bei marisast gibt es rote Medizin und bei palavan blaue, in ganz hartnäckigen Fällen gibt es noch petschkari, das heißt Spritze, und zwar mit physiologischer Kochsalzlösung. Na ja, das ist so das Jägerlatein (des Tropenarztes), und wehmütig: Ach Afghanistan, wo bist du – in meinen Träumen, in denen es regnet, aber am wirklichsten immer in jenen Morgenstunden, wenn ich nach dem Frühstück vors Portal trete und diese Straße rieche: Frühmorgens nach Holzrauch, Staub, über den man Wasser gesprengt hat, Kamelmist, saure Fette und Teppiche, über die sie hundert Jahre mit nackten Füßen gewandert sind. In meinen Träumen kriege ich den Geruch nicht mehr hin, auch nicht den Geschmack dieses Krautes, das nach angesengten Haaren schmeckt. Geruch und Geschmack schaffe ich nicht, aber hören kann ich noch, und zwar ein ganz bestimmtes Klingeln, das die kleinen Pferdekarren von sich geben, die bunt angemalt sind, wie die Blechkoffer und die Stühle der Friseure, die höre ich noch. Einmal haben sie von mir eine Fotografie gemacht, die so schön war wie keine jemals zuvor, und auf der ich wie Jeff Chandler aussah, ganz dunkel mit hellen Haaren, auf dem Stuhl, während der Friseur meine Schulter massierte, während gleichzeitig der Fotograf die Aufnahme machte (und von gegenüber der Schuhverkäufer ein Paar Schuhe auf die Straße warf, die ich kaufen sollte, ach Afghanistan).

Aber wenn ich dann vors Portal trete, trage ich jetzt nicht mehr den Afghanenmantel, das ist klar, sondern den weißen Leinenanzug, wie ihn in den Tropen die Ärzte tragen, und darin erwecke ich genau den Eindruck, den man hier von mir erwartet, nämlich den mächtigen, strengen und ungeheuer hochstehenden. Und nun wollen wir, sage ich, einmal sehen, was der heutige Tag (an Fällen) uns zu bieten hat. Sage ich, indem ich das Portal weit öffne, um die Scharen meiner Wüstenbewohner einzulassen, die dann in ihren Tüchern und weiten Hosen drinnen auf dem Steinfußboden Platz nehmen.

Da haben wir etwa den Mann mit dem Blasenstein. Eine medizinische Abnormität ersten Ranges, wenn sie in Berlin aufgetreten wäre. Einen Blasenstein von gut Apfelgröße, schneeweiß mit einer wundervoll verästelten Oberfläche bei vollkommener Kugelform, in dreißig Jahren gewachsen, der Mann hat dreißig Jahre lang Schmerzen gehabt, in Berlin hätte er es keine vier Wochen ausgehalten. Ich habe ihn also untersucht, mit Schrecken den Stein durch die dünne Bauchdecke hindurch getastet, der Mann hat sich schamhaft entkleidet – um bei dieser Gelegenheit einmal die Beinkleider zu beschreiben: sie sind bis zu zwei Meter weit, die Hosenbeine stehen waagerecht und fallen erst durch eine Raffung in senkrechte Lage, somit zwischen den Beinen einen ungeheuren beutelartigen Faltenwurf bildend, wohl zur Kühlung –, hat sich dann wie üblich angestellt, mit der Bauchdecke gepreßt und überhaupt alles Erdenkliche getan, um freizukommen, während ich also diesen regelmäßigen und gut apfelgroßen, harten Tumor taste und mit Schrecken denke: Herrgott, ein Blasenstein, und wie soll ich den nun operieren.

Ja wie? Um Gottes Willen.

Die Antwort ist: Gar nicht. Da der Mann sowieso Angst hat und sich auch gar nicht vorstellen kann, jemals von seinen Schmerzen befreit zu werden, und da die Blase wahrscheinlich innen schon längst hornig verändert ist, schicke ich ihn nach Hause. Weil ich selber Angst habe. Ich sitze hier in meinem Tropenanzug, und alle denken, daß ich entweder mit dem Teufel oder Gott im Bunde bin, und alle schauen auf meinen Mund, auch die Pfleger, die es doch inzwischen gelernt haben müßten. Aber nein. Ich sitze hier auf meinem Drehstuhl, der extra meinetwegen in Karachi bestellt wurde, und kann ihnen doch nicht sagen: Daß ich es nicht weiß.

Oder die Frau, deren Bauch ich durch ein winziges Loch im Kleid untersuchte, welches der Ehemann mit der Schere herausgeschnitten hatte, oder die Frau, die drei Monate nach Einsetzen der Wehen noch nicht entbunden hatte, und als sie dann zu mir kam, statt dreißig wie siebzig aussah (und was sollte ich tun), oder die Staroperation auf dem linken Auge, die ich nur deshalb verantworten konnte, weil das rechte fehlte. Oder das berühmte Zahnziehen mit den Zahnzangen, deren ich im Hospital einen vollständigen Satz vorgefunden hatte, für jeden der zweiunddreißig Zähne eine, oben und unten, rechts und links, je nach Lage. Aber welche! Ich glaube nicht, daß meine Patienten mehr gelitten haben als ich selber. Und trotzdem – ich muß es wieder einmal ansprechen – hat es mir nicht geschadet. In einem See von Blut und Schmerz, abgemagert vor Angst und dünn vor Verantwortung, war ich trotzdem auf seltsam ferne Art glücklich. Von einem Tag in den anderen schwebend. Selbst mein eigener Zahnschmerz gehorchte einigermaßen, ich bringe das nur als Beispiel. Schwoll manchmal links oben hinten an und machte sich dann so breit, daß ich ihn (den Zahn) im Gehirn deutlich mit seiner Wurzel, seinem Zahnbein und Zahnschmelz wahrnehmen konnte. Aber selber ziehen? Oder in den Bazar gehen, wo sie diese feinen Korkenzieher haben? Also konzentrierte ich mich auf meinen Zahn, diesen Punkt im Gehirn, der wiederum eine entzündete Pulpa darstellte. Ich versuchte, indem ich den Blick nach innen stülpte, den Zahn genau zu sehen, den Nerv mit den Äderchen, die sich übermäßig gerötet hatten. Sei doch ruhig, sagte ich, je mehr du drückst, desto schlimmer wird es, also ist es unsinnig, so sehr zu drücken. Und als das nichts half, versuchte ich es andersherum, ich sagte: Da du in meinem Gehirn drückst, bist du in meinem Gehirn, da aber mein Gehirn dich denkt, bist du, sagte ich zu dem Zahn, nur ein Gedanke, wenn du aber nur ein Gedanke bist, verhalte dich ruhig!

Und als auch dieses nichts half, stülpte ich – jetzt komme ich darauf – stülpte ich also meine Augen von außen nach innen und betrachtete den Zahn, der so groß geworden war, und als ich ihn eine Weile betrachtet hatte, war er plötzlich etwas kleiner. Also betrachtete ich den großen gereizten Zahn eine lange Weile in aller Ruhe, bis er noch kleiner wurde. Und nicht mehr gereizt. Da wußte ich, daß ich es konnte.

Vielleicht nicht immer, aber ich wußte, daß ich es unter Umständen würde wiederholen können.

Mr. Penivalkyi

Die Stadt ist ein Schachbrett, schwarz mit grauen Straßen, ein paar lackierte Glanzlichter an den Ecken, oder weiß mit schwarzen Straßen, wenn Schnee gefallen ist. Der Mann hat sein Büro in der Potter Street, direkt gegenüber dem Hotel Fairbanks. Er sitzt im ersten Stock, unten ist eine Bar im Haus, von wo sie ihm eine ständige saure Woge von Bierdunst hochschicken. An der Tür hat er ein Schild »Hawk Steen, private Ermittlungen«, aber nicht so ein dürres, sondern in dickem Messing mit gewölbter Kante, und er sitzt hier in Hemd und Hose in einem Rohrstuhl auf einem gelbbraunen Fliesenboden mit Sternenmuster. Rasiert ist er auch nur unvollkommen, so stelle ich mir das vor. Für die 357er Magnum, vernickelt mit Gummigriff, trägt er das Schulterhalfter, das nur ein wenig unter dem Hemd zu sehen ist, das genügt schon. Die Leute wollen einen Sleuth, ein gefährliches privates Auge – also kriegen sie einen.

Wenn er abends um sieben zum Essen geht, dann ist die Potter Street wie leergefegt. Das »Eats«, einen Block weiter, ist durch eine rotblaue Neonschrift beleuchtet, bis dahin sind es hundertfünfzig Schritte, vielleicht zweihundert, und er geht diese Strecke zu Fuß. Drinnen sitzen dann meist nur ein paar arme Wesen, die sowieso nichts mehr zu verlieren haben, ein dürrer Mann vom Reinigungsdienst, eine Dame mit großen Löchern in den Strümpfen, zwei hinten und ein riesengroßes über dem weißgrauen Knie. Jedermann weiß, daß in dieser Nachbarschaft entweder Schwerbewaffnete (ich meine Schwerbewaffnete) oder aber Irrsinnige nachts auf der Straße herumlaufen. Und der Daddy hinter der Theke, der in einer gewissen Panik die Steakburger serviert, weiß das auch, sicherlich steht da noch jemand im Hintergrund – ein Sohn oder eine Ehefrau – zwischen den Regalen mit der Flinte in der Hand. Das ist nämlich die Situation, wenn die Gäste aufgegessen haben, gehen hinter ihnen sofort die eisernen Rolläden herunter. Und der Mann, der die hundertfünfzig Schritt zurück durch die Straße geht, weiß, daß die Leutchen sehr tapfer gewesen sind, nach sieben hier noch einen Dollar verdient zu haben.

Sollte ich sagen, daß ich dieser Mann bin.

Manchmal glaube ich, ich bin viel zu spät gekommen, oder ich bin nicht am richtigen Ort – das ist auch möglich. Da betritt zum Beispiel ein Herr Penivalkyi mein Büro. Eine nette kleine Kugel, die da hereinrollt, adrett angezogen mit Seidenhemd und Krawatte in einem graugestreiften Businessanzug. Er will also ein Geschäft am North River Drive aufmachen. Wo? Am N.W. North River Drive!

»Mr. Pennywalker«, sage ich, »das ist eine schlechte Gegend.«

»Penivalkyi«, er lächelt sogar wie eine kleine Kugel, und ich kann ihn gut leiden.

»Also gut«, sage ich, »Mr. Pennywalker, lassen Sie es mich so formulieren, ich bin überzeugt, daß die Gegend, die Sie sich ausgesucht haben, unbewohnbar ist – aber dann wiederum ist hier jede Gegend unbewohnbar, und deshalb werde ich mich der Sache annehmen.«

Das hatte ihm gefallen.

Also, ich bin dann tatsächlich hinausgefahren. – Normalerweise macht man so etwas mit dem Stadtplan. Es melden sich immer wieder Geschäftsleute, die wissen wollen, auf was sie sich da einlassen; die Leute könnten sich natürlich selber umsehen, aber das erscheint ihnen wohl schon als zu riskant. Der Angstpegel sozusagen, der unsereins Arbeit verschafft. Ich lasse dann den Spezialisten weit heraushängen, lasse in einem halbgeöffneten Schrank meine Ausrüstung sehen, die Weste mit dem Stahleinsatz, die Loyola und die Smith & Wesson, die abgesägte Schrotflinte, die ich am Haken hängen habe. Und wenn der Klient gegangen ist, hole ich den Stadtplan hervor, bestimme das Planquadrat und vergleiche die vier, fünf in Frage kommenden Blocks mit der Statistik. Die ich wiederum – das hätten die Leute auch selber tun können – der Zeitung, der »Watchacoogie Gazette« entnehme:

17. St. North, Mann in pfirsichfarbenen Hosen zwang 29jährige Frau in seinen dunkelgetönten Wagen und vergewaltigte sie.

Forshey St., Mann mit einer Hand unter der Windjacke (offenbar Waffe) beraubte Sammy's Restaurant um $ 1200.

47. St. N., Alfredo Barahona, der Einkaufstüten aus seinem Auto holte, wurde am Hals festgehalten – Mann in gelber Windjacke mit Pistole nahm $ 4.

Ich habe das alles in meinem Schrank geordnet, mache einen Monatsschnitt und komme auf die entsprechende Quote: gemischt risikoreiche Gegend, siebzehn Raubüberfälle, sechs Vergewaltigungen, keine Todesopfer. Ja, das ginge noch, das wäre immerhin noch im Mittel; und was soll ich sagen, solche Auskünfte, wie ich sie gebe, sind sogar stichhaltig, und meine Klienten sind zufrieden.

Also, bei meinem Pennywalker machte ich dann einmal eine Ausnahme, ich wußte auch nicht genau warum, vielleicht weil mir das ehrenhafte »yi« am Ende gefiel. Kreuzte eines Abends um sieben Uhr in der bewußten Straße auf mit der Absicht, das Karree eine kleine Stunde lang abzuschreiten. Die Gegend war, wie erwartet, wenig vertrauenerweckend. Es gab einen um diese Stunde verlassenen und dunklen Park, die vorhandenen Häuser am N. W. North River Drive waren von der Straße abgewandt und ebenfalls dunkel, und zum Ufer hin, ungefähr eine Viertelmeile aufwärts, wo sich ein unübersichtliches unbebautes Gelände erstreckte und wo Pennywalker offenbar bauen wollte, sah ich zwei, drei Feuer in Blechtonnen – da hatte sich wohl schon jemand niedergelassen. Entweder in dem abgebrochenen Kran, den ich am Ende des Grundstücks zum Wasser hin ausmachen konnte, oder in den Resten eines Lastwagens – das erweckte in mir auch kein großes Vertrauen. Dafür ragte aber hinter der Brücke das kranzförmige Gebäude des City Courts auf.

Es war ein sanfter Abend mit einer dunkelgrauen, leisen Luftströmung vom Fluß her – ein Abend für späte Spaziergänger. Also machte ich mich auf den Weg einmal um den Block herum, erst bis zu dem Knick im River Drive, dann im rechten Winkel die 11. Straße hinauf, wo rechts und links relativ ansehnliche Häuser standen. Ich traf keinen Menschen auf der Straße, nur einmal kam jemand mit einem Müllsack heraus, war sich offensichtlich der Gefahr bewußt und ließ seinen Sack im Stich; erst als ich vorbei war, trat er wieder aus dem Haus. Er wollte wohl die Müllentleerung am nächsten Morgen nicht versäumen. Dann sah ich noch einen Hund, der selbständig einsam um den Block lief, war ohne Zweifel darauf trainiert und lief mit der Nase am Boden eine flinke Spur ab. Früher lief der Hund im Schutze des Herrn, damit er nicht von anderen Hunden gebissen wurde, dann lief der Herr im Schutze des Hundes um den Block, und heute schicken sie den Hund alleine los.

Ich glaube, ich habe dann noch jemanden erschreckt, als er gerade aus seinem Auto steigen wollte, er machte sich ganz flach, so daß ich hinter der Rücklehne nur seinen Scheitel erkennen konnte, er hätte sich eben noch flacher machen müssen. Soweit war also mein Spaziergang ganz glücklich verlaufen. Ich bog dann von der 11. in die 7. Straße ein, die hier ganz unsystematisch als Querstraße verlief, ging die ganze 7. hinunter, bis ich wieder auf den North River Drive stieß, wo sich an der Ecke eine Verkehrsampel befand, die ganz über Gebühr lange Rot anzeigte.

Hier – also, das sollte ich vielleicht doch noch erwähnen

– trat mir eine Person entgegen, wenn ich sie beschreiben sollte: schwarz, männlich, massiv gebaut, gestrickte Wollkappe, Stauerjacke. Trat da aus einer Bretterverschalung, ich weiß nicht, was sie da bauten, und setzte mir ein Messer an die Rippen – – –

Ich kann nicht sagen, daß es eine große Überraschung war. Nun hätte ich jetzt die 38er oder sonst etwas Professionelles ziehen müssen, aber das wäre vielleicht gar nicht so professionell gewesen. Deshalb zahlte ich ihm lieber die zwanzig Dollar, die er sowieso von mir erwartete. Enttäuscht? Zugegeben, ja. Aber es ist die Wirklichkeit, man gibt zehn, zwanzig, sogar fünfzig Dollar, soviel ist das Leben eben wert – am besten man hat den Betrag gleich in der Tasche parat, sonst wird man am Ende noch die ganze Brieftasche los.

Ich hatte dann einen entsprechenden Bericht verfaßt: Relativ ruhige, bürgerliche Nachbarschaft, kein erhöhtes Sicherheitsrisiko, Müllentleerung auch nachts möglich, Vorsicht an der Einmündung der 7. Straße in den River Drive; hier Wagenfenster geschlossen halten, wenn nötig Rotlicht überfahren, nicht stoppen – und auf keinen Fall zwischen sieben und acht. Na ja, ich wollte es ja nur deutlich machen, wenigsten zog mein Pennywalker, der sich wahrscheinlich sowieso nicht hätte abschrecken lassen, hochbefriedigt davon. Denn er *wollte* sein Gemüsegeschäft, mit der Pappbanane oben auf dem Dach.

Ich gebe zu, ich hatte mir das alles etwas anders vorgestellt, nobler, kühner, eleganter, und, wenn ich ehrlich sein soll, eigentlich auch weitaus interessanter. Worauf die Sache hier in Wahrheit hinauslief, waren ein paar Überwachungen des Ehemannes oder der Ehefrau, sieben Tage in der Woche, Hawk Steen, Privatdetektiv. Und die Teenager, die wiederaufzufinden waren, kamen dann noch dazu und der Wach- und Sicherungsdienst im Weihnachtsverkauf bei Hall & Schmidt in der Oak Street. Der Mann aus Havanna mit den völlig unersetzlichen Plänen für ein zerlegbares U-Boot im Aktenkoffer, der bereit wäre, für meine unschätzbaren Dienste dreißigtausend Dollar anzulegen, der kommt eben nicht.

Ein kleines Nachspiel darf ich noch berichten. Gestern trete ich mit meiner Zeitung unter dem Arm auf die Straße, und wen treffe ich ganz zufällig? Pennywalker. Meinen Freund Pennywalker in sichtlich schlechter Verfassung, der Schlips hängt ihm tief unter dem Kragen, der Anzug ist zerknittert.

»Nanu, Pennywalker«, sage ich, »Sie sehen ja traurig aus, haben Sie Schwierigkeiten?«

»Nein«, erklärt er, »das ist es nicht.«

»Oder sind Sie nicht zufrieden, hat mein Bericht nicht gestimmt?«

»Doch, doch«, sagt er, »das ist es nicht, gestimmt hat er schon.«

»Aber?«

»Es ist«, sagt er, und dabei läuft sein Blick rückwärts, »es ist — —, daß er eben gestimmt hat.«

— — —

Um es kurz zu machen, Mr. Pennywalker war überfallen worden, wann? Gestern. Jemand hatte ihm ein Messer vorgehalten, wenn er ihn beschreiben sollte: schwarz, männlich, massiv gebaut, gestrickte Wollkappe. Wo ist denn das gewesen? An der Ecke Siebter und North River Drive. Hatte an der Ecke angehalten, und sein Fenster hatte er auch nicht geschlossen gehabt. Zweitausend Dollar, was? Zweitausend Dollar.

»Oh Mann«, stöhnte ich, »jetzt sagen Sie mir noch, um wieviel Uhr das war.«

»Zwischen sieben und acht.«

Ich hatte es ja vorausgesagt. Aber eines war sicher, jetzt glaubte der Mann an mich.

Eine Art Käfersensation

Ende Februar wurde es noch einmal brechend kalt. Ich war mitten in der Woche nach Kufstein gefahren, hatte ganz allein in dem grausamtenen Abteil gesessen, wo sich trotz der starken Heizung Eis in den Fensterecken gebildet hatte. Kufstein liegt da in der Lücke, wo der Inn durch die Wand des Kaisergebirges stößt, die dicke Feste mit dem Städtchen zu Füßen, hübsch eigentlich und sehenswert. Der Zug fährt südwärts in diesen Trichter hinein, die Wände steigen blauvereist immer höher und steiler an, bis dann schließlich dieser rostige Bahnhof erscheint, der Ende Februar auch recht bläulich und wertvoll glitzern kann. Das dicke Knirschen der Pelzschuhe im Schnee ist dann noch erinnerlich, die Bahnhofshalle mit den Atemwölkchen. Diesmal war kein verliebtes Paar zu sehen, drückte sich diesmal nicht hinter dem Ofen herum, die an Ketten hängenden Blumenkästen sahen verdammt angegriffen aus, und die Schneesättel und Schneespitzen knapp oberhalb der Fenster leuchteten anscheinend nur für Leute wie mich, denn kein Mensch fuhr sonst nach Kufstein, oder von Kufstein fort. Die Wölkchen in der Bahnhofshalle waren vereist und selbst der Fahrkartenschalter war vereist. Ein leerer Bahnhof. Dabei schien draußen die Sonne.

Ich fuhr in dem fast leeren Bus nach Schwoich, ging dann hinter der Haltestelle ein Stück den Hohlweg zwischen dikken Tannenmännern aufwärts, ganz zügig, da ich hier Bescheid wußte. Der Himmel war tief blaugolden, verheißungsvoll. Einmal kam mir ein Fuhrwerk entgegen, so daß ich auf die Seite klettern mußte, da gibt es dann ein lustiges Wort, ein Jagrüßdi und ein Ruhigists, ja ja, und wieder die Stille, die Ruhe wie Watte. Gegen Mittag erreichte ich die Falternhöhe, wo ich früher oft mit Kerrie übernachtet hatte.

Beim Apfelwirt war das Holz schön heiß in der Sonne und die blauen Schneeüberhänge hatten vor der Tür ein Gewölbe gebildet. Der Wirt selbst in Trainingshose und roten Strümpfen quartierte mich höchstpersönlich in dem Holzstübchen mit den sauberen schrägen Wänden ein, und es war überhaupt ein lustiger Empfang. Später zum Abendessen gab es ein G'röstel aus Kartoffeln und Speck, hinterher ein üppiges Stück Strudel mit grünem Veltliner Wein. Und ein, zwei Schnäpschen. Bis die Nacht gemütlich hereinbrach, richtig schwarz kann es in der Schneehöhle ja nicht werden, aber das Tropfen hört auf, das Knirschen ums Haus herum, eine Tür wird geschlossen, unten in der Stube, der Ofen zugeschraubt, und der außer mir einzig anwesende Gast reckt sich, gähnt und geht schließlich schlafen. Ich liege dann noch eine Stunde auf meinem Bett, schaue auf die Holzwand. –

Ich lag bis etwa halbzwölf. Dann zog ich den Anorak an, auch die Pelzschuhe, denn ich wollte nicht, daß mir die Füße erfrören, den Pelzmantel dagegen ließ ich zurück. Ich berechnete den Alkoholspiegel, den ich bis dahin ganz überlegt angehoben hatte – in diesen Gebirgsgegenden nimmt man einen Klargebrannten, Zwetschgenwasser etwa oder Himbeergeist, der vorzüglich riecht und den Zweck voll erfüllt. Der Hausflur war noch warm, aber draußen lag die Nacht klar, sauber ausgefegt von den etwa zwölf bis fünfzehn Grad Kälte, wie ich schätzte, der Türknauf klebte fest in der Handfläche. Ich glaube nicht, daß mich jemand sah, als ich seitlich den Hang zum Wald hinaufstieg. Sie hatten im Herbst Holz gefahren, jetzt war der Weg von Schneewehen angefüllt, teils von Wächten überhangen, die an kleineren Tannen festgemacht sich jeden Augenblick herabsenkten, wenn ich sie mit dem Stock anstieß. Und hinter mir den Weg zuschütteten. So hatte ich es mir gedacht. Ich trieb bis zur Hüfthöhe im lockeren Geriesel aufwärts, gut bei Kräften und gut angeheizt, inzwischen war auch der Mond als klarer Ball herausgetreten, der durch die Fenster der Schneewände ein starkes weißes Licht warf. Weiß mit tintenblauen Schatten, zugegeben ein schönes Bild, sagte ich mir, ich sprach jetzt mit mir selbst, ein schönes heimeliges und dickes Bild – selten hatte man ein dickeres gesehen. Bis zuletzt also doch noch in guter Gesellschaft stieg ich in die nachgiebigen Wohnzimmerwände ein, die Plumeaus, die aufgeplusterten Betten. Kalt? Iwo denn. Eher bullenheiß nach dem Aufstieg, und der Himbeergeist war ja auch nicht ohne Wirkung geblieben.

Dazwischen blickte dann ein fernes schwarzes Auge herab und ein eiskalter Stern staubte lautlos vom Wipfel. Gut gut. Deswegen war ich ja hergekommen. Habe ich erwähnt, daß nebenan in einem anderen Wohnzimmer ein anderes Wesen wohnte, ein – – – freundlich Wesen, das mir durch die pummelige Tür hellfreundlich Licht hereinsandte. Und wenn ich dann durch den Schnee stieg und hereinschaute, war dort auch alles sauber und still gedeckt, so still, daß ein schwebend Flöckchen hörbar aufsetzte und ähnliches.

Sehr einsam.

Höher hinauf wurde der Schnee dann immer tiefer, aber auch leichter und trockener. Immer neue einsame Räume öffneten sich. Immer einsamere, stillere. Traurige. Das Herz noch warm, die Lunge noch warm. Der Leib merkt noch gar nichts, ein wenig alarmiert ja, aber schaut noch zutraulich zu mir herauf. Sie schauen alle noch zu mir herauf und verlassen sich auf mich, so wie ich mich immer auf sie verlassen habe. Und die Füße, die warmen Füße, will ich die hinmachen? Eigentlich nicht, aber wir werden wohl allesamt begreifen müssen, daß wir hingemacht werden, die Kleinen, die unter mir arbeiten, werden auch begreifen müssen. Tut mir leid.

Andererseits.

Nachdem wir alle noch mit soviel Gefühl ausgestattet si-

cherlich noch eine gute Weile aushalten werden (und wie
weit bin ich denn noch entfernt!), eine Stunde, zwei Stunden. Und immer bergauf, denn die körperliche Anstrengung
ist dabei sehr wichtig, die Müdigkeit und endlich nach vielen Stunden die Erschöpfung. Sollte spätestens um vier Uhr
morgens die Erschöpfung kommen. Der Wald ist längst zu-
rückgetreten, die plane glatte Schräge reicht aufwärts zum
Himmel, wo hoch oben noch die Grate kommen, die ich
aber nicht sehen kann, denn nun ist es um vier Uhr morgens
schließlich doch noch ganz dunkel geworden. Der Mond ist
fort, und der Himmel hat sich bedeckt, ich sehe nur die
weiße Fläche vor mir, die eine Art Eigenlicht hervorbringt.
In dem ich da hochkrabble und denke: Wenn das jemand
sähe, mein Gott, wenn das jemand sähe, er würde denken,
wo will er den hin um Gottes willen, ach ja, ach ja, so wie
unsereins die unendlich kopflosen Käfer betrachtet, die ja
auch irgendwo hochwollen – –

Zu dir.

Zu ihr.

An der Hauswand hoch.

Die Schneelage war hier oben viel fester und härter als im
Wald, vom Wind zersägt und gezahnt und gar nicht mehr
angenehm. Eine Brettlage, und zum ersten Mal in dieser
Nacht empfand ich das Unbehagen der Situation, der Körper war trotz der Anstrengung ausgekühlt, die Beine, vor allem die Waden schmerzten, und dort wo ich am meisten ge-
schwitzt hatte, auf dem Rücken und über dem Brustbein,
lag eine Eishaut. Ein gefährliches Zeichen und ein Hinweis
auf mangelnde Regulierung.

Ich fragte: Hier?

Anscheinend ja.

Ja, es kommt noch eine weiße Erhebung und danach eine
Vertiefung, gerade so tief, daß man sich hineinlegen kann,
darüber steht eine flache weiße Nase, die einen ganz guten
Abschluß bildet. Dort, wo noch etwas Schnee übrig ist, lege

ich mich hin, ziehe die Beine an und wickle die Enden meines Anoraks um mich. Eine Stimme aus dem Himmel. Jedermann weiß, daß der völlig Erschöpfte im Schnee einschläft, um nie wieder aufzuwachen, und daß der Erfrierungstod ein angenehmer Tod ist. Ganz schmerzlos. Ein Einschlafen nur, das weiß jeder, nur ein sanftes Sichergeben mit dem Kopf auf der Brust und den Armen um den Leib, um den letzten Traum noch etwas anzuwärmen, und am Morgen deutet der Gesichtsausdruck auf Frieden hin, der Leib ist gefroren, die Lippen zeigen über den kalten Zähnen ein Lächeln an. So ist es bekannt, und daß es ein schöner Tod ist, der schönste, deshalb habe ich ihn ja gewählt.

Zur Hilfe habe ich noch den Klaren mitgebracht. Diesen in langsamen Portionen mit insgesamt sechs Tabletten, mehr nicht, denn sechs Tabletten sind besser als zehn, weil sie vom Magen behalten werden – davon stirbt man nicht, aber die Wirkung ist in Verbindung mit dem Klaren ein absoluter Knockout, und die zehn (bis fünfzehn) Grad Kälte besorgen dann den Rest, verstehen Sie, wissenschaftlich eigentlich eine Konservierung, in dieser Höhe sogar zwanzig, und erst das Frühjahr gibt mich frei! Mich. Mit dem schönen Lächeln. Und die Wirkung ist auch schon eingetreten, ich sehe den Schnee etwas körnig und wenn man will auch rosa, Gesellschaft wäre angenehm. Ich sage: Wenn Sie mich mal besuchen kommen, biete ich Ihnen gerne einen an. Eins an. Stimme von weiter oben, vom Himmel her: Vielen Dank.

Nach längerer Überlegung nehme ich dann doch bloß fünf Tabletten statt sechs, ich sage: Lassen Sie ihn mal nachdenken, wenn er fünf nimmt, muß der Mensch nicht kotzen, sechs ginge auch noch, aber fünf ist sicherer, und die Wirkung ist die gleiche (das nächste Mal kann ich es anders versuchen, diesmal wird es auch so gehen), den Rest der Flasche trinke ich auf einen Zug. Um mich dann endgültig zu betten, die Kapuze habe ich über den Kopf gezogen, vor mir steht die Schneenase, die ich in einem halben Meter Entfernung sehe, sonst nichts mehr. Der Himmel ist schwarz, der Wind geht über den Schnee und stäubt mir etwas in Gesicht. Ja, Wärme, Wärme, dann Kälte, Kälte. Mein verschwommenes rosa Bewußtsein denkt an Kerne an der Himmelspforte, aber auch nur verschwommen: Lieber Almund, liebe Kerrie.

Sonst nichts mehr.

Das nächste Kapitel spielt dann im Jenseits.

Bis zehn Uhr vormittags hatte man mich immer noch nicht gefunden. Obwohl nicht weit entfernt ein tiroler Team mit einigem Lärm aufstieg (jetzet und hieza), mich jedoch um eine ganze Bergsenke nach rechts verfehlte, wie ich später in Erfahrung bringen konnte. Aufgeweckt hatte mich dagegen ein ausgesprochen unangenehmes Gefühl in der Schulter, ein Gefühl als ob mir jemand die ganze Nacht mit Knüppeln auf ein und dieselbe Stelle gedroschen hätte, so fühlte es sich an. Mürbe und taub, und eigentlich schmerzlos, aber unter dem fehlenden Schmerz um so hundsgemeiner, als ob das Gefühl selber herausgedroschen wäre, das hat mich aufgeweckt: Liege da im Eishaus, in meinem Traum (dem härtesten, den ich jemals geträumt habe), wobei mir der Knochenbrecher von oben mit der Metallkante auf die Schulter drückt, aber auch auf Hüfte und Knie, die sind dann schon durchgebrochen, und von der Seite, wo ich an der Eiswand aufliege, drückt mich die Kante so hart, daß ich schreien möchte – meine Stimme ist festgefroren: Hundsgemeiner Knochenkrüppel, hundsverfluchter, schimpfe ich in meinem allerhärtesten Traum und unter einem gewaltigen Getöse (das ist der Föhn).

Aber weniger hart hätte er es gar nicht machen dürfen, sonst wäre ich wohl nicht davongekommen. Immerhin wachte ich mit einem so entsetzlichen Muskelreißen auf, daß ich glaubte, einen dauernden Schaden davongetragen zu haben, ich bin dann aufgestanden und habe die Welt betrachtet. Die Welt. Ich war in der Lage, die eigenartig zusammengesinterten Hänge zu betrachten, die Tannen und Latschen in der braunweißen Soße, die Erdflecken und den wälzenden Himmel darüber. Es war Föhn. Ich habe sogar dagestanden und mich (üblicherweise) gewundert, wie er da über Nacht die Alpen überquert, mit der Schärfe der Fernsicht seltsame Unruhe gebracht hatte, Blechschäden morgens im Berufsverkehr, Sekretärinnen verunsichert, Busschaffnerinnen, Krankenschwestern. Wie er mit der Abruptheit eines südlichen Sturms – heute Februar und morgen Mai – eine gläserne, überspitzte, vierdimensionale Wärme gebracht hatte, und hier oben alles in einen einzigen Matsch getaucht, Vater und Mutter zugleich, und mich (mich) gerettet hatte.

Der Föhn.

Ja, er war über Nacht gekommen.

Ich stieg an dem völlig aufgeweichten Hang bei etwa zehn bis zwölf Grad Wärme abwärts, hatte dabei den Eindruck, daß mir das Blut auf eine widernatürlich dickflüssige Weise in die Glieder strömte – eine Art Käfersensation –, ich bewegte ein Bein und nach einer Weile ein zweites, und drittes, dann richtete ich mich auf, und das tat weh. Dann versuchte ich über den Hang über die grauen Schneezungen abwärts zu steigen. Über das rutschige Geröll und durch den zerflossenen Wald, wie er auf Föhnbildern immer dargestellt wird. Die Fußstapfen, die ich noch vom Vortage zurückgelassen hatte, waren jetzt wie Löcher, brunnentief, durch die ich mit nassen Hosenbeinen zurückwatete. Trotzdem habe ich keine Pneumonie bekommen, keine Grippe hinterher, nicht mal einen Schnupfen. Und manchmal denke ich, daß bei meiner Konstitution – wenn der Föhn nicht gekommen wäre, wer weiß, vielleicht wäre mir nach einer Art Winterschlaf dann im Mai das Käferblut in Bewegung geraten, in

meinem Käferherzen, und hätte mich, wer weiß, im Mai
neu geboren.

Der Werwolf

Landschaften der Seele: Eine lange dunkle Straße, die auf ein Eckgebäude mündet, ein Wasserlauf, der unter einem Haus verschwindet –, ich konnte beim besten Willen nicht entdecken, wo er wieder auftauchte.

Ich ging durch das lange dunkle Stepney (als Mensch). Überrollt von den übermächtigen Lastzügen mit ihren vierzig Meter langen achtachsigen Long-Vehicle-Anhängern und den tellergroßen Rückleuchten. Busse fuhren alle in der falschen Richtung. Ich unterquerte acht dunkle Eisenbahnbrücken, manche zweimal, alle nach Urin riechend und schließlich nach Salpetersäure, welche von den Eisenträgern tropfte. Ich sah einen Mann hinter Gittern, der dort saß, um Fahrscheine zu verkaufen, und ich sagte zu ihm: Vorsicht, Achtung, Mensch! Wie bin ich denn zur Limehouse-Ecke gekommen, ich erkannte sie trotz der Dunkelheit wieder, die platzartige Straßengabelung und das Seemannshotel, die Kirche, den Stern von Indien, mir fehlte aber irgendwie das letzte Stück ab der zweiten Bahnbrücke. Angst hatte ich keine, eher ein taubes Gefühl. Ich schwamm mehr als daß ich ging, in einer Art schlecht beleuchteten Watte. Jetzt fällt es mir ein: Sie hatten natürlich Stromsperre oder Teilstromsperre wegen der streikenden Grubenarbeiter, schon seit Anfang November; ich habe später gelesen, daß eine Gruppe von zweihundert österreichischen Touristen, verteilt auf fünf Autobusse, mitten auf der Oxford Street übernachteten, um am Morgen wieder abzufahren. Aber meine Stunde sollte erst noch kommen.

Sie kam. Oh, sie kam ein kurzes Stück die Canal Street aufwärts (hinter der W. India Dock Road), wo vor der Mauereinfassung einer mit leuchtendem Müll übersäten Abbruchfläche drei Gestalten warteten. Und sie waren nicht zu übersehen, der eine saß da vornübergebeugt mit den Ellenbogen auf die Knie gestützt, der zweite lehnte schräg gegen die Mauer und der dritte hatte sich gar der Länge nach auf dem Gehweg niedergelassen.

Ich hätte umkehren und über Poplar Church gehen können, an jedem anderen Tag meines Leben hätte ich es auch getan, und vielleicht wäre gerade das falsch gewesen. Oder ich hätte von vorneherein auf der anderen Straßenseite gehen oder wenigstens einen Bogen über die Fahrbahn schlagen können. Als ich näherkam, erkannte ich zum Beispiel, daß der, der gegen die Mauer lehnte, eine ziemlich übel aussehende Emblemjacke trug, die vorne zwei heraushängende Zungen hatte. Also ein deutliches Zeichen. Und ich konnte, während ich die Einzelheiten vor mir wahrnahm, zum Beispiel, daß der Jackenträger sich ein Stück Draht um den nackten Hals gedreht hatte, mich doch gleichzeitig in der Totale erkennen.

Die drei oder vier Stich- oder Seitenstraßen bis zur Westferry Road und Cotton Street waren auch völlig leer; dort am Ende bog schließlich ein unbesetzter Bus ein, eine Nummer Fünfzehn. Und ich war ja wirklich ruhig, ich hatte mich in eine leise langsame Ruhe begeben, eine fast angenehme Ruhe, so als ob ich erkannte, was mit mir geschehen war.

Ich war tot, ich wußte es.

Ja, aber die drei da vorne, die wußten es eben noch nicht, und deshalb – ich versuche nur eine Erklärung zu finden –, deshalb war ich im Vorteil, oder soll ich sagen: Mehr als das, die Leute hatten ja überhaupt keine Chance gegen mich, die hatten vielleicht nur jemanden erschrecken wollen, ich weiß es nicht, manche kleben sich nachts besondere Gesichtspartien vor, Zähne, Augenwülste, soll man da immer gleich das Schlimmste annehmen? Diese jedenfalls hatten sich so auf den Gehweg gelagert, daß es kein Vorbeikommen gab, ja, als ich dicht heran war, schob der eine noch seine Füße vor, wenigstens war er so schlau gewesen, die richtigen Schuhe anzuziehen, weiße mit schwarzen Eisenkappen.

Also ich hob mein Bein und sah den Mann an, er hatte ein etwas mageres Gesicht, und was seine Phantasiejacke anging, war sie aus der Nähe betrachtet gar nicht so eindrucksvoll, die aufgenähten Zungen gehörten zu zwei Tigerköpfen rechts und links und korrespondierten wahrscheinlich mit einem dritten Tiger auf dem Rücken. Nicht so schrecklich. Wie auch seine Haltung – – also von vorn gesehen wirkte sie müde, und wie ich mein Bein hob, hob er seines etwas höher, und ich setzte zu einem noch höheren Schritt an – – –

Wenn nicht der auf dem Boden Liegende – den hatte ich nicht beachtet –, wenn also dieser nicht seinen Arm gleichzeitig etwas nach vorn verlagert hätte, so daß ich ihm mitten auf die Hand getreten wäre. Beinahe. Aber ich sagte ja, daß ich von einer ganz neuen und mir bis dahin nicht bekannten Klarsichtigkeit befallen war, einer Art Präzision. Wie Glas. So daß ich im Bruchteil einer Sekunde mit geradezu gläserner Sicherheit meinen Absatz genau auf die freie Stelle zwischen seinem Daumen und seinem Zeigefinger setzte.

Ahhh.

Einer hatte sogar zu denken aufgehört.

Einen Schritt, einen zweiten, schließlich ging ich mit eisernem Rücken weiter: Was tun Sie? Direkt hören konnte ich es nicht, aber daß jemand hinter mir herging, ziemlich dicht sogar – – jetzt. Und jetzt. Obszön und haargenau im Schritt mit mir, umdrehen konnte ich mich ja nicht, aber ich spürte, wie mir jemand auf Haaresbreite in meinen Schritt hineinwanderte – – jemand, der sich über mich lustig machte, wie man es immer in den Filmen sieht, wenn etwas besonders Gemeines geschehen soll: Farbe in den After. Einen Holzscheit. Daß er, wenn ich – – also daß er glatt in mich hineingelaufen wäre, wenn ich stehengeblieben oder auch nur etwas langsamer gegangen wäre.

Und dann tat ich es.

Ich verlangsamte den Schritt etwas, dann ging ich ganz langsam und blieb stehen.

– – –

Also nichts. Ich drehte mich um, und da waren sie alle drei noch an der gleichen Stelle, der an der Wand Lehnende, der auf dem Boden Liegende und der Dritte, der jetzt die Arme runtergenommen hatte, und alle drei starrten mich an. Von hier aus konnte ich durch eine Mauerlücke den dahinterliegenden Wohnblock sehen, von dessen vernagelten Fenstern das Wellblech teilweise heruntergerissen war (sie tun das, damit niemand darin wohnt). Auf der anderen Straßenseite zog sich über die ganze Länge eine von eisernen Klammern gehaltene Mauer hin. Und nun aufgepaßt – folgendes ist tatsächlich geschehen, wenn auch mehr als Legende vom Wolfsmenschen, den es dort (in der Canal Street) einmal gegeben haben soll –, ich war also stehengeblieben, hatte mich umgewandt, und der junge Mann, der auf dem Boden lag, hatte sich langsam aufgerichtet, so daß ich ihn zum ersten Mal genauer sehen konnte, er war riesenbreit, fast viereckig.

Ich trat daher einen Schritt näher und sah, daß er sich wirklich schaurig hergerichtet hatte. Das Gesicht irgendwie weiß verschnitten und an den Schultern Holzpflöcke oder Holzbrettchen unter das Hemd geklebt, so daß er sich – eigentlich nicht ohne Witz – um gut vierzig Zentimeter verbreitert hatte. Und ich konnte auch die Art und Weise erkennen, wie er das bewerkstelligte, nämlich durch Reißzwecken von außen durchs Hemd, als ich dann noch etwas näher trat.

Ist ja gut, Mann.

Irgendwie benahm sich die Gruppe falsch, und mein Verhältnis zu ihr war ja auch nicht ganz logisch, ich hätte vielleicht machen sollen, daß ich wegkam, statt dessen ging ich wieder zurück, lächelte alle drei an, das war auch nicht logisch, das heißt: Ich gab ihnen im Natriumlicht die ganze Portion Zähne und die müssen ziemlich giftig gelb ausgesehen haben. Und die Wirkung muß auch dementsprechend gewesen sein, denn der mit dem Brettchen gab einen Laut von sich, sprang auf und tat etwas für meine Begriffe Unverständliches, er zog sich Handschuhe an – –

Ich versuche eine Erklärung.

Was waren das für Handschuhe. Ich erinnere mich, als ich sie plötzlich zu Gesicht bekam, an ein stark wachsendes, pressendes Gefühl, das ich dabei empfand, das mir – also ich will es versuchen –, das mir meine Zähne länger machte, nicht so wörtlich länger, aber ich spürte, wie sie in diesem Natriumlicht wuchsen, wie sie breiter und spatenförmiger wurden, auch mehr herausstanden und – ja – meine Haare sträubten sich, das möchte ich nun mit Bestimmtheit behaupten. Jedes Haar stellte sich auf, ich konnte sie alle einzeln fühlen, wie Borsten. Anscheinend habe ich zu diesem Zeitpunkt eine ungeheure Menge Adrenalin ausgeschüttet, welches im Angstschock bei Mensch und Tier bekanntermaßen rauschartige Reaktionen bewirkt, eigentümliche Verwandlungen von Schafen in Wölfe, in Drachen, ich jedenfalls muß mich wahrlich verändert haben: In ein Monster oder was (?).

Anders war das gar nicht zu erklären.

Der Mann hob die Hände (in Abwehr? Ist ja gut, Mann!) Registrieren konnte ich dabei die Größe der Handschuhe, den Stacheldraht an den Fingerkuppen und an den Nähten um die Ballen herum (dreißig Bilder in der Sekunde). Ich dachte, daß mir eine Ohrfeige wohl die halbe Gesichtspartie wegnehmen würde, und möglich, daß mir dieser Gedanke eine noch erheblichere Menge Adrenalin zuführte, denn jetzt konnte ich es hören – – – ein tiefliegendes Rasseln. Es kam mit der Atemluft.

Rrraah. Ein und aus. Rrrraah.

Es kam aus meiner Kehle und überraschte mich selbst, ich

dachte: Was ist das für ein Tier, nein *ich* bin es selber, ich mache es, und es ist ein warnendes tiefliegendes Geräusch, das man besser verstehen sollte. Denke ich.

Und dann gehe ich auf ihn los.

Eben noch im Stand.

Bin ich in der nächsten Sekunde auf dem Menschen; die beiden anderen sind schon vorher losgelaufen, das heißt sie haben sich durch die Mauerlücke verzogen und gehen langsam über die Halde. Während mein Freund mit den Brettchen, als ich mich in Bewegung setzte, seitlich ausschert und auf die andere Straßenseite läuft, so daß ich mich jetzt an die beiden anderen halte, die aber plötzlich lospreschen, schräg über die Halde auf die Wohnblocks zu. Ich laufe also kurz entschlossen wieder auf die Straße zurück, wo mein Freund inzwischen einen Bogen geschlagen hat und, sich ab und zu umblickend, in Richtung Cotton Street abschiebt. Gut.

Eine Zeitlang sieht es so aus, als ob ich ihn nicht einholen werde: Gehe ich schneller, geht er auch schneller, und wenn ich einen kurzen Trab einlege, legt er auch einen ein. Aber seitlich weg kann er nicht, rechts haben wir die Mauer und links, auf der linken Straßenseite, läuft jetzt ein Drahtzaun, der das Gelände zu den Wohnblocks absperrt. Als dann am Ende der Straße die beleuchteten Einfahrten erscheinen, spurte ich los.

Erst bemerkt er es gar nicht. Ich bin schon bis auf drei vier Sätze heran, ehe er sich umblickt, aber dann – – ich habe eigentlich noch keinen Menschen richtig quieken hören, und ich habe auch noch nie jemanden vor Angst springen sehen: Der springt *und* quiekt, im übrigen ist er aber erheblich schneller als ich – ich bin selbst noch nie in meinem Leben so schnell gerannt, aber der zieht nun wie ein Laufvogel ab. Chaahhh. Über einem Straßengleis, das den Weg kreuzt, wäre er fast zu Fall gekommen, flattert eine Weile mit den Armen und ich denke: Jetzt platzt er doch noch hin. Fast hätte ich ihn eingeholt, und eine Weile scheint mir, als träumte ich das ganze oder hätte es in ähnlicher Form schon einmal erlebt. Oder schon öfters.

Ich krieg dich, brülle ich, ich hole dich ein.

Schließlich verliert er auch noch eines seiner Brettchen, das linke, das irgendwo seitlich aufs Pflaster klattert und rennt nur noch halb so breit weiter. Eine, wenn man will, fast bedauernswerte Silhouette.

Nie hätte ich ihn gekriegt, wenigstens nicht so ohne weiteres.

Aber dann zeigt es sich, daß die Einfahrten alle beide zu sind, große quere Schwenkgitter versperren den Weg und zugleich die Hoffnung auf das Leben, da ist er wohl zusammengebrochen. Wenigstens sehe ich ihn abrupt in Schritt fallen, seine eine Schulter bebt, mit der anderen, mit der schmalen, lehnt er sich völlig außer Atem gegen das Gitter und ich sehe: Er kann wirklich nicht mehr – – Ich kann allerdings auch nicht mehr und muß mich nun meinerseits gegen die Mauer lehnen. Obwohl, für ihn wird das kaum ein Trost gewesen sein, denn was habe ich gesagt: Ich krieg dich, *dich* kriege ich auf alle Fälle.

Er hat die Gitterstäbe angefaßt, aber nicht wie jemand, den man rein- sondern den man rauslassen soll, und er hat mir dieses komische weiße englische Gesicht zugedreht, Mann, sagt er – ich übersetze wörtlich –, halt es runter, was willst du, bring es zum Stehen, Mann. Na ja, es klingt nicht so gut, und ich habe jetzt auch nicht die Absicht, mich mit Idiomen zu befassen. Ich sage:

Da hast du aber Pech gehabt.

– – –

Daß ich *dich* dafür verantwortlich mache.

– – –

Was ist das! schreit er und ich merke erst jetzt, daß ich deutsch gesprochen habe, von allen Sprachen die furchtbarste, und ich höre, wie ihm das Wasser in den Tennisschuhen quatscht – ja, ich muß wirklich furchtbar gewesen sein. Das hast du dir wohl so gedacht, sage ich zu ihm, erst die Frau wegnehmen ...

Jachjach

Und dann auch noch umbringen!

Achach.

Daß sie sich auch noch umbringt! flüstere ich.

Und er aus Leibeskräften heulend: Ein Wahnsinniger (ein Freak). Das Herz wie ein riesiger linksseitiger Hammer — und kurz vor dem Tod soll ja angeblich das Leben noch einmal in schneller Folge vor Augen ablaufen, oder so etwas. Ich habe ihn einfach stehen lassen.

Leben mit Franz der Eintagsfliege

Da ist zum Beispiel die Sache mit dem Waschzwang. Nein, nicht der übliche Sauberkeitsfimmel, es ist etwas sehr Eigenes, das ich zu seinen Lebzeiten nie an ihm entdeckt habe. Ich riskiere es: Es handelt sich um den Zwang, sich *nicht* zu waschen, und zwar – jetzt kommt's – um Freund Franz nicht umzubringen. Wen? Freund Franz. Langsam, langsam, wird man ausrufen, was ist das für ein Unsinn. Ist es auch, ich kann es nicht ändern. Anscheinend hatte der Onkel da jeden Morgen vor seinem Waschbecken gezögert, es zu benutzen. Morgen für Morgen, ein ganzes Jahr lang, um das Schlimmste zu verhindern, das er am Ende doch nicht verhindern konnte.

Es war einmal ein Mann, der sich liebend gerne wusch. Der spritzte und prustete, hielt den Kopf unter Wasser, bis es ihm in die Ohren lief, und er war erst glücklich, wenn auch das Badezimmer unter Wasser stand. Eines Tages, als er sich wieder einmal von Herzen poliert und rasiert hatte, wollte er soeben den Bartstaub vom Beckenrand fortwischen, als ein Partikel sich nicht löste, ein kleiner Stoppel. Ich gebe das hier mit meinen Worten wieder, Onkel schreibt natürlich viel elaborierter, holt viel weiter aus und verbreitet sich über das Wort »smudge«, über Klang und Wirkung. Jedenfalls saß da so ein kleiner, ein nadelkopfgroßer dunkler Punkt, der plötzlich zu laufen begann.

Der Mann, also der Onkel, verfiel sofort in Panik – dies ist nicht ganz zu begreifen, wir müssen es hinnehmen, so wie er es schreibt: Da war er soeben drauf und dran gewesen, dieses Etwas mit dem nassen Finger wegzuwischen, man denke! Eine Existenz, einfach schwapp, Freud und Leid, Lust und Leben, weil die Existenz zu winzig war, sich bemerkbar zu machen. Der Onkel erstarrte.

Es war auch nicht klar, warum das Wesen ausgerechnet im Waschbecken wohnte, denn, einmal entdeckt, war es nun ständig im Weg, um und herum, speziell in den Seifenrillen, fand dort wahrscheinlich einen Seim oder sonst eine Nahrung. Schwebte besonders ausdauernd dicht über oder sogar im Abflußloch, und der Onkel mußte sorgfältig pusten, bevor er sich waschen konnte, mußte von jetzt ab immer pusten. Wobei er sich manchmal siedendheiß fragte, ob er es denn auch wirklich getan hatte. Wie erlösend, wenn »Franz« dann wieder um den Abfluß flog.

Franz die Eintagsfliege.

Das heißt, Eintagsfliege sei nicht ganz zutreffend, führt der Onkel aus, eher Achttagefliege, was die Lebensdauer angehe – der Volksmund hat wohl die Kürze betonen wollen. Denn acht Tage waren Franz zugedacht, danach blieb er ein, zwei Tage verschwunden, um dann halbmillimetergroß aufs neue zu erscheinen. So etwa der Kreislauf.

Größte Schwierigkeiten hatte der Onkel als Erzieher. Man denkt, solch einem Ding fährt die Angst Gottes in die Glieder, wenn es urmächtig zu blasen beginnt. Keineswegs. Für Franz war das offensichtlich ein nur mäßiges Unwetter, dem er gar nicht, und wenn, dann nachlässig auswich, keineswegs in Panik. Hatte der Millimeter aber endlich seine Lektion gelernt – in seinem langen Leben –, verstarb er, und der Onkel durfte sich erneut mit einem Halbenmillimeter herumplagen.

Allerdings, so führt der Onkel weiter aus, müsse man dem Wesen ein eigenes Zeitmaß zugestehen. Acht Tage Leben entsprechen wohl unseren achtzig Lebensjahren, wenn es gut geht, ein Tag also zehn Leben, in etwa. Wenn aber in diesem Zeitraum – der Onkel wusch sich morgens und abends – nur je zweimal größere Unwetter hereinbrachen, dann dürfte es verständlich sein, wenn wir das jeweils vorausgegangene vergessen haben.

»Wir haben gar nicht mehr damit gerechnet.«

Ja, vor fünf Jahren etwa, wir erinnern uns jetzt, kam es zu heftigen Sturmböen, die uns fast den Kopf abrissen, jetzt erinnern wir uns wieder, es war ein Orkan, ein wahres Schweinewetter, so etwas hatten wir noch nicht erlebt (alle fünf Jahre): Wir dachten, die Welt sollte ersäuft werden, aber wie gesagt, das war vor langer Zeit, eine Überschwemmung ersten Ranges, damals.

Der Onkel war sich darüber im klaren, daß er selbst wohl mehr oder weniger nur als Wetter wahrgenommen wurde, als allgemeine Klimazone. Trotzdem bemühte er sich bisweilen, einen persönlichen Kontakt herzustellen. Betrachtete etwa den Franz aus fünf Zentimeter Abstand mit dem Vergrößerungsglas, wobei dieser deutliche Wesenszüge annahm, kleine braune Stielfühler und Flügel wie Spitzenkragen, wie die Bluse einer Dame. Aber Fusselchen, sagte der Onkel, wie kann man denn so niedlich aussehen. Das Fusselchen jedoch wird sich kaum angesprochen gefühlt haben, was es selber sah, war ein blauweißes Auge etwa von der Größe Bayerns, durch das Glas überdimensioniert, Wimpern wie Eisenbahnzüge und einen Lidschlag wie das Ausgehen des Tageslichts – nach der anderen Zeitrechnung dürfte er wohl mehr als eine Stunde gedauert haben. Der Lidschlag der Ewigkeit.

Eines Morgens erschien der Onkel betont einsilbig am Frühstückstisch, so daß ich annehmen mußte, etwas Ernstliches sei geschehen. Hatte er einen besonders unangenehmen gelben Brief bekommen, eine persönliche Bedrohung, eine schlechte Nachricht? Aber nein, die Post war noch gar nicht im Kasten, die kam erst eine Stunde später, heute weiß ich, was es war: der Onkel hatte Franz hinuntergespült.

Bei aller Umsicht, nehme ich an.

Angrenzend an unseren Hofraum, lag hinten ein größeres zum Nachbarhaus gehöriges Gelände, und dort, wie es nicht anders sein kann, wurde Fußball gespielt. Sechs-, siebenjährige Knirpse, alle kleine Beckenbauers mit fliegenden Haaren, spielten sich die Seele aus dem Leib. Knallten ihren Ball hierhin und dorthin und hatten es besonders auf die Trennmauer abgesehen. Ich erwähnte bereits Onkels Zuneigung zu Kindern, oder habe ich sie noch nicht erwähnt? Mein Verständnis jedenfalls hatten die Fußballer in vollem Umfang, war die Mauer doch ein geradezu ideales Tor mit zwei Steinpfeilern rechts und links, wie gemacht fürs Elfmeterschießen, und das taten sie denn auch. Unter großem Gebrüll.

Nur war sie leider zu niedrig, die Mauer. Von unserer Seite her zwar über mannshoch, auf der Gegenseite jedoch, wo die kleinen Teufel spielten, war das Terrain aufgeschüttet, der Mauerrand erreichte dort allenfalls Brusthöhe, und das war knapp für einen Elfmeter. So ergab sich folgender Ablauf: Erst rannten sie alle wild durcheinander, jeder jedem vor die Füße tretend, und dann, wenn sie genug getreten hatten, mindestens einer in der Ecke hockte und sich das Bein hielt, begann das Elfmeterschießen. Man konnte sich hinsetzen und darauf warten: Im allgemeinen gab ich ihnen sieben bis acht Schuß, beim achten Schuß flog der Ball dann über die Mauer – manchmal schon beim ersten –, ich hatte allerdings auch erlebt, daß einen Nachmittag lang nichts geschah, besonders zermürbend für den, der darauf wartete.

Für den Onkel.

Der Onkel hatte früher einmal – jetzt hätte er es nicht mehr getan – Efeu an die Mauer gepflanzt, das sich inzwischen zu einem netten Pelz entwickelt hatte. Dem zu Füßen

standen Buchsbaum, Eibe und Rhododendron, alle inein-
ander verwoben, und wenn jemand über die Mauer kletterte, mußte er notgedrungen die ganze Pracht zerraufen.
Dazu sehe man sich die Klettertechnik an: Hinauf (von der
Gegenseite) ging es leicht, hinunter auch, indem sich der
Kletterer am Efeu abgleiten ließ und am Ende absprang.
Aber wieder hinauf! Hatte er den Ball gefunden und zu-
rückgeschossen, klammerte er sich am Efeu an, kletterte ein
Stück und noch ein Stück, ergriff schließlich die Hand von
jemandem, der oben auf der Mauer lag, und wurde hochge-
zogen. Fabelhaft. Das wiederholte sich im Durchschnitt
drei- bis viermal pro Nachmittag, und sowohl der Buchsbaum als auch der Rhododendron wurden immer dünner,
die Eibe weniger.

Also, der Onkel versuchte es mit Schimpfen. Drei- bis
viermal am Nachmittag, während ich in meinem Zimmer
über Kriminalromanen döste, brach vom oberen Stockwerk her eine gewaltige Kanonade los. Der Erfolg war
gleich null, die Fußballer waren völlig ungerührt. Sie waren
auch viel zu fix und wußten, daß man sie nicht so leicht fassen konnte. Moralisch gesehen sowieso im Recht, war es ja
ihr Ball.

Der Onkel verlegte sich auf gutes Zureden: Seht, das Fuß-
ballspiel, das ja sein muß, läßt sich auch quer spielen, nicht
auf die Mauer zu, seht, quer über den Platz, da kann ja
nichts passieren. Eine etwas armselige Kameraderie, die der
Onkel da an den Tag legte, ihr seid doch große Jungs, seht,
ihr seid doch vernünftig. Ja, das waren sie, denn quer verlor
sich der Ball auf der Straße oder in ein Fenster.

Wie heißt du denn? Der Onkel ging sogar hinüber, um
den Block herum – über die Mauer konnte er ja nicht gut
klettern. Der Sebastian, der Frank, der Axel, der Tobias. Er
spendierte Schokolade, und sie hörten auf zu spielen. Am
nächsten Tag landeten sie nicht vier, sie landeten neun Tref-
fer im Hof. Der Onkel versuchte es eine Instanz höher, ging

zur Mutter des Anführers (wer ist denn hier der Anführer), also er ging zu Axels Mutter, die völlig zusammenbrach, und am Abend rief der Vater an, ein Metallfachmann, der soeben nach Hause gekommen war und über das Telefon brüllte, es sei gar nicht sein Axel, sein Axel sei den ganzen Nachmittag in der Schule gewesen, und überhaupt solle er sich um seine eigenen Angelegenheiten kümmern und nicht anderer Leute Kinder verdächtigen.

Das war es, glaube ich. Der Onkel sah zwei Möglichkeiten: Töten, nicht den Vater, die Kinder! Den Vater auch. Oder den Platz vergiften! Beides erschien ihm plausibel, wenn auch nicht leicht durchzuführen. Töten (im Affekt) entsprach bestimmt nicht der Verhältnismäßigkeit der Mittel, jedenfalls nicht in einer Gesellschaft wie der unseren, die – so des Onkels Erwägung – sicherlich kein Verständnis zeigen würde. Und lautloses Töten aus der Entfernung und ohne Spuren, was ihm am meisten zusagte, erforderte Spezialgerät. Zum Beispiel ein Luftgewehr. Gab es im Handel zu kaufen, zum Scheibenschießen, es gab sogar sehr gute mit Druckpatronen für größere Entfernungen. Und als Munition, sinnierte der Onkel, kam etwas Phantasievolles in Frage. Zum Beispiel Holzsplitter, die man verschießen konnte, ohne daß jemand auch nur auf die Idee käme, das Kind hätte sie sich *nicht* eingerissen. Als Träger von Krankheitskeimen? Diphtherie? Tetanus?

Der Onkel war der Überzeugung, daß hier Möglichkeiten bestanden. Oder Glasscherben für den Torwart, nachts über die Mauer geworfen? Ich glaube, daß ihm allein die Erwägungen über eine Reihe von Tagen hinweghalfen, dann jedoch sah ich ihn plötzlich wie einen Wahnsinnigen hinter dem Torwart herrennen – ich war nicht darauf vorbereitet –, rannte vor Wut blau im Gesicht über das Spielfeld, völlig desperat, während sich die Spieler mit Leichtigkeit in Sicherheit brachten, und wie war er denn plötzlich dort hingekommen? Ich muß sagen, jetzt tat er mir doch leid.

Auf seinen alten Beinen.

Besonders der Axel hatte es auf ihn abgesehen. Der ließ ihn dicht an sich herankommen, schlug einen Haken, ließ ihn wieder herankommen und schlug noch einen Haken. Aber dann geschah etwas, das mich zutiefst beeindruckte, ein Generationserlebnis, wenn ich das richtig verstand: Der Junge blieb stehen.

Brach einen der Haken kurzerhand ab, wandte sich um und blieb vor dem herannahenden Onkel ruhig stehen, und nun? Ja, was nun? Das ist wahrscheinlich genau das, was dort gesprochen wurde, hören konnte ich es nicht, aber sehen:

Und nun, was willst du tun, alter Mann.

Willst du mich schlagen.

Willst du mich auch nur anfassen.

Ich sah, wie der alte Mann fortging auf seinen langen Beinen, mit denen er einen Schritt tat, wenn seine Widersacher vier benötigten. Sie hatten noch nicht einmal gelacht, dazu war er ihnen zu belanglos, gegrinst ja, aber sonst? Und er, der alte Onkel, hing danach nicht einmal mehr seinen Lieblingsphantasien nach, ich weiß es, ich sah ihn am Fenster stehen und nicht mehr denken. Der Fall löste sich übrigens von selbst. Eines Tages war Fußball »aus«, statt dessen wurde Fahrrad gefahren, und das in immer weiteren Kreisen mit zunehmendem Alter.

Die Siebensachen des Erzählers

Nachwort von Lutz Hagestedt

Der Erzähler Ernst Augustin ist ein Meister der großen wie der kleinen Form. In seinen großen Romanen stecken viele Mikrogeschichten, kleine Schöpfungen eigentlich, voller Anmut und Schönheit. Eine Fülle von Geschichten, die, stellt man sie neu zusammen, dem Leser eine staunenswerte Wunderwelt erschließen, eine bunte Welt voller Ernst und Komik, Lebenserfahrung, Sinnlichkeit, Anmut, Eleganz und – Weisheit. Für Ernst Augustins Erzählen sind wichtig: das Verhältnis und das Wechselspiel von Innen und Außen, von Traum und Wirklichkeit, von erlebter und imaginierter Realität. Seine Fabulierkunst erzählt von innerer Weitläufigkeit, innerem Reichtum, entgrenzter Fantasie, kurz: von einer Fülle der Vorstellungswelt, die von keiner Realität je eingeholt werden kann. Doch die Fantasie, dies scheint uns der Erzähler Ernst Augustin auch zeigen zu wollen, durchdringt die Realität in einer Weise, daß es noch gar nicht ausgemacht ist, wo eigentlich genau die Grenzen der Wirklichkeit und damit auch die Grenzen der Person verlaufen. Zwischen Fakten und Fiktionen, zwischen realer Welt und Vorstellungswelt scheint gar keine klare Grenzziehung möglich zu sein, so sehr bedingen sich beide Seiten. Im ersten Teil dieses Buches stehen daher Texte, die einen Schwerpunkt auf die Spiegelbildlichkeit aller Erfahrung legen. »Der verlorene Sohn« zum Beispiel, die Eingangssequenz aus dem 1963 erschienenen Roman »Das Badehaus«, enthält schon die Exposition des großen Themas, das Ernst Augustin von Beginn an in den Mittelpunkt seines Schreibens stellen wird. Es geht darum, die Gleichrangigkeit, wenn nicht Überlegenheit der Innenwelt gegenüber der Außenwelt zu zeigen. Sie sinnlich, ästhetisch und poetisch zu zeigen. Ernst Augustin tut das so eindrucksvoll plastisch, so tiefernst komisch und unterhaltsam, daß man sein Werk nur als Bereicherung erfahren kann.

Bei alledem ist Ernst Augustin kein »harmloser« Erzähler, kein freundlich-nachsichtiger Schönfärber. Ganz im Gegenteil. Wollte er nicht mit seinem Roman »Mahmud der Schlächter« (1992) eine von Beginn an durch und durch böse und grausame Figur erschaffen? Aber mit welchem Ergebnis! Und läßt er nicht schon zu Beginn seines Romans »Der amerikanische Traum« (1989) seinen kindlichen Helden sterben? »Der amerikanische Traum« erzählt, mit Ausnahme der kurzen Rahmenhandlung, eine nach innen verlegte Geschichte, ein nur gedachtes, nur virtuelles Leben. Aber was für ein Leben! Drei Kabinettstücke geben einen kleinen Einblick in diesen großen Roman. »Der Bus nach Limon« ist ein Beispiel für die geradezu slapstickartige Komik, die Ernst Augustin zu entfalten vermag. »Der große Yolk« ist ein Juwel Augustinscher Beschreibungskunst. Hier geht es um einen Baum, um nichts weiter als einen Baum, und doch: Es geht auch um die respektvolle Annäherung an die staunenswerte Persönlichkeit eines Baumes, an seine Autorität. Augustins Texte sind Offenbarungen. Virtuos erzählt er aus der Perspektive einer Löwenmutter, die sich eines Menschenjungen angenommen hat. Das mag zwar ganz und gar unwahrscheinlich sein, aber Autoren erzählen nun mal Unwahrscheinliches, und es ist ihre Kunst, uns von der Möglichkeit und Wahrscheinlichkeit des Erzählten zu überzeugen. Ernst Augustin scheint es ein leichtes zu sein, uns die Irritationen der Löwin plausibel zu machen und uns ihre Sorgen teilen zu lassen. Eine jede Geschichte ist eine Grenzerfahrung: »Franz, die Eintagsfliege«, ein Passus aus Ernst Augustins Roman »Gutes Geld« (1996), läßt sich als Inversion des pathologischen Waschzwangs auffassen, als Zwang, sich *nicht* zu waschen.

Und den »Aufstieg« (aus »Raumlicht«) liest man ernster, tiefer, wenn man versteht, wie besorgt der Erzähler um seine eigene »Erleuchtung« ist. »Der verlorene Sohn« ist lesbar als die Geschichte eines, der innerlich Rache nimmt für sein Scheitern und Versagen in der Welt.

Zum Erkunden und Abschreiten der Innen- und Außenbezirke der Realität gehört es für den Arzt und Psychiater Ernst Augustin ganz selbstverständlich dazu, der Geist-Körper-Dichotomie besondere Aufmerksamkeit zu widmen. Erst als Arzt an der Ost-Berliner Charité, dann als Leiter eines Krankenhauses in Afghanistan tätig, wandte sich Augustin schließlich der Psychiatrie zu und vollzog damit den Schritt vom Körper zum Geist. Schon in seinem ersten Roman, »Der Kopf« (1962), thematisiert er die Schizophrenie. In seinem Roman »Mamma« (1970) führt er uns in einem quasi-historischen Exkurs den Chirurgus, den Körperarzt vor, der mit seinem Besteck die Alpen überquert, um in Italien bei schnell und hemmungslos operierenden *Doctores* in die Schule zu gehen. Neugier und Lust, Voyeurismus und Dilettantismus, Kunstfertigkeit und Überheblichkeit, Mitgefühl und Kälte bestimmen Augustins Ärztebild zu gleichen Teilen. Keine seiner Figuren ist eindimensional auf gut oder böse, Kompetenz oder Versagen festgelegt.

Man erfährt sie fast körperlich, diese medizinzynische Welt (Sloterdijk), und es ist wiederum bitter und komisch zugleich, wie hilflos alle plastische Chirurgie und alle Prothesenbaukunst vor der Natur ist und wie stumpf und seelenlos die Automatenmenschen und Junggesellenmaschinen agieren. Gleichwohl sind Augustins Arztfiguren innerlich Beteiligte, wie seine Groteske »Doktorspielen« zeigt: Hier scheitert Beffchen, der sechsjährige zukünftige Chirurg, bei seinem Versuch, Wollen und Können in Übereinstimmung zu bringen. Das ist zwar von ärztlicher Kunst weit entfernt und bestenfalls »gut gemeint«, aber zugleich ist es von der tiefen Leidenschaft geprägt, die den Beruf als

Berufung versteht. Beffchen, der seinen kerngesunden Bruder zu Tode kuriert, repräsentiert die Komik und Tragik der vormodernen Medizin. Schon als Kind trägt er die ganze Bürde der Medizingeschichte auf seinen schmalen Schultern. Wie seine historischen Vorbilder operiert er am Rande der Scharlatanerie und der Legalität. Ihm steht das bittere Schicksal vor Augen, als Kurpfuscher zwischen zwei Bretter gelegt und zersägt zu werden. Sein Bericht ist demzufolge auch ein melancholischer Exkurs in die Medizingeschichte: »Doktor Schnabel« wird Beffchen vermutlich nach den mittelalterlichen Pestärzten genannt, die in einem spektakulären Habitus vor ihre Patienten traten. Sie trugen eine lederne Maske mit einer schnabelförmigen Nase, die Augen hinter Glas verborgen, Hände und Körper durch ein geschlossenes Gewand geschützt. Sie versuchten ihren Beruf selbst unter widrigsten Verhältnissen auszuüben und das Wissen der Medizin zu erweitern. Die meisten der von Ernst Augustin angeführten Ärzte in »Doktorspielen« dürften Erfindungen sein – es hat sie nicht gegeben, aber es *könnte* sie gegeben haben. Der genannte Jakob Sülfert hingegen ist eine historisch verbürgte Gestalt (er lebte von 1478 bis 1555). Der Anatom und Pharmazeut sezierte als einer der ersten menschliche Leichen zum Studium der Anatomie. Selbst sein Geiz ist historisch verbürgt. Auch im Falle von Raynier de Graaf (1641-1673) und Claudius Galenus (129-201) beruft sich Beffchen auf große Mediziner ihrer Zeit.

In »Raumlicht« erfolgt dann – auch literarisch – der Schritt vom Chirurgen zum *Seelenarzt,* der in einem Selbstversuch die Schizophrenie seiner Patientin Evelyne B. heilen wird.

Was die Schizophrenen aus dem Kreis der Gesunden herauskatapultiert, wird bei Ernst Augustin als plötzliche Erkenntnis beschrieben: daß man lebt, obwohl es ja eigentlich nicht möglich ist. Er schildert diese Erkenntnis als ein Abrutschen in einen »kleinen Tod«, verbunden mit der Angst, nicht wieder ins Leben zurückfinden zu können. Der Schizophrene ist, Augustins Theorie zufolge, »gespalten«, weil er seinen Körper nicht begreifen kann. Derselben Theorie zufolge kann es kein schizophrenes Tier geben, weil Tiere in Übereinstimmung mit ihrem Körper leben. Ernst Augustin hat diese Übereinstimmung des Tiers mit sich selbst in einem wunderbaren Bild abgelegt: »Ich liebe und bewundere die Tiere, wie sie mit ihren kleinen Werkzeugen sich unter einem Stein einrichten, wie sie an einen schönen braunen Pelz glauben und ihn auch bekommen, und wie sie in ihrem Pelz unter dem Stein sitzen, in tiefer Selbstbesinnung selbst zum kleinen Gott werdend« (»Raumlicht«). Es scheint mir überhaupt eine der herausragenden Qualitäten des Erzählers Ernst Augustin zu sein, daß er es versteht, selbst für schwierigste Sachverhalte einfühlsame, plausible Bilder zu finden. So vergleicht er das innere Gleichgewicht einer psychisch gefährdeten Person mit einem Tropfen, der ein Tropfen nur ist aufgrund einer geringen Oberflächenspannung. Berührt man die »Haut«, wird die Einheit zerstört. Im Grunde sei, schreibt Ernst Augustin in »Raumlicht«, zwischen Gesund und Krank keine Verständigung möglich. Gleichwohl kapituliert er nicht vor der Unmöglichkeit, die Schizophrenie zu verstehen und zu beschreiben, sondern er sucht und findet Alternativen, die »eine Art Verstehen« ermöglichen. Er erklärt dabei nicht, sondern überläßt die Erklärung dem Gefühl.

Vielfach ist der Seelenarzt nur ein funktionierendes Rädchen in einer medizinzynischen Welt. Die klinische Therapierung der Psychiatriepatienten wird in der Person des Oberarztes Foige als abgestumpft, der Idee fremd geworden und selbstgerecht verurteilt (»Stationsschwester Uraria«). Die mittelalterlich anmutende »Schocktherapie« geht entschieden über die Kräfte des mitfühlenden Assistenzarztes — und dem Leser an die Nieren. Auf diskrete Weise wird hier wiederum Medizingeschichte erzählt. Ein »experimentier-freudiger Herr«, der noch in der ersten Hälfte des 20. Jahr-hunderts die Elektroschocktherapie systematisch betrieb, war Ugo Cerletti (1877-1963). Cerletti glaubte, durch Schocken würden sich im Blut Abwehrsubstanzen gegen Depressionen und Psychosen bilden. Aber was wußte man schon! Die Resultate dieser Therapie waren schwerste De-fekte und Zerstörungen – wie sie Augustins Erzähler sach-gerecht beschreibt. Verzweifelt über diesen Oberarzt Foige, der den Typus des empfindungslosen, fantasielosen, dum-men Menschen repräsentiert, muß der Erzähler kapitulie-ren. Gegen Dummheit kann er nichts ausrichten, gegen Dummheit ist er machtlos: Er muß ausweichen. Dennoch vollzieht er keine völlige Trennung und Loslösung von der Psychiatrie, wie es plakativer und einige Jahre später Rain-ald Goetz in seinem Roman »Irre« (1983) getan hat. Son-dern er geht einen eigenen, privaten Weg, beschrieben in dem eindrucksvollen Fallbeispiel der Evelyne B.

Bei Augustin wird die Frage nach der Einheit und dem Be-griff der Person noch einmal gestellt – und zwar ganz grundsätzlich. Ich und Subjekt, Identität und Kohärenz sind zunächst einmal nur Behauptungen, Konstrukte, Zu-schreibungen, »Lügen«, um mit Robbe-Grillet zu sprechen. Die Nähe zum Nouveau Roman hat bereits 1962 Hermann Piwitt in seiner klugen Rezension von Augustins Roman »Der Kopf« festgestellt, und Augustin hat sie, vor allem mit dem »Badehaus«, geradezu beschworen. Kennzeichen aller Romane Ernst Augustins ist, daß sie sich kaum auf *eine* Fa-bel reduzieren lassen. Die Histoire ist eben nicht eindimen-sional angelegt, sondern wird in zahlreichen Mikroge-schichten und Bruchstücken erzählt, die ihre eigene Hand-lungslogik entfalten, ohne sich darum zu scheren, ob sie mit der Gesamtkonstruktion übereinstimmen oder nicht. Wie kann, fragt man sich zum Beispiel, Kulle, der »General« in Augustins Roman »Mamma« (1970), eine ordensgesättigte

Offizierslaufbahn einschlagen, wenn er schon als Kind im Hinterhofabort das Zeitliche segnet? Das geht einerseits nur, wenn man seine Erzählung »nach innen« verlegt und damit als eine Art Wunscherfüllungsfantasie begreift, vergleichbar der Konstruktion des »Amerikanischen Traums«, oder aber wenn man das traditionelle Modell des Romans als einer in sich konsistenten und logischen Konstruktion außer Kraft setzt. Augustins Romane bilden ein ausgeklügeltes System von Thema und Variation, von konstanten und varianten Elementen. Jeder Roman ist quasi eine Versuchsanordnung, die in immer neuen Erzähldurchgängen auf ihre Brauchbarkeit, Stimmigkeit, Schlüssigkeit hin, auf ihren Ertrag, ihr Potential, ihren inneren Reichtum überprüft wird. In dieser Anthologie kann das System von Einzeltext und Textganzem, wie es innerhalb des Romans funktioniert, leider nicht gezeigt werden. Die langen Lebensschleifen, die sich durch den ganzen Text ziehen und erst am Ende schließen, bleiben hier unvollendet. Aber ein Beispiel sei genannt, wie Ernst Augustin auch den großen Bogen spannt. In »Mahmud der Schlächter« verliert der Titelheld auf grausame Weise seine Mutter: Ihr wird die Nase abgeschnitten, und wie Vieh wird sie später an einen durchreisenden Händler verkauft. Mahmud wird, ohne daß er eine Erinnerung an seine leibliche Mutter hätte, von einer Löwin großgezogen. Die Konstruktion des Romans ist nun derart, daß Augustin die Löwenmutter mit Merkmalen ausstattet, die es Mahmud viele Jahre und viele hundert Seiten später erlauben, seine leibliche Mutter zu erkennen – auch wenn es ein Irrtum ist. Das klingt kryptisch, aber es ist von Augustin zauberhaft eindrucksvoll und überzeugend entwickelt. Er spannt hier einen Bogen wie der große Zauberer Thomas Mann, er fasziniert und beglückt den Leser durch eine plötzliche, stringente Funktionalität der Bilder. Er läßt diese Bilder sprechen, statt sich mit spröden Erklärungen aufzuhalten, er führt mit traumwandlerischer Sicherheit zusammen, was zusammengehört – Umwegen und Manierismen nicht abgeneigt.

In diesem Lesebuch werden die Einzeltexte aufgrund inhaltlicher Kriterien neu gruppiert. Es ist jedoch auffällig, daß auch andere Ordnungen und Zuordnungen auf diesem Erzähltableau denkbar wären. So würde der Text »Eine Art Käfersensation« auch zu den *Innen- und Außenwelten* passen, und »Stationsschwester Uraria« könnte auch bei den *Sieben Schönheiten des Weibes* ihren Auftritt haben. »Das goldene Auge« wäre auch im Kapitel *Kleine Tode* gut aufgehoben. Aber das zeigt ja gerade die generelle Relevanz dieser Themenbereiche in Augustins Œuvre, daß sie sich gegenseitig durchdringen, ergänzen, kommentieren – und zwar auf ganz evidente Weise. Bei einem Erzähler vom Range Ernst Augustins geht es natürlich auch immer um die Übereinstimmung von Inhalt und Stil, das heißt um die Form – die alles ist oder nichts. Er ist ein Meister der verschiedenen Ton- und Stillagen. So ist es eine Form von Lautmalerei, wenn er für »Doktorspielen« einen Oberarztton, für »Das Duell« einen elliptischen, soldatisch-preußisch-zackigen Erzählduktus und für »Jette« einen gargantuesken Übertreibungsstil entwickelt. »See, Schnaps, Schweden« ist folgerichtig in einer eigenartig schlenkernden, fast »besoffenen« Sprache erzählt, in »Blühende Geschäfte« spricht eine Kaufmannsseele, und der coole Undercovergestus von »Mr. Penivalkyi« könnte bei den Krimihelden Sam Spade und Mike Hammer abgelauscht worden sein. Augustin trifft den Ton so genau, weil er im Grunde seine Geschichten von innen her entwickelt und innere Abläufe erzählt. Selbst die eindrucksvollen Städtebilder, zum Beispiel Chinatown in »Das Geheimnis der chinesischen Küche«, beschreiben im Grunde Innenwelten. Anstelle Londons könnte man auch »Harlem« sagen – es kommt allein darauf an, daß die inneren Bilder plausibel und stimmig sind.

Was jedoch für plausibel, für normal, für gesund gehalten wird, was umgekehrt als krank oder verrückt interpretiert wird, hängt von der jeweiligen Kultur und ihrem Realitätsbegriff ab. Catherine Clément und Sudhir Kakar haben in ihrem eindrucksvollen Buch »Der Heilige und die Verrückte« (München 1993) zwei Parallelfälle beschrieben: Madelaine Le Bouc wurde 22 Jahre lang als bedauernswerte Irre in der Psychiatrie festgehalten. Der bengalische Mystiker Ramakrishna hingegen wurde als Heiliger verehrt, obgleich er dieselben Symptome zeigte. Genau diese Kulturrelativität von Gesundheit und Krankheit beschreibt Ernst Augustin in seinem Werk: Seine Protagonistin Evelyne B. gilt aufgrund ihrer psychischen und sexuellen Störungen als krank, obgleich sie mit Intelligenz, einem Reichtum der Gedanken und Klarsichtigkeit ausgestattet ist. Der Sikh, den der Reisende in »Salonklasse bis Madras« beobachten kann, gilt als gesund, obwohl er ebenso gefährdet ist und sich beinahe selbst verliert. Ein anderer Kulturkreis, ein anderes Verhältnis zu den Dingen, eine veränderte Einstellung zur Wahrnehmung – und schon ergeben sich ungeheure Verschiebungen und Möglichkeiten. Davon weiß Ernst Augustin wie kein zweiter zu erzählen.

Quellenhinweise

Innen- und Außenwelten

Der Alpenübergang (aus »Mamma«, S. 291-302)
See, Schnaps, Schweden (aus »Mamma«, S. 160-180)
Der verlorene Sohn (aus »Das Badehaus«, S. 7-19 und 34)
London (aus »Eastend«, S. 104-107 und 111-114)
Das Geheimnis der chinesischen Küche (aus »Eastend«, S. 181-187)
Der Bus nach Limon (aus »Der amerikanische Traum«, S. 109-117)
Der große Yolk (aus »Der amerikanische Traum«, S. 175-178)
Kinogehen (aus »Gutes Geld«, S. 37-41)
Haussuche (aus »Raumlicht«, S. 246-263)
Der Weltbesitzer (aus »Gutes Geld«, S. 109-113)

Die sieben Sachen des Sikh

Salonklasse bis Madras (aus »Raumlicht«, S. 128-137)
Der Aufstieg (aus »Raumlicht«, S. 154-164)
Großer König (aus »Mahmud der Schlächter«, S. 14-22)
Die Löwenmutter (aus »Mahmud der Schlächter«, S. 62-72, 77-84)
Rivalen (aus »Mahmud der Schlächter«, S. 85-98)
Die Schlacht von Jhellum (aus »Mahmud der Schlächter«, S. 258-269)

Große Medizin

Doktorspielen (aus »Mamma«, S. 251-261)
Amputationen (aus »Mamma«, S. 279-287) .
Der Zwitter (aus »Mamma«, S. 307-313)
Stationsschwester Uraria (aus »Raumlicht«, S. 187-198)

Die sieben Schönheiten des Weibes

Blühende Geschäfte (aus »Mamma«, S. 125-132)
Jette (aus »Mamma«, S. 223-229)
Die Automate (aus »Mamma«, S. 316-323)
Das goldene Auge (aus »Eastend«, S. 231-236)

Kleine Tode

Deutschsprachige Literatur
in den suhrkamp taschenbüchern:
Prosa
Eine Auswahl

Deutschsprachige Literatur
in den suhrkamp taschenbüchern:
Prosa
Eine Auswahl

253/2/7.97

Deutschsprachige Literatur
in den suhrkamp taschenbüchern:
Prosa
Eine Auswahl

253/3/7.97

Deutschsprachige Literatur
in den suhrkamp taschenbüchern:
Prosa
Eine Auswahl

Deutschsprachige Literatur
in den suhrkamp taschenbüchern:
Prosa
Eine Auswahl

Deutschsprachige Literatur
in den suhrkamp taschenbüchern:
Prosa
Eine Auswahl

253/6/7.97

253/7/7.97

Deutschsprachige Literatur
in den suhrkamp taschenbüchern:
Prosa
Eine Auswahl

253/8/7.97

Deutschsprachige Literatur
in den suhrkamp taschenbüchern:
Prosa
Eine Auswahl

253/9/7.97

Deutschsprachige Literatur
in den suhrkamp taschenbüchern:
Prosa
Eine Auswahl

253/10/7.97

Deutschsprachige Literatur
in den suhrkamp taschenbüchern:
Prosa
Eine Auswahl

Rothmann, Ralf: Der Windfisch. Erzählung. st 1816

Sanzara, Rahel: Das verlorene Kind. Roman. Mit einem Nachwort von Peter Engel. st 910

Schindel, Robert: Gebürtig. Roman. st 2273

– Die Nacht der Harlekine. Erzählungen. st 2667

Scholem, Gershom: Von Berlin nach Jerusalem. Jugenderinnerungen. Erweiterte Fassung. st 2784

Skwara, Erich Wolfgang: Eis auf der Brücke. Roman. st 2468

Sloterdijk, Peter: Der Zauberbaum. Die Entstehung der Psychoanalyse im Jahr 1785. Ein epischer Versuch zur Philosophie der Psychologie. st 1445

Soyka, Otto: Die Traumpeitsche. Ein phantastischer Roman. PhB 326. st 2486

Späth, Gerold: Stilles Gelände am See. Roman. st 2289

Stadler, Arnold: Mein Hund, meine Sau, mein Leben. Roman. Mit einem Nachwort von Martin Walser. st 2575

Steiner, Jörg: Schnee bis in die Niederungen. Erzählung. st 935

Streeruwitz, Marlene: Verführungen. 3. Folge. Frauenjahre. st 2726

Tschinag, Galsan: Der blaue Himmel. Roman. st 2720

– Zwanzig und ein Tag. Roman. st 2789

Unseld, Siegfried: Begegnungen mit Hermann Hesse. st 218

Walser, Martin: Die Anselm Kristlein Trilogie. Halbzeit. Das Einhorn. Der Sturz. 3 Bände in Kassette. st 684

– Brandung. Roman. st 1374

– Dorle und Wolf. Eine Novelle. st 1700

– Ehen in Philippsburg. Roman. st 1209

– Das Einhorn. Roman. st 159

– Fingerübungen eines Mörders. Zwölf Geschichten. st 2324

– Ein fliehendes Pferd. Novelle. st 600

– Ein Flugzeug über dem Haus. Und andere Geschichten. st 2788

– Halbzeit. Roman. st 94 und st 2657

– Heilige Brocken. Aufsätze, Prosa, Gedichte. st 1528

– Jagd. Roman. st 1785

– Jenseits der Liebe. Roman. st 525

– Liebeserklärungen. st 1259

– Lügengeschichten. st 1736

– Meßmers Gedanken. st 2140

Walser, Martin: »Mit der Schwere spielen«. Ein Brevier. Ausgewählt von Hans Christian Kosler. st 2659

253/11/7.97